YVONNE ET CHARLES

JOCELYNE SAUVARD

YVONNE ET CHARLES

Dans l'intimité du Général

BERNARD GRASSET
PARIS

Couverture : © Keystone France / Gamma

ISBN : 978-2-246-81499-3

À celles et ceux qui croient en l'impossible.
Aux enfants d'aujourd'hui et demain.
À Jean Claude, Vincent, Audrey, Oscar.

Je partirai ! Steamer balançant ta mâture,
Lève l'ancre pour une exotique nature !

Stéphane Mallarmé

Un très grand amour, ce sont deux rêves qui se rencontrent, et, complices, échappent jusqu'au bout à la réalité.

Romain Gary

I

COLOMBEY

12 novembre 1970, nuit de feu

Quel est ce rouge ardent qui embrase Colombey ?

Des volutes de fumée montent au-dessus des arbres, une odeur de brûlé s'en dégage, les habitants sortent des maisons.

« La Boisserie est en feu ! Ça a pris du côté du poulailler, la maison du Général va s'embraser ! »

Ce sont les affaires de Charles qui brûlent.

Ses costumes, ses manteaux, son linge, sa robe de chambre, ses pyjamas, ses pull-overs, le contenu de sa penderie. Le costume gris, la chemise blanche, la cravate qu'il portait quand il s'est effondré dans le salon sont livrés aux flammes. Le matelas sur lequel on l'a allongé brûle.

Yvonne détruit par le feu ce qui a appartenu à Charles.

Elle a demandé qu'on descende dans le jardin le lit jumeau du sien, celui qu'il occupait, c'est-à-dire la moitié de leur lit. Ce lit si grand, si large, qu'il prenait une grande partie de leur chambre. Le lit qu'il était interdit de voir et de toucher brûle. Une femme de chambre de l'Élysée avait été renvoyée pour l'avoir photographié.

Yvonne changeait elle-même leurs draps. Pour l'heure, ils se consument.

Est-ce un feu de joie, un feu d'après funérailles qui prend la place du festin ? C'est une tradition encore respectée, paraît-il, dans certaines provinces.

Un grand feu païen ?

C'est un feu qui brûle les draps, les couvertures, le dessus-de-lit.

Yvonne pousse dans les braises l'oreiller de Charles.

Les accessoires, les peignes, le rasoir, le blaireau ont fini dans la cuisinière. Noirs, tout rabougris, tassés dans l'incinérateur avec les objets et les habits calcinés, ils ont été réduits à un petit tas de cendres.

Yvonne a réalisé ce sacrifice. Qu'il ne reste rien.

Est-ce un feu d'assainissement comme ceux qui suivent une épidémie, qui détruisent les miasmes, cautérisent les blessures, calcinent la souffrance ?

« Ma vie est finie », murmure Yvonne.

Les affaires de toilette, elle les a jetées aux flammes. Elle a déversé le savon à barbe, la mousse à raser, l'after-shave, l'eau de toilette dans le lavabo.

Tout ce qui lui rappelait son homme, elle l'a brûlé.

Et le parfum mêlé à l'odeur des cigarettes anglaises, qu'elle reconnaissait dès qu'il franchissait le seuil, quand il rentrait des missions où il avait contemplé la mort, et qu'il avait risqué sa vie ou joué avec son destin d'humain, ce parfum qui imprégnait le tissu de sa veste et lui faisait dire « C'est lui » avant que, porte close, il ne la serre sur sa poitrine, comme elle le serrait dans ses bras, ce parfum-là, il en restait. Elle a brisé le flacon.

Délesté de son passé d'homme, Charles a rejoint ses morts.

Les papiers, les lettres, les manuscrits, Yvonne les a-t-elle brûlés ?

Il paraît que non, elle les a protégés. Elle avait mis « en sécurité », avait-elle dit, les archives dans un lieu connu d'elle seule, avant que ses aides de camp n'interviennent et que Charles ne les fasse rapatrier à l'Institut Charles de Gaulle.

Et les livres ? Yvonne a-t-elle fait un autodafé ?

Les livres de Charles de Gaulle sont restés dans la bibliothèque.

Mais les stylos à plume qui ont couvert de son écriture des centaines de milliers de pages, les *Mémoires*, les instructions, et un demi-siècle de lettres à elle adressées, elle ne les a pas gardés. Et elle n'a pas voulu qu'on fasse un moulage du visage du Général, ni même qu'Élisabeth conserve une mèche de cheveux de son père. Toujours la hantise qu'un intrus vienne profaner un souvenir de Charles.

Pas de reliques.

Yvonne va épurer les albums de photos de famille, les documents témoins de leur vie de couple, les paquets de lettres.

Elle avait commencé déjà, durant la traversée du désert, à classer ce qu'elle gardait. Il en reste beaucoup.

Yvonne a un gros travail à accomplir. Relire, trier, détruire. Ses lettres seront brûlées. Personne ne doit savoir ce que fut son amour pour Charles.

Et l'alliance de Charles qui le fit s'embarquer avec sa jeune femme dans l'Orient-Express pour l'Italie?

Au soir de leurs noces, ils avaient passé la nuit dans le sleeping. Charles, ébloui par la blancheur de la robe de nuit et la carnation d'Yvonne. Elle ne gardait pas les paupières baissées comme sur la photo de mariage, ils se regardaient à pleins yeux, sans témoin. Elle avait 21 ans, des yeux bleus, Charles, 30, des yeux gris-noir. Philippe est né neuf mois plus tard, le 28 décembre 1921. Et, ils s'étaient jetés dans une épopée qui n'a pas encore trouvé sa conclusion.

L'alliance, Yvonne ne l'aurait pas conservée, portée à son cou, passée dans une chaîne en or? L'alliance au feu!

Le service en porcelaine de leurs petits déjeuners, de leurs thés, leurs apartés à deux, où nul n'était témoin de leur tendresse et de leurs entretiens, elle l'a brisé. Et elle a fait disparaître les morceaux dans le bûcher.

Tout ce qui touche à l'intimité du réveil, du coucher, des jours comme ils vont, Yvonne l'a détruit. Depuis 8 heures du soir environ jusqu'aux premières heures du matin.

Yvonne a renoncé aux objets, témoins du passage de Charles sur terre. Qu'ils soient anodins ou précieux.

Elle a détruit par le feu les biens lui appartenant, susceptibles de livrer l'inviolabilité de leur union.

Est-ce un feu détergent, comme ces lessives que font les femmes du Nord, en mettant les chaises sur la table et la

Javel dans la bassine ? Pour assainir la maison, pour récurer le passé, pour désinfecter la terre souillée par les guerres et le sang.

Yvonne voit Charles s'effondrer et s'effondrer encore. Elle lève la main, elle voudrait arrêter le temps.

Charles est mort. Yvonne est seule.

Elle se tient droite comme si elle était encore à son chevet.

Elle est là, Yvonne, au chevet de son mari, encore.

Le corps de Charles occupe tout l'espace. C'est un gisant.

Le corps de Charles occupe la bibliothèque, il occupe son bureau.

Et la moitié de leur chambre, vidée de son lit.

Yvonne n'est pas en deuil. Elle ne porte pas de voile.

Elle a gardé ses petites boucles châtaines, sa robe sans couleur définie. Mais Yvonne est la veuve éternelle, la vestale de l'Au-delà, vêtue de nuit.

Postée devant le tas de cendres où résistent l'oubli et le rien, Yvonne veille.

Elle est là, Yvonne, douloureuse.

Transpercée de chagrin.

Elle est figée, silencieuse.

Stabat Mater dolorosa
Juxta crucem lacrimosa.

Pourquoi Yvonne s'est-elle dépouillée de tout ce qui raconte l'histoire d'un grand amour, Charles et Yvonne intimes ?

La Boisserie, le 9 novembre 1970, Charles se repose

Charles est étranger à ce qui se joue dans la pièce principale.

Étranger à Yvonne. Étranger aux autres qui le portent dans le salon. Le dépouillent de son costume gris, de sa cravate, de sa chemise blanche. Charles qui ne paraît qu'en costume, même devant ses enfants, est dévêtu.

On a recouvert le matelas d'un drap, on a glissé un coussin sous sa tête. Ils procèdent à la toilette mortuaire, le revêtent de son uniforme. Yvonne leur a indiqué lequel prendre, elle a réclamé des fleurs fraîches, deux cierges, un bol d'eau bénite et le crucifix. Elle n'ose pas toucher Charles devant les autres. Lui parler ? Que lui dirait-elle ?

Elle appelle Charlotte, la gouvernante, qui depuis des années partage les tâches ménagères avec Honorine, leur cuisinière. Elle lui demande d'aller chercher le drapeau qui attendait, plié dans le tiroir de la commode de leur chambre.

Elle le prend sans une larme et enveloppe son mari dans le drapeau tricolore. Charles est un soldat. Elle ajoute la petite croix de Lorraine et glisse entre ses doigts le chapelet qu'ils ont acheté à Jérusalem.

Couché dans le bleu, blanc, rouge, Charles se repose.

C'est l'amour de toute sa vie qui est là, immobile, allongé, sur ce matelas nu. Yvonne se le dit. Se le répète. Peu à peu son cerveau prend connaissance de cette nouvelle. Son corps et son cœur refusent. Le docteur lui remet le certificat, il parle à voix basse ; l'abbé, à son tour, prononce des mots.

Les poignets de Charles sont tout chauds comme si la vie y battait, ses mains sont souples.

Elle lui retire son alliance. Combien de fois l'a-t-il ôtée depuis le 7 avril 1921 ? Trois ? quatre ? Et à chaque fois pour un motif sérieux.

Sinon ? Elle partait s'isoler dans leur chambre. Visage fermé, poings serrés, elle se recroquevillait sur leur lit. Il venait la trouver, la prenait dans ses bras. Ma petite femme chérie.

Yvonne dévide sans cesse, comme ça vient, avec des trous dans le déroulé, les heures de ce jour de partance. Le 9 novembre 1970, Charles s'était levé à l'heure habituelle, vers 7 h 30, ils avaient pris le petit déjeuner dans la chambre, en fin de matinée il était sorti.

Il pleuvait, son manteau était humide quand il l'avait pendu à la patère en rentrant. Yvonne ne l'avait pas accompagné.

Bibliothèque, 19 heures, en attendant les nouvelles

Une demi-heure avant les informations régionales, Charles s'est installé devant le récepteur.

Aucune similitude entre la bibliothèque de la Boisserie et celle de l'Élysée. Pas de ces lambris dorés qu'il ne voulait pas voir au-dessus de sa tête, pas de meubles luisants, polis par les ans, mais un mobilier style Empire – « authentiquement faux[1] », selon Michel Debré –, des livres reliés, brochés, patinés, quelques bibelots, de ceux qu'on garde par fidélité à la parentèle. Rien à voir avec les créations d'avant-garde qu'affectionnent les Pompidou. Pas l'ombre d'un vase ou d'une affiche pop art, en réaction contre la pensée dominante. Au sol, un damier de dalles en Gerflex, plus facile à entretenir que le marbre, d'après Charles.

Face au téléviseur, une table de bridge, deux fauteuils. Le plus grand, c'est celui de Charles, le plus étroit avec des airs gothiques, Yvonne le dispute au chat, Grigri s'y prélasse dès potron-minet.

Un œil sur la mire, les mains sur la tablette du secrétaire, à 18 h 30, comme chaque jour, elle est à son poste. Derrière une pile de courrier. Depuis que Charles s'est retiré *des affaires*, ce ne sont plus six cents lettres mensuelles, mais une dizaine par jour qu'elle reçoit. Elle répond à l'encre bleue. La Boisserie, le 9 novembre 1970, Chère Madame…

Charles ferme les volets. Quand Anne, leur fille handicapée, était parmi eux, c'était à ce moment-là, entre chien et loup, qu'il montait dans la petite chambre rose. Il lui chantait *Patchou Paya*, composé pour elle, et le refrain qui a bercé toute son enfance, *Marlbrough s'en va-t-en guerre, mironton, mironton, mirontaine*. Anne riait aux éclats.

1. Cité par Jean-Louis Debré, entretien avec l'auteur, juin 2017.

Vingt-deux années ont passé. Mais comment oublier sa douceur, et la douleur ? Anne, il l'appelait le Tout-petit.

Yvonne le regarde préparer le petit bois, il ajoute deux bûches dans la cheminée, en prévision. Il commence à faire froid.

— Après dîner, je ferai une flambée, Yvonne.

Fort de cette idée qui l'a fait toujours rire : un homme qui ne sait pas faire du feu n'est pas tout à fait un homme, Charles a toujours refusé qu'on l'aide.

Il a étalé les cartes sur la table de bridge pour sa réussite du soir et se cale dans le fauteuil en attendant que la mire s'efface. Il est prêt.

— Voyons ce que la météo nous annonce pour demain.

« Encore du froid sur la partie est de la France, une chute de neige est à prévoir… »

Les images de pluie et de verglas ont commencé à défiler.

Chaque soir les lampes et le bleu lumineux de l'écran se reflètent sur les vitres comme une éternité d'étoiles.

Soudain, un cri déchire les habitudes :

— Oh ! j'ai mal, là, dans le dos…

Charles s'effondre la tête dans les cartes, ses lunettes sont tombées sur le tapis. Yvonne court à lui, prend son pouls.

— Charlotte, vite, venez, le Général a un malaise ! Honorine, appelez le docteur Lacheny, l'abbé Laugey, et Marroux ! Par la ligne directe, s'il vous plaît…

Les trois femmes l'étendent sur le tapis. Il faut toucher le corps du Général, Charlotte et Honorine marmonnent des excuses, Marroux, l'ancien gendarme qui leur sert de chauffeur, a récupéré un matelas dans une chambre du premier étage.

Charles est allongé sur le matelas. Pâle, désarmé, les yeux obscurcis. Yvonne a pris son visage dans ses mains. Elle scrute ces yeux cerclés de noir, fatigués par les lectures et le chagrin. Ces yeux qui la regardent obstinément.

Au plus profond de la douleur, ils questionnent. Acceptent peut-être.

Une plainte s'échappe de sa poitrine. Elle fait les gestes qu'il faut.

Elle est comme indifférente à ce qui est en train d'arriver.

Anesthésiée.

Elle entend sa propre voix prononcer les paroles ordinaires.

Charles souffre. Le prêtre lui administre l'extrême-onction, le docteur Lacheny, accroupi à son chevet, lui fait une injection de morphine, surveille les battements inaudibles. Charles est inconscient. Mais Yvonne n'en démord pas : Charles a reçu le sacrement en conscience. Il est absous.

19 h 30 : le cœur a cessé de battre. Rupture d'anévrisme.

On s'agenouille devant le corps. Honorine et Charlotte pleurent sans retenue. Yvonne ne pleure pas.

— Il a tant souffert ces deux dernières années.

La phrase est nette, la voix calme. Trop.

Demain à 9 heures la France saura.

Rien ne doit filtrer avant. Pas d'état de siège à Colombey. Ni journalistes ni officiels.

On cloue en grande hâte un cercueil quelque part, récitait Charles aux premières feuilles mortes de novembre. Celui qui lui est destiné n'est pas en bois précieux orné d'un crucifix doré, c'est un cercueil tout simple, un cercueil pour tout le monde, que le menuisier du village a fait ; il en a toujours un d'avance. Et que les critiques se déchaînent !

Yvonne voit Charles s'effondrer encore, elle voudrait le retenir, cette image revient sans cesse. Et elle voit sans cesse devant elle ses yeux cerclés de noir qui la regardent. Il lui faudra des mois avant que cette vision ne la quitte.

Charles occupe tout le salon. Yvonne est à son chevet. Elle effleure les cheveux blancs, n'en coupera pas une seule mèche, leur douceur subsistera, elle pourrait les caresser très longtemps. Mais Yvonne ne veut pas de reliques.

Les tempes sont fraîches. Le froid l'envahit peu à peu, les yeux clos se reposent enfin. Charles est absent.

Yvonne est là, douloureuse. Elle ne le sait pas encore.

Un grand vide occupe sa pensée. Elle s'efforce d'être digne.

Grigri s'est enfui. Les chats sentent la mort.

Ces journées de désespérance s'emmêlent. Il était si plein d'allant le matin du 9, il était allé voir ses frênes sous la pluie. Après le déjeuner, quand il fait ses deux tours de jardin, d'habitude elle ne le quitte pas. Il aime marcher en direction du calvaire. Il y est allé seul. Elle ne l'a pas accompagné non plus, en début d'après-midi.

La Boisserie, 9 novembre 1970, 14 heures

Les nuages s'alourdissent, une buse plane, la brume qui s'effiloche enveloppe la Boisserie de blanc, et aussi la campagne, grosse encore du souvenir des soldats tués à l'ennemi, les Paul, les Ernest, les Louis-Marie dont le nom est gravé sur le monument aux morts.

Charles pense à eux, bien sûr, et il pensera à tous ceux qui sont tombés au champ d'honneur, pendant la commémoration du 11 novembre. Mais pas maintenant.

Planté dans l'allée du jardin qui monte vers le calvaire, il balaie les images de la Grande Guerre, cette insatiable. Et jusqu'au souvenir du jeune homme qu'il fut, alors que les prémices de la paix s'annonçaient. Qu'a-t-il à voir avec lui ?

Ayant perdu tout espoir d'en découdre depuis le coup de baïonnette de 1916 qui l'épingla dans le cloaque de Douaumont, et fit de lui un prisonnier, pendant deux ans, en ce début du mois de novembre 1918, il a écrit : « Je suis enterré. »

Et la joie délirante, manifestée par la population depuis l'armistice, ne l'atteignit pas quand on le libéra – une semaine après ses compagnons, le 18 novembre – pour cause de rébellion invétérée et d'évasions déraisonnables. Cinq fois, il s'était fait la belle.

C'est un sourire de mise qu'il arbore, le 4 décembre 1918, en retrouvant Jeanne, la « bien chère maman », son père, Henri de Gaulle, et ses frères. Un sourire lourd du regret de n'être pas mort en héros se plaque sur l'émotion qui l'envahit à les voir tous vivants.

Il avait été porté disparu pendant des mois, son père avait publié un avis de deuil, ils en avaient tant souffert, avant de recevoir sa lettre annonçant qu'il était à l'hôpital, entier. Ils accueillent le revenant avec tendresse et pudeur.

À quoi bon les trente-deux mois passés en forteresse ? Et que représentent ses évasions, soldées à chaque fois par du trou ? Une vie usée, une espérance en lambeaux ? Et un désir qui le taraude : accomplir, coûte que coûte, le destin auquel il est appelé.

Il avait 28 ans alors, il en aura 80 dans treize jours. En toute conscience, peut-il considérer qu'il a rempli sa mission ? « J'aurai fait ce que j'ai pu, l'histoire jugera », se répète Charles encore une fois, en boutonnant son manteau. Le vent souffle, c'est novembre.

Fidèle à la décision qu'il a prise en quittant le pouvoir, le 28 avril de l'année 1969 : « Je n'interviendrai en rien », il regardera la retransmission de la commémoration du 11 novembre à la télévision avec Yvonne. Pompidou ranimera la flamme, Léon Zitrone commentera la descente des Champs-Élysées.

Il gardera le silence.

La dernière fois qu'il a évoqué la guerre, c'était deux ans plus tôt, pour la commémoration du 50e anniversaire de l'armistice. Du drame, inscrit dans le corps de la nation, rien ne s'est effacé, avait-il clamé depuis la tribune des Invalides, avant de célébrer « la France éternelle », fleuron d'une société en totale mutation au lendemain de Mai 68.

Il l'avait voulue, cette grande fête populaire du 11 novembre 1968 ! Massée sur l'esplanade, la foule l'écoutait ; même les contestataires et les jeunes filles aux cheveux longs se taisaient. Cette mer humaine avait-elle noté la fêlure de la voix ? L'usure du regard ?

L'élan n'y était plus, il savait que celle qui le tenait, désormais « rongée par les âges », allait le lâcher. Non, ce n'était pas du désamour. Charles et la France s'aimaient toujours. Mais, détaché des « entreprises », comme il dit pour parler des affaires, il était déjà ailleurs.

Et ailleurs, c'est ici. Cette terre de Haute-Marne, avec sa grisaille d'automne, ses bourrasques, ses étés qui brûlent les champs à blé et les bras nus des femmes glanant la paille, tombée des moissonneuses.

Et ce ciel spongieux qu'il regarde s'égoutter.

« Toute ma vie je me suis fait une certaine idée de la France… »

Les premiers mots du premier volume des *Mémoires de guerre* parlent de cette « Terre vieille », multiple, à laquelle il est attaché par toutes ses fibres. Colombey est son point d'ancrage, Yvonne a toujours refusé les résidences présidentielles, le fort de Brégançon et autres lieux de villégiature. Elle tient à le garder près d'elle. Chez eux. Et Charles ne s'en défend pas.

Juillet dore la colline, en août les avoines font une buée jaune et leur maison, plantée à la lisière de la Champagne et de la Lorraine, à deux heures des Ardennes et de l'Allemagne, est un refuge inviolable. Adenauer fut le seul parmi les dirigeants à être invité à la Boisserie; c'était l'ami allemand.

C'est là sa terre. Ces friches sévères et luxuriantes, ces haies brunies par les épines, cette herbe grasse, humide de la pluie du matin, qui tache de sombre ses souliers.

Il aime venir la fouler après le déjeuner, les feuilles mortes craquent, ses pas tracent un sillon entre les vivaces, la prairie s'étend loin. Là-bas, vers l'horizon.

Odeur de mousse et de vaches. Charles sent monter en lui cette sensation à laquelle il n'a jamais donné de nom, aussi rude, aussi sauvage au soir de sa vie qu'au matin de ses 20 ans. Un appel à la liberté.

Il a des projets. Il va dégager la vue, décoiffer la colline de cette haie qui la hérisse, planter des pins de Hongrie, agrandir l'espace.

Avec le remembrement communal, il vient d'entrer en possession de ce terrain qui servait jusque-là de pâture aux vaches du voisin; c'est son fils, le jeune Piot, qui a repris l'exploitation, bâtiments, bétail et prairies.

Il lui faudra supprimer les clôtures, Charles lui a écrit. Sans réponse au bout de deux jours, il lui a envoyé Marroux, avec une invitation pour 14 h 30. Il faut rentrer, le temps presse.

Le jeune Piot est sur le seuil avant même que la demie sonne.

Charles l'entraîne aussitôt dans la bibliothèque.

— Prenez place, monsieur Piot, vous l'avez compris, j'aimerais que cette affaire soit réglée au plus vite.

— À votre disposition, mon général. J'allais vous répondre mais on y regarde à deux fois avant d'écrire au général de Gaulle. Je n'ai que mon certificat d'études...

— Eh bien voilà, c'est très simple : vous continuez à faucher le foin, naturellement vous le gardez et vous ne payez pas le fermage, la seule chose que Mme de Gaulle et moi-même vous demandons, c'est de ne pas y faire paître vos bêtes.

— Entendu, mon général.

L'élevage, le financement agricole, Bruxelles, la culture, la conversation pour Charles n'est jamais du bavardage. Elle sert un objectif.

Il raccompagne le jeune homme jusqu'au perron, pointe du doigt la ferme et les dépendances qu'on devine au loin.

— Vous avez fait un beau bâtiment là, ça doit coûter cher un machin pareil.

— Assez, j'ai commencé les travaux voilà une paire d'années, je suis à la moitié, je finirai plus tard...

— Si vous êtes serré, je peux vous aider.

— Je vous remercie, mon général, je m'arrangerai.

— Je vais vous faire passer quelque chose.

Quelque chose, mais quoi donc ? Une photo dédicacée ?

Sur le seuil, Yvonne fait signe :

— Charles ! Avez-vous pensé à offrir un verre à M. Piot ?

— Je dirais que non, Yvonne, mais il est encore temps de sortir l'alcool de prune !

— À cette heure-ci, de l'eau-de-vie…

Elle leur lance un coup d'œil découragé et regagne le petit salon attenant au bureau du Général.

Le jeune cultivateur hésite. « On n'entre pas comme dans un moulin à la Boisserie, il y a des usages à respecter. C'est M. Marroux, l'ancien gendarme, devenu chauffeur, qui me félicite de la part de Mme de Gaulle quand j'ai tondu l'herbe. Elle me salue de loin, toujours occupée qu'elle est de son mari, sauf quand elle vient à la fête avec ses petits-enfants et qu'elle s'attarde[1]. »

Il vaut mieux prendre congé.

— Merci mon général, j'ai de l'ouvrage.

Le jeune Piot ignore qu'il est le dernier interlocuteur du général de Gaulle, cet homme considérable et si simple, quand il est dans son fief, qu'on oublie qu'il a restauré l'État, et atteint le sommet de la gloire, telle une statue en haut d'un obélisque. Même si ceux qui s'agitent le mitraillent, comme les chasseurs tirent les lièvres dans la prairie.

C'est cet homme-là qui lui serre la main, l'air guilleret : « Demain vous aurez de mes nouvelles ! »

Le bureau de Charles, 16 h 30

Les cent mille pages scarifiées des *Mémoires d'espoir* s'entassent dans les archives de l'Institut Charles de

1. Entretien avec l'auteur, mai 2017.

Gaulle[1], mais son carnet est toujours à portée de main sur son bureau. Et quand il part en voyage, Charles le met dans sa poche de poitrine. Il lui sert de témoin, d'agenda, de mémorandum, de recueil de citations. Retranscrites en lettres chafouines et dûment datées, elles s'agrègent aux *Mémoires*.

Cet après-midi du 9 novembre 1970, à 15 heures, ce sont *Les Pensées* de Pascal qui nourrissent une fois de plus la réflexion de Charles : « Pascal dit de la nature : "*C'est une sphère infinie dont le centre est partout et la circonférence nulle part.*" » Une note brève, pas de développement. C'est tout autant le philosophe qui l'intéresse que l'homme de foi qui, depuis la nuit d'extase où il *trouva* Jésus-Christ, cache dans la doublure de son habit le parchemin où figurent ces mots : « feu », « dieu d'Abraham, d'Isaac et de Jacob », « certitude, certitude », « Joie, pleurs de joie[2] », lesquels ont toujours inspiré à Charles des *pensées de derrière la tête*, comme il dit. Sans révéler toutefois si, en tant que chrétien – profondément attaché aux principes de la laïcité –, il est un homme de Dieu qui mena la France libre, puis la présidence comme une croisade, ou un homme d'État dont la pensée, l'éthique, l'engagement, la grande culture l'orientaient naturellement vers la spiritualité.

Une heure après, une autre citation de Pascal retient son attention : « Rien ne s'arrête pour nous. Cet état nous est naturel, et toutefois le plus contraire à notre inclination. »

1. L'Institut deviendra la Fondation Charles de Gaulle, sous l'impulsion d'André Malraux et Pierre Lefranc, après la mort du Général.

2. Pascal, *Le Mystère de Jésus*, 1670.

Il reviendra sur cette pensée d'une actualité saisissante. Il n'a pas le temps de polémiquer maintenant. Il doit écrire à son fils de toute urgence. Il faut que la donation qui permettra à Philippe de faire construire, selon ses plans, une villa à Agay pour les vacances en famille, soit avalisée au plus vite. Son Vieux garçon, a même prévu une chambre pour ses parents, ils s'y rendront avec Yvonne en juin ou septembre.

Pas de fioriture, il va à l'essentiel : le montant du devis. Il veut donner « le nécessaire » dès Noël. Comme s'il n'attendait pas expressément son fils et sa fille pour les fêtes, il glisse sans insister : « Si tu passes ici à ce moment, tu verras Élisabeth » ; leur fille cadette a reçu sa part d'héritage, pour son aîné, il a prévu que le notaire dispose déjà de « ce qu'il faut pour payer le terrain et une bonne part de la construction ».

Et comment dire sa tendresse à son fils ? « Ne tarde donc pas à tout faire démarrer. » Un peu froid. En lui répétant les mots de l'enfance, quand il l'accompagnait à l'école maternelle du Champ-de-Mars ? Il le tenait par la main. Ou ceux qu'il lui écrivait quand il était pensionnaire à Stanislas ? « Ta maman se joint à moi pour t'embrasser de toute notre affection. Ton Père. C.G. »

Yvonne n'est jamais allée les accompagner à l'école. Elle n'a jamais attendu ses enfants devant la cour à quatre heures et demie, avec un goûter et les mains tendues vers eux pour les remorquer tout le long du chemin en papotant. Charles attendait Philippe à la sortie du collège et *jaspinait* avec les parents de ses camarades, qu'il saluait aussi. Les garçons baissaient la voix : « Il est chouette ton père »[1] !

Charles a hâte d'achever les corrections des premiers chapitres de *L'Effort*[2] pour traiter les chapitres « économiques et sociaux ».

Pierre-Louis Blanc, son collaborateur, a déjà rassemblé les documents. S'il tient la cadence – mais il se sent plus lent, est-ce l'âge ? –, les chapitres IV et V ayant trait aux affaires étrangères seront achevés avant l'été prochain et il pourra se consacrer au dernier.

Sorte de réflexion sur la France et le monde, testament philosophique qui pourrait voir le jour avant l'automne prochain.

C'est la mission qu'il s'est fixée. Ce n'est plus le désir qui le taraude, c'est l'Horloge ! *Dieu sinistre, effrayant, impassible* ! *Dont le doigt nous menace*… Baudelaire a raison, il se dépêche, Charles, il se dépêche. Mais pour que tout soit clair, l'entrevue avec son jeune voisin mérite quelques lignes :

> « Cher Monsieur Piot,
>
> Après notre bon accord de tout à l'heure, je vous demande d'accepter ceci qui tient compte de votre gracieux renoncement à notre bail.
>
> Veuillez croire, cher Monsieur Piot, à mes sentiments bien cordiaux.
>
> C. de Gaulle. »

---

1. Cité par Philippe de Gaulle *in De Gaulle, mon père*, II. Plon, 2004.
2. *In Mémoires d'espoir*, Plon, 1971.

Il a glissé la lettre dans l'enveloppe libellée au nom de M. Piot.

« Il l'a joint à son mot ce quelque chose qu'il voulait me faire passer, le Général : un chèque de cinq cents francs. Je l'ai gardé. Le lendemain à 9 heures, M. Marroux me remet l'enveloppe [1]. »

Charles range la grosse loupe, met les lunettes dans sa poche de poitrine, revisse le capuchon de son stylo et se frotte les yeux.

La fenêtre découpe un grand rectangle sombre : il est 5 heures. Il se hâte vers son rendez-vous, non sans faire un crochet par la cuisine.

— Laissez donc ce plateau, Charlotte, je le monte.

— Il manque rien, monsieur ?

— Presque rien, un je ne sais quoi, *es gauffe al'cassonnate...*

Il pioche dans la boîte à gâteaux, en pose deux dans chaque soucoupe.

Charles et Yvonne ont toujours partagé ce moment, l'heure du thé. Clin d'œil à leur première rencontre ? Il lui a tendu la tasse remplie d'un Darjeeling ambré, le trop-plein éclabousse sa jupe blanche, il est confus, elle sourit. Pas de quoi en faire un roman.

C'est leur exil à Londres qui a pérennisé le rite. Tea for two and two for tea, c'est Charles qui chante le fox-trot de leur premier bal, c'est Yvonne qui pratique la langue

1. Entretien avec l'auteur, mai 2017.

de Churchill. Son éducation de jeune fille moderne l'y a préparée. Le chef de la France libre s'en gardait bien : pas d'allégeance au Premier ministre britannique.

Le thé, Charles et Yvonne le prennent dans leur chambre, et nul n'a été admis à cet entre-deux. Les enfants, les petits-enfants n'ont jamais franchi le seuil de leur domaine privé. Ils tiennent à cette intimité, cela permet à Charles de se recentrer, à Yvonne de l'avoir tout à elle.

Le pas de Charles ébranle l'escalier, il est devenu lourd ces derniers temps. Lent. Elle se débarrasse du sèche-cheveux et des rouleaux que Charlotte a bardés de piques. À en croire le mot de Charles, Marlene Dietrich et Brigitte Bardot n'arrivaient pas à l'Élysée en bigoudis [1]. Eh bien, Yvonne, qui en fut la locataire, déteste étaler accessoires de beauté et *fanfreluches* !

Elle passe la main dans ses boucles. Sa mise en plis est loin de ressembler au casque des photos officielles. Le style dame austère confite en religion, communément appelée Tante Yvonne par les chroniqueurs, n'a pas droit de cité quand elle est seule avec son mari.

Charles est attentif à ces détails. Et toujours tiré à quatre épingles ; costume sombre et chemise claire quand il vient prendre le thé avec elle. Et toujours cravaté. Pas le style gentleman farmer en pantalon de velours.

1. Cité par Pierre-Louis Blanc, entretien avec l'auteur, juin 2017.

Depuis quelque temps, il a des envies de revoir les villes de sa jeunesse et les penseurs que le vent emporte. François Mauriac qu'on vient de mettre en terre, et Émile Mayer, son maître à penser, le visionnaire, qui a écrit dans son carnet le jour de sa mort : « Aujourd'hui, ma mort » et s'est éteint.

Nuit du 9 au 10 novembre

Charles est mort. Le général de Gaulle est mort. L'immobilité de Charles est totale. La voit-il penchée sur lui qui le supplie tout bas de ne pas la laisser ? Elle qui lui écrivait, il y a peu, il y a longtemps, il y a toujours : « Je t'embrasse si fort, si fort, mon cher Charles chéri. »

Amoureuse, oui, elle l'était.

Il faut prévenir les enfants. Organiser les obsèques de leur père le plus discrètement possible. Yvonne a dû joindre par téléphone des messagers pour qu'ils transmettent la nouvelle en secret. Elle a prononcé les mots qui annoncent la mort de Charles, elle a parlé de lui au passé. Élisabeth, Alain de Boissieu et leur petite Anne arriveront par la route. Philippe a pris le train de nuit en gare de Brest pour Paris.

Demain, à 8 heures du soir, Yvonne fera fermer le cercueil. La sœur de Charles, Marie-Agnès, arrivera plus tard, elle voudrait l'embrasser une dernière fois. Mais Yvonne est inflexible. Le couvercle sera vissé à 8 heures, pour éviter intrusions et photos volées. C'est l'homme qu'on portera en terre à Colombey, pas seulement l'homme d'État.

Elle a raccroché. Prostrée sous l'escalier, là où l'unique récepteur de la maison a été installé, trente ans plus tôt, elle voit les yeux cerclés de noir qui la regardent : les yeux regardent Yvonne, détachée de Charles. Yvonne sans Charles ? Elle ne peut y croire encore. Elle sent sa silhouette à son côté.

Plus tard, quand Philippe téléphone, elle n'éclate pas en sanglots.

Lui non plus. Ils savent la souffrance, l'arrachement, les regrets, les inévitables remords.

Elle lui demande de venir seulement après avoir fait connaître à la presse les dispositions que son père a voulues pour ses obsèques.

Elles devront se dérouler dans une extrême simplicité « et même pauvrement ». « Aucun discours ne devra être prononcé, ni à l'église ni ailleurs ; pas d'oraison funèbre au Parlement. » Pas de funérailles nationales, pas de musique. Une messe à Colombey-les-Deux-Églises.

Et la tombe sera celle qui accueillit Anne, le 6 février 1948, bouleversement si profond qu'après rien ne fut pareil.

Être enterré près de sa fille, c'est ce que Charles désirait et qu'il a stipulé sur ce testament de 1952 dont existent trois exemplaires. L'un à la garde de Philippe, l'autre à celle d'Élisabeth, qui l'a perdu ; le dernier, c'est Georges Pompidou qui le détient. Yvonne craint qu'il n'impose une cérémonie à grand spectacle, véritable violation des dernières volontés de Charles. Il faut que le communiqué de la famille de Gaulle paraisse avant celui de l'Élysée.

« Publie le testament de ton père sans tarder », recommande Yvonne à Philippe après son intervention sans suite à la présidence de l'Élysée : le fils du général de Gaulle n'a pas été reçu par le président Pompidou. Elle raccroche aussitôt. Les écoutes, toujours…

On va enterrer Charles dans le petit cimetière de Colombey. Il reposera à perpétuité près d'Anne, c'est ce qu'il a appelé de ses vœux quand il tenait dans ses bras le corps sans vie du Tout-petit. « Ma tombe sera celle de ma fille Anne et où, un jour, reposera ma femme. »

Yvonne avait veillé à ce que la pierre tombale fût grande assez pour convenir aussi à Charles. Et qu'on ne le lui prenne pas pour lui rendre les honneurs aux Invalides ! Encore moins pour l'inhumer au Panthéon. Charles n'a jamais eu besoin des fastes de la République pour être son grand homme. Elle lui portera des fleurs du jardin.

« Françaises, Français, le général de Gaulle est mort. La France est veuve. »

L'annonce de Georges Pompidou précède de peu le communiqué de Philippe. Yvonne est indignée, Philippe en rage.

Le 12 novembre, nul membre de la famille de Gaulle ne se rendra à la messe, donnée à l'initiative du président, à Notre-Dame de Paris. Ce sont les ministres, les chefs d'État, les personnalités du monde entier, les journalistes qui rendront un dernier hommage au général de Gaulle. Les chefs d'État africains sangloteront comme s'ils perdaient leur père. Des milliers de Français se recueilleront sur le parvis. Les autres pleureront chez eux. Les antigaullistes feront silence.

Le 12 novembre, Yvonne assistera aux funérailles de Charles à Colombey, avec sa famille et les intimes. Malraux, les compagnons de la Libération, les militaires fidèles, les aides de camp, les proches, Pierre-Louis Blanc, Jean Mauriac, Claude Guy, Romain Gary, les habitants de Colombey, « les hommes et les femmes de France et d'autres pays du monde » qui voudront bien « faire l'honneur » à sa mémoire d'accompagner Charles jusqu'à sa « dernière demeure [1] ».

Dans le plus grand silence, on accueillera le char militaire transportant le cercueil enveloppé du drapeau français. Douze jeunes gens du village le chargeront sur leurs épaules. François de Gaulle, le neveu de Charles, célébrera la messe dans l'église du village.

Abritée sous un épais voile noir, Yvonne se tiendra droite. Ses enfants maîtriseront leurs larmes. Au cimetière, la famille de Gaulle et la famille Vendroux garderont la dignité de ceux qui ont vécu deux guerres. L'assistance sera recueillie.

---

1. Fondation Charles de Gaulle, Martial Gout, entretien avec l'auteur, avril 2017.

Encore quelques heures et le jour va se lever. Les enfants vont arriver, il va falloir être forte. Faire front à la douleur. Parler. Tenir sa place.

Yvonne veille Charles.

Stabat Mater dolorosa
Juxta crucem lacrimosa

Ces mots qui lui reviennent, ce chant de douleur immémorial, le *Stabat Mater*, est-ce à l'église San Vittorio, durant leur voyage de noces aux îles Borromées, qu'ils l'avaient écouté ?

Yvonne connaît toutes les prières. Vouée à la Vierge depuis la petite enfance, vêtue d'organdi blanc, elle a chanté les cantiques qui invoquent *la madone qu'on prie à genoux, qui sourit et pardonne...*

Trois ans plus tôt, durant le voyage officiel en Italie, en 1967, ils avaient voulu revoir Venise. Après le tour en gondole à moteur, Charles lui avait murmuré les paroles du chant de douleur de Vivaldi devant la Croix de Santa Maria della Salute, le *Stabat Mater*.

Son âme gémissante
Attristée et dolente
D'un glaive fut transpercé

Ce chant exprime aussi le deuil de leur fille.

Elle était debout, la Mère
Malgré sa douleur.

Yvonne n'a pas donné la vie à Charles, elle est l'Épouse, dressée au chevet de son époux. Elle garde le défunt. Et sa douleur est infinie.

Elle est la Stabat Mater au corps déchiré, au regard noirci.

Invoquer la Vierge de miséricorde, dont la statue n'a jamais quitté leur chambre ? Appeler Jésus à son secours ? Dieu ?

Prier pour Charles : « Je crains les flammes éternelles… »

Yvonne craint-elle le feu qui témoigne de la présence de Dieu, comme le dit la Bible de l'Ancien Testament ? Bien sûr que non. Il faut l'appeler, ce feu qui lutte contre le mal. Que le cri sorte !

Mais rien ne desserre l'étau qui l'étreint. Parler est impossible.

Elle ne dira rien aux enfants.

La cérémonie terminée, la tombe couverte de fleurs, la famille se retrouve à la Boisserie pour prendre les bagages. Élisabeth et Philippe montent en voiture avec leurs conjoints et leurs enfants. Les trois aînés de Philippe ont la vingtaine, le dernier et la petite Anne n'ont pas dix ans. « Prenez soin de vous, Maman. On se verra à Noël. »

Qu'elle cache sa détresse sous un air paisible ne les surprend pas. Ils ont l'habitude, ils admirent sa force. Yvonne fait un signe du haut du perron. « Au revoir. »

La porte claque.

Yvonne est seule. Définitivement. Elle est la veuve du général de Gaulle. C'est son statut.

On l'appellera pour les commémorations. Yvonne évitera les mondanités. N'acceptera aucun entretien. Elle ne livrera ses sentiments qu'à une seule personne.

Comme les veuves qui, les passions du corps éteintes et l'époux enterré, se défont de tous leurs biens, entrent au couvent et se consacrent à la prière, Yvonne a renoncé à tout.

Elle a brûlé les biens de Charles susceptibles de livrer un fragment personnel de l'Histoire du xxe siècle.

Mi-décembre 1970, Yvonne transgresse la règle

« J'étais choquée, atrocement choquée. Tout s'était passé si vite et si brutalement. »

C'est à Jean Mauriac qu'Yvonne se confie. Il a suivi Charles au long de ses déplacements et de leurs voyages, depuis l'âge de 22 ans, et pendant vingt-quatre ans. Jusqu'à ce jour du 9 novembre 1970.

Yvonne qui ne se livre pas, au plus fort de la douleur, se révèle.

Cet homme discret fait partie des intimes : il était aux côtés de Malraux aux obsèques de Charles. Ces vingt-quatre années, pendant lesquelles il l'a côtoyée régulièrement, lui ont-elles permis de cerner, ne serait-ce qu'un peu, la personnalité d'Yvonne qu'on connaît si mal ? Jean Mauriac s'interroge encore :

« Mme de Gaulle est une personne silencieuse. Elle ne disait jamais rien, elle avait toujours eu peur d'engager le Général par des propos qu'on jugerait téléguidés. Elle ne parlait pas aux journalistes. Elle ne m'a pas parlé, le jour de l'enterrement. Elle m'a remercié. De ce qu'elle ressentait, de son chagrin, elle n'a pas parlé à ses enfants, je pense. Ni à quiconque. [1] »

Pour Jean Mauriac uniquement, Yvonne a transgressé la règle. Au plus fort de la douleur. Cachée sous l'impassibilité, elle a exprimé ce qu'elle ne pouvait pas dire à sa famille. Des amis, elle n'en avait pas.

« Après la mort du Général, Mme de Gaulle a su prendre sur elle ; elle était brisée… À Colombey, je n'y allais jamais, sauf pour l'enterrement, je les voyais à l'Élysée, en tournée, en voyage. Dans le milieu familial elle était différente du portrait officiel. Elle aimait rire. En ces jours de deuil, elle était dans une très grande réserve. Impassible. Digne. Il était impossible de lui transmettre un sentiment, même si elle présentait un visage paisible comme les autres jours.

« Quelques semaines après, elle m'a écrit ces mots terribles : "*Je ne me sentais plus vivre.*" »

La Boisserie est endormie. Dans la cuisine, aucune potée ne mitonne sur le fourneau, aucun menu n'est à prévoir avec Charlotte et Honorine, aucun régime sans gras ni excès de glucides, aucun entremets pour le Général, si friand de douceurs. Dans la salle à manger, pas le moindre confit en attente sur la desserte, de plateau de charcuterie sur la table, de bouteilles de pinot noir à chambrer, de bordeaux à décanter dans les carafes.

---

1. Entretien avec l'auteur, juillet 2017.

Charles aimait bien boire un apéritif avec les convives et du vin à table, de temps en temps, un whisky. Yvonne surveillait.

Il levait son verre en la regardant droit dans les yeux et se jetait le contenu dans la gorge.

Malade ? Il ne l'était pas, hormis l'hypertension artérielle. Comme ses frères, il se sentait promis à une fin brutale, sans bavure. Tomber d'un coup.

Mais pas déjà…

Charles se soignait, oui, raisonnablement, sans plus. Se ménager ?

Pourquoi vivre, alors ? disait-il. Il ne s'est jamais économisé. Il avait cessé de fumer. C'était bien suffisant comme concession à l'appétit de vie, non ? Charles ne voulait rompre avec aucune des forces vives, « si cela devait compromettre sa vie d'homme », précise un intime [1]. Aucun des plaisirs. Aucun. Plutôt mourir.

Après l'opération de la prostate, trois ans plus tôt, il avait dit à Philippe : « L'opération a réussi, l'ennui, c'est que ça empêche d'avoir des enfants. » Et comme son fils s'étonnait – à 77 ans ça n'a peut-être plus d'incidence –, Charles s'était dressé, l'œil noir : « Quand même, ça a une certaine importance ! »

Le salon est un désert, la bibliothèque est surtout fréquentée par Grigri. Sur le petit bureau des centaines de messages s'entassent, qui rendent hommage à Charles. Le

1. Entretien avec l'auteur, juillet 2017.

soir, Yvonne répond scrupuleusement à ces manifestations d'empathie, elle ne regarde plus la télévision, à quoi bon ?

La chambre est glacée. Yvonne se réfugie dans le petit salon, maintenant envahi par les archives personnelles. Tout près, le cabinet de travail de Charles est encore plein de lui. Dès qu'elle l'entendait s'agiter, s'agacer, bougonner, elle savait que ses notes s'étaient éparpillées. Elle entrait sans frapper : il l'attendait. Elle retrouvait l'ordre des pages, lui tendait le paquet de feuilles et repartait, riant toute seule.

C'est cet homme monolithique, contradictoire, tout pétri de douleurs, de force, de sensibilité, qui avait besoin de l'avoir sans cesse à ses côtés.

Yvonne se sentait légère depuis que les obligations avaient pris fin. Elle avait retrouvé son rire. Quand il est venu déjeuner, un an plus tôt, en décembre, Malraux avait remarqué ce qu'il appelle sa seconde jeunesse[1].

Et quand ils étaient face à face devant le plateau de thé, Charles la complimentait sur sa bonne mine. Encore un prétexte pour s'accorder une deuxième gaufre, l'air de rien ?

— Charles, et les lipides, vous y pensez ?

Charles hoche la tête d'un air pénétré, comme si son tour de taille entrait dans ses préoccupations, alors que son petit sourire signifie seulement : « Les lipides ? Je m'en bats l'œil ! »

Yvonne se sent figée à l'intérieur. Elle rassemble ses forces pour extraire des cartons les lettres, les billets de

1. Déjeuner du 11 décembre 1969 qui inspira à André Malraux *Les chênes qu'on abat*, Gallimard, 1971.

train, les photographies, les carnets, les dessins d'enfants. Tout un amoncellement de souvenirs. Et même la note du Ristorante Belvedere. Pendant leur voyage de noces, ils avaient dîné à l'Isola Superiore. Ce souvenir-là, elle le garde, elle le montrera à Philippe.

C'était peut-être la nuit où ils l'ont *imaginé*, comme dit joliment Charles. Ce n'était pas dans le sleeping de l'Orient-Express ? Cela aurait eu du panache, mais le Belvedere qui surplombait le lac était romantique, ils avaient bu du chianti et mangé des *costellette*, pour 79,4 lires, servizio compris.

Les Parker, les Waterman de Charles, Philippe les a récupérés et les a donnés à ses fils, Charles, Yves, Pierre et Jean. Le dernier est allé à sa sœur, Élisabeth, l'enfant chérie de Charles, si jolie, *cette fille Élisabeth*, qu'il vouvoyait pour créer entre eux un lien spécial, une complicité. C'est elle sa collaboratrice. Bravement, elle a tapé tous ses manuscrits et leurs différentes versions sur sa vieille machine à écrire. Philippe, lui, a gardé la montre de son père. Une automatique ordinaire en acier. La montre du père, comme son étui à cigarettes ou son vieux portefeuille de cuir, on le garde.

Aidé de son beau-frère, Alain de Boissieu, il a arraché aux braises un uniforme de soirée et l'habit d'apparat. Une jaquette sur laquelle s'accrochaient pour les soirées officielles tous les ordres du président de la République. Il a sauvé sa capote kaki, une veste, le képi, brodé de feuilles de chêne, emblème de la France libre, et un autre sans aucune décoration : l'incarnation du général de Gaulle, simple général de brigade, deux étoiles.

Philippe a sauvé aussi le casque de char et la veste de cuir couverte de cendres du chef de guerre. Il l'a nettoyée et remise au musée des Invalides.

Yvonne sort les documents des cartons. Ceux qu'elle doit protéger en les supprimant, et les autres, à conserver. Elle doit faire des choix.

Elle a mis de côté les lettres que Charles lui écrivait avant la capitulation. Les enveloppes ne portent pas encore l'effigie de Pétain, les suivantes si. Lesquelles jeter ?

II

LONDRES

Mai 1940, Yvonne, gaulliste avant l'heure

Yvonne a-t-elle déjà été seule ?

Quand elle voit Charles partir pour la « véritable guerre », la guerre de France, oui, elle est seule.

En mai, l'armée allemande a envahi le pays par les Ardennes, les Stuka bombardent les villes, mitraillent la population et les réfugiés qui se jettent sur les routes, à la poursuite d'un hypothétique havre au sud.

Installée à la Boisserie avec Anne et Mlle Potel, sa gouvernante, Yvonne n'a aucun moyen de joindre Charles.

Le 14 mai, il écrit :

> « Ma chère petite femme chérie,
>
> Me voici en pleine bagarre. Appelé hier d'extrême urgence pour constituer une division (...) Les événements sont très sérieux. J'ai confiance que nous parviendrons à les dominer. Cependant il faut s'attendre à tout [1]. »

---

1. Charles de Gaulle, *Lettres, Notes et Carnets*, 1919-1940, *LNC*, Plon, 1980.

Où est-il ? Il ne peut donner sa position ni aucun renseignement, mais Yvonne sait lire entre les lignes. Ce « tout » signifie qu'il est au plus fort du combat. C'est Montcornet, le 17 mai : la contre-attaque française au point de passage le plus exposé entre l'est et le nord. Il a pris le commandement de la 4e Division cuirassée. 85 chars à sa disposition. Face aux Panzers.

Charles lit Thucydide [1], et comme l'historien, il est pénétré de cette idée : « Il est important de disposer d'une large sécurité matérielle. » Il l'a écrit dans *Le Fil de l'épée* [2], son deuxième ouvrage sur l'art de la guerre, et l'a professé, en vain, tout au long de sa carrière, s'attirant les foudres du maréchal Pétain, bien avant qu'il ne signe cet armistice « déshonorant ».

Les Allemands ont reculé devant la 4e Division, commandée par Charles. Ce qui laissait le temps à la VIe Armée de prendre position.

Mais les douze divisions de l'arrière ne l'ont pas soutenu, et l'opération n'a pas été complètement probante. On le rendra responsable avec une certaine alacrité.

Les causes ? « Un système militaire mauvais » fondé sur « une armée défensive » privée de « force mécanique », comme il le signifiera dans sa lettre au maréchal Pétain après la déclaration d'armistice du 25 juin.

« Assure-toi très discrètement d'un moyen de transport éventuel », écrit Charles à Yvonne. Elle traduit : le péril est

---

1. *La Guerre du Péloponnèse*, t. 2, Gallimard, 1964.
2. Charles de Gaulle, *Le Fil de l'épée*, Librairie Berger-Levraut, 1932.

réel et il l'exhorte à la prudence. La guerre est aux portes de Colombey. Il l'y prépare.

Cette invitation au voyage ne présage rien d'autre qu'un départ précipité avec Anne, lourdement chargée de problèmes moteurs et psychologiques. Pour aller où ?

Élisabeth et Philippe sont en pension à Paris, la famille Vendroux est éparpillée d'ouest en est, Charles est au feu. Vaille que vaille, Yvonne va partir sur les routes avec son barda. Elle croit en lui. C'est elle, Yvonne, la première gaulliste. Depuis les premiers jours de l'offensive allemande, et même bien avant qu'il ne crée la France libre. Pourquoi pas, depuis la tache de thé sur sa jupe blanche…

Après cette première rencontre, elle avait dit à sa mère « C'est lui ou personne ». Et à son frère, Jacques, qui lui demandait si l'après-midi s'était bien passé : « Je ne me suis pas ennuyée. » C'était tout dire !

Un seul petit souci : Charles mesure quarante centimètres de plus qu'elle, mais enfin, avec ses souliers à talons bobines, cela ne faisait plus que 34, et puis, il avait du chic, et puis, il la trouvait très jolie.

Il est à Laon les 19 et 20 mai 1940. Nouvelle offensive courageuse mais nombreuses pertes. Il écrit le 21. Il écrira presque chaque jour.

> « Ma chère petite femme chérie,
>
> Je t'écris au soir d'une longue et dure bagarre qui s'est d'ailleurs, très bien déroulée pour moi. Ma division se forme en combattant et l'on ne me refuse pas les

moyens, car si l'atmosphère générale est mauvaise, elle est excellente pour ton mari. [...] Cependant sois prête à te replier... C.[1].»

Yvonne lui répond par retour. Elle a passé sa vie à lui écrire. Que reste-t-il de ses lettres ? Que reste-t-il de leur amour ? Elle a effacé les traces, il reste les lettres de Charles qui toutes ont été publiées, et font état, parfois, des nouvelles qu'elle lui envoie. Jamais de son inquiétude.

Comme toutes celles qui fuient en emportant un édredon, du linge, un bagage de fortune pour mettre à l'abri leurs petits, Yvonne part avec sa fille et une grosse valise. Mais à la différence des autres femmes, elle est accompagnée de la gouvernante, Mlle Potel, elle-même chargée de sacs. Il faut prévoir des vêtements de rechange pour Anne et une trousse médicale.

Le voyage est difficile, et la solde de colonel n'est pas extensible. Comment assurera-t-elle les frais ? Yvonne se retrouve sur la route, Anne, agrippée à son bras, avec la peur qu'elle manque de lait, de bouillie – à 12 ans, elle ne peut pas mâcher –, qu'elle perde ses repères, qu'elle pousse des cris de terreur, qu'on leur refuse un compartiment, ou des places dans une camionnette.

Yvonne redoute aussi les coups d'œil sur la mongolienne, les ricanements, les chuchotements des voyageurs, leur expression de pitié ou de curiosité.

---

1. Charles de Gaulle, 1905-1918, *LNC*, *op. cit.*

À cette époque-là, oui, Yvonne est très seule. Sans même savoir si Charles est blessé comme à Dinant ou Verdun, vingt ans plus tôt. Ou porté disparu.

Elle a toujours pensé qu'elle le saurait s'il lui arrivait « quelque chose ». Cette « chose » qu'il ne cherche pas à éviter. Dans ce vacarme, dans cette fuite, parmi la foule éperdue, elle réalise qu'elle ne le saurait pas s'il était mort.

Arrivée dans le Loiret chez sa sœur Suzanne, loin de sa maison, de sa famille, mais surtout loin de Charles, Yvonne ressent profondément qu'il est son point d'ancrage. Bien plus que ses enfants.

Yvonne est-elle maternelle ?

Elle assure leur éducation, veille sur Anne. Elle n'est pas mère avant tout, loin de là.

Philippe le dira : « Pas maternelle ; impatiente ; je ne me souviens pas avoir vu ma mère m'accompagner une seule fois à l'école[1]. » Les soins qu'elle donne à ses enfants sont-ils de l'ordre du devoir, ou du sacrifice ? « Nous étions dressés dès la petite enfance. » De l'affection, de la tendresse ? « Elle ne nous câlinait pas[2]. » Elle leur administrait parfois des gifles, elle avait été rudoyée elle-même par sa gouvernante autrichienne.

De sa naissance à l'âge d'un an, sa mère, la belle Marguerite, l'avait mise en nourrice. Elle ne l'avait pas tenue dans ses bras, au plus près de son corps, dans la chaleur maternelle.

---

1. Philippe de Gaulle, *Mémoires accessoires*, Plon, 2000.
2. *Ibid.*

Yvonne n'avait pas été « contenue » comme on dit, elle avait reproduit cette absence. « Jamais un câlin. Elle effleurait à peine le front d'Anne. Ce n'était pas une exception pour les familles aisées de Calais »[1], rappelle Frédérique Neau-Dufour. Est-ce une raison ? Elle l'ignore, Yvonne. Elle n'en parle pas.

Mais quand il s'agit de Charles, il n'existe ni obligations, ni sacrifice, ni rigueur. Ce n'est pas la tendresse qui anime Yvonne mais le don pur que lui dicte la passion. Le besoin qu'elle a de cet homme. L'amour.

Philippe le sait. « Notre père est ce que ma mère aime le plus au monde. »

Le 2 juin, à la veille d'être nommé par le président Lebrun sous-secrétaire d'État au ministère de la Défense nationale et de la Guerre, Charles écrit.

« Ma chère petite femme chérie,

La 2e grande bagarre que j'ai menée avec ma division s'est terminée par un succès vers Abbeville.

Tu as dû voir l'écho au communiqué. 400 prisonniers, beaucoup de matériel pris à l'ennemi. Je viens d'être cité à l'ordre de l'armée pour cette affaire […] » Il lui conseille de partir s'installer en Charente ou en Dordogne, et promet de lui envoyer 1 500 francs par mois, avant de l'assurer de sa constance ; de son amour ?

« Je t'embrasse de tout mon cœur qui t'aime, ma chère petite femme.

1. Entretien avec l'auteur, décembre 2018.

Rien ne compte plus que ceci : il faut sauver la France. C. [1]. »

Sous la férule allemande, la moitié de la France est devenue une terre étrangère. Elle gagne la Bretagne avec ses trois enfants, et advienne que pourra.

Elle les embarque sur un bateau, sans bagages ni billets de retour, peut-être faudra-t-il mettre le cap sur une autre destination. Le Liban où ils ont passé leurs premières années de mariage avec Charles ?

18 juin 1940, Marlbrough s'en va-t-en guerre…

Le premier entretien avec Winston Churchill, le 9 juin, a été décisif pour Charles. Au moins sur un point : les deux hommes se sont reconnus d'emblée.

Le Premier ministre britannique a vu dans Charles de Gaulle, le sous-secrétaire d'État à la Défense d'une France vouée à la défaite, un va-t-en guerre qui a fait reculer les Allemands à Montcornet, avec ses 80 malheureux chars face aux Panzers si puissants.

L'armée allemande possède les machines de guerre les plus performantes, en avance de dix ans sur le matériel américain, que dire alors du matériel britannique et français, des coucous qu'ils ont à leur disposition ?

---

1. Charles de Gaulle, *LNC*, *op. cit.*

Ce de Gaulle est un soldat de la trempe de son ancêtre, le duc de Marlborough, immortalisé par la chanson. Et comme lui-même, le fumeur de Corona, menant l'Opération Dynamo, avec trois pounds six pences et sa flottille bricolée.

850 petits navires – bateaux de pêche, bateaux de plaisance et une barque – pour sauver les quelque 200 000 militaires britanniques et les 150 000 Français bloqués par Hitler dans l'enfer de Calais et Dunkerque. Deux villes intimement liées à l'histoire de Charles et Yvonne de Gaulle, elle y est née, ils s'y sont mariés… Les derniers rescapés sont rentrés le 4 juin.

Avec quels moyens va-t-il continuer, de Gaulle ? Churchill, lui, après trois semaines tendues avec le gouvernement, est puissant, armé, il bénéficie d'un Parlement fort et de l'alliance américaine.

Mais il n'est pas général. Il n'a pas mis les pieds sur un champ de bataille en tant que chef de guerre. Il n'a pas senti la poudre ni l'acier des obus. En cela, il admire ce Français, long de 6 feet 5 inches. My God ! Piggy, comme l'appelle tendrement lady Clementine, mesure 5 feet et few inches et pèse may be more than 110 kg… Oh Christ, what a weight[1] ! Quel poids considérable, comme disent les Français.

De Gaulle a mesuré toute l'importance de cet homme courageux, génial, complexe, dont l'amour pour la Grande-Bretagne égale la dévotion que lui-même porte à la France.

1. 5 pieds 6 pouces, 5 pieds et quelques pouces. Peut-être plus de 110 kg. Mon Dieu, c'est un poids !

« Aucun autre dirigeant britannique n'aurait pu avoir son courage, en mai 40, en essayant d'aider les Français, souvent contre eux-mêmes, pour empêcher qu'ils s'effondrent », confie-t-il à Philippe.

Le point négatif lui apparaît une semaine plus tard, quand il est devenu le chef de la France libre : malgré son hostilité pour Pétain, Churchill n'est pas prêt à rompre les bans avec le gouvernement qui va s'installer à Vichy. Il a l'œil sur la puissante flotte française, en particulier celle de Mers el-Kébir. Il faut pourtant le convaincre d'envoyer en France davantage d'escadrilles et de chasseurs de la Royal Air Force, mais aussi d'étayer l'économie de la France libre et assurer l'intendance. Ce ne sera pas une aide ; on appellera cela une collaboration.

Churchill, lui, sait combien est fragile la position de ce général temporaire qui affirme « Je ne suis l'homme de personne ». Les FFL [1] n'ont pas un shilling en caisse, seulement 100 000 francs, et, Goodness Gracious, il faut leur apporter une aide financière, accueillir les supporters de ce de Gaulle, les transporter, leur prêter les locaux de Carlton gardens qui leur serviront de quartier général, leur ouvrir les studios de la BBC and so and so [2].

Clement Attlee, le vice-Premier ministre, croit en de Gaulle, l'aristocratie aussi, et Sa Gracieuse Majesté a un faible pour les Français libres : « Wonderfull people [3], malgré l'armistice ils ne posent pas les armes. »

1. *Forces françaises libres.*
2. *Bonté divine*… Etc.
3. Ces gens sont merveilleux.

Churchill fait le job. Il leur donne les moyens de se battre et reconnaît de Gaulle. Et si ce n'est pas exactement l'homme du destin, c'est un être d'exception, si différent et si proche.

« Je vous reconnais tout seul, en ce pays, comme leader des Français libres qui, en n'importe quel lieu, seront prêts à se joindre à nous pour soutenir la cause alliée », lui dit-il.

De Gaulle est optimiste. Churchill, chef de guerre, a la stature d'un personnage de Shakespeare comme il les aime. Il rentre à Paris.

Le 18 juin Charles est à Londres. Il dispose d'un petit bureau à Seymour Place, il a pour aide de camp le premier Français à avoir rejoint les FFL, Geoffroy de Courcel. L'une de ses amies, Élisabeth de Miribel, va faire office de secrétaire pour le Général.

Très jolie, de grands yeux, des cheveux courts en vagues, et la foi du charbonnier, elle fait partie des Français qui espèrent encore un renversement de la situation.

Elle a entendu parler de ce général, mais ne l'a jamais vu. Il n'entre pas dans le bureau, il surgit, et marche à grandes enjambées vers elle. Elle n'oubliera jamais cette première entrevue :

« Très grand, en tenue de campagne, ses jambes interminables serrées dans des leggins de cuir », il lui brosse un tableau de la situation qui la laisse sans illusions. « Immédiatement, cet homme m'impressionna. Je l'écoutai, sans mot dire, parler de la fin prochaine. Il avait une conscience lucide de l'étendue de la catastrophe. » Élisabeth de Miribel déchiffre les phrases que Charles de Gaulle a griffonnées l'après-midi et soumises aux autorités britanniques, contrairement à ce qu'il a laissé entendre, puis elle s'assied devant sa machine, avec « l'obscur pressentiment de participer à un événement exceptionnel. Ces mots vont constituer une page d'histoire ». N'étant pas dactylographe, elle tape l'appel de deux doigts, Charles met la feuille dans sa poche. Un taxi va l'emmener à la BBC avec Courcel. Miss Miribel est admirative : « Ils me déposent en chemin devant ma porte [...] Pendant ce temps, des paroles irrévocables s'envolent vers la France[1]. » Charles dispose de six minutes d'antenne :

« Moi, général de Gaulle actuellement à Londres, j'invite les officiers et les soldats qui se trouvent en territoire britannique, ou qui viendraient à s'y trouver, avec leurs armes ou sans leurs armes, j'invite les ingénieurs et les ouvriers spécialistes des industries d'armement [...] à se mettre en rapport avec moi... » Les termes de l'affichette, placardée dans les rues, sont plus clairs : « Je convie tous les Français, où qu'il se trouvent à s'unir à moi dans l'action, dans le sacrifice et dans l'espérance[2]. »

L'appel est diffusé en différé à 22 heures, mais il n'a pas été enregistré sur disque. Charles le lance donc une deuxième fois le 19 juin, depuis le même studio de la BBC, détruit peu après par une bombe.

C'est une autre Élisabeth, Miss Barker, qui l'assiste :

« Immense, avec de grandes bottes brillantes, il marchait à grandes enjambées et parlait d'une voix grave. Il ne voyait absolument rien autour de lui, que le micro qu'il

1. *Le Figaro littéraire*, 17 juin 1965.
2. *BBC*, 19 juin 1940.

regardait fixement, comme s'il voyait au-delà de l'appareil. L'appel m'a impressionnée plus que le désastre militaire. Les Français de Londres en voulaient aux Anglais de les avoir abandonnés. C'était un soulagement d'entendre un Français dire : "Nous allons continuer à nous battre aux côtés de l'Angleterre." Miss Barker n'a pas eu le sentiment de vivre l'Histoire en direct, mais elle a traduit l'appel qui paraît dans le *Times* du même jour.

Élisabeth de Miribel ne l'a pas entendu, l'appel du 18 juin, mais elle a capté la proposition du général de Gaulle. Veut-elle s'occuper du secrétariat de la France libre ? Elle est si troublée qu'elle accepte d'un signe de tête.

« La France a perdu une bataille ! Elle n'a pas perdu la guerre ! » Charles est aussi fougueux que Churchill, Oncle Marlbrough et ce Bolingbroke, futur roi, compagnon de Falstaff, qui comparait son pays au soleil.

L'espoir renaît. On va se battre. Élisabeth de Miribel sera attachée au cabinet du général de Gaulle pendant quatre ans.

Juin-juillet 1940, de la guerre des ondes

Yvonne et Charles sont enfin réunis sous le même toit. À l'hôtel Rubens. Délicate attention du gouvernement britannique, ils disposent d'une suite pour leurs retrouvailles, quatre chambres sont prévues pour eux-mêmes, Philippe, Élisabeth, Anne et sa gouvernante.

Pas de démonstrations excessives, mais le bonheur d'être près de Charles est inscrit dans chaque trait d'Yvonne, et lui, le grand homme, n'hésite pas à dire qu'il est content de les voir. Il va même jusqu'à échanger un baiser avec elle. Une première pour les enfants stupéfaits, et Mlle Potel, qui aussitôt s'emploie à défaire la valise d'Anne.

Deux jours après, ils s'installent dans un cottage à Pettswood dans le Kent, secteur bucolique de la banlieue londonienne, desservi par le métro.

Charles viendra retrouver Yvonne le soir, dans la voiture prêtée par le gouvernement britannique, ou en métro, quand les voyages à travers la France libre, les bombardements et les soixante-cinq enregistrements à la BBC lui en laisseront le temps.

Yvonne tâtonne fébrilement pour capter ses messages. En vain, bien souvent. C'est la guerre des ondes.

Radio Paris, Radio Vichy, au service de la propagande hitlérienne, couvrent le programme en français de la BBC, les Allemands brouillent les ondes et arrêtent tant que faire se peut les auditeurs qu'ils débusquent.

Le programme *Les Français parlent aux Français*, délivre des informations codées de première importance. « Je n'aime pas la blanquette de veau » : c'est l'annonce d'un parachutage ; « Messieurs faites vos jeux » : ordre de sabotage.

Quant à la BBC de De Gaulle, avec l'émission *Honneur et Patrie*, animée par Maurice Schumann, chaque soir à 20 h 25, elle donne cinq minutes d'antenne aux Français libres.

Charles est une voix dans la nuit qui pénètre dans les maquis, les ateliers et jusqu'au fond des caves. Sa parole, rendue à l'oralité originelle, s'insinue dans les greniers et dans les chambres. Elle voyage jusqu'à Paris, Colombey, le Levant, le Pas-de-Calais, le Nord, qui a vu gambader pendant les vacances Charles en culottes courtes, *petit Lillois de Paris*[1].

La voix de Charles se glisse dans l'arrière-cuisine d'un estaminet d'Armentières, tenu par une dynastie de battantes, la grand-mère, la mère, et la petite-fille en socquettes blanches, âgée de 12 ans.

La petite Line monte sur le comptoir et chante *La Madelon* pour les buveurs de bière dont certains sont des soldats de la Wehrmacht.

À la Libération, elle chantera *Battling Joe*, de Loulou Gasté, et son nom de scène sera Line Renaud :

« J'étais réquisitionnée pour occuper les Allemands et couvrir les messages de la BBC. Le poste était caché sous une pile de torchons dans l'arrière-cuisine, et ça grésillait. Ma maman et ma grand-mère avaient quitté le fourneau pour coller leur oreille au pavillon du Philips, Mémère surveillait la porte. Elles captaient *Ici Londres, les Français parlent aux Français* : "Les carottes fleurissent en mai, je répète, les carottes fleurissent..." Mon père était prisonnier.

« On avait entendu le Général parler plusieurs fois sur la BBC. On était gaullistes dans l'âme. On l'attendait, le général de Gaulle. Je devais chanter plus fort. J'y allais à

1. Seule notation sur son enfance dans les *Mémoires de guerre*.

fond. Les Allemands disaient *Ach, Fraulein*. Je ne souriais pas, je chantais. Dès que la porte de l'arrière-cuisine claquait, je sautais à bas du comptoir, me faufilais dans la cuisine. Ma maman portait le plateau avec les chopes, ma grand-mère suivait avec le carafon et les petits verres à eau-de-vie. Elles étaient ruisselantes de sueur. Deux grosses larmes coulaient le long de leur nez. Je chuchotais : "Alors, qu'est-ce qu'il dit le Grand Charles ?" Elles répondaient : "Il va venir. Il va venir nous sauver !" Elles s'essuyaient les yeux et faisaient leur entrée : "Et six Brune, six !" Je remontais sur le comptoir [1]. »

Dans le Nord, comme en Bretagne dans le Sud-Ouest, aux Nouvelles-Hébrides, au Tchad, au Cameroun, ou en Polynésie, on croit en de Gaulle. Du souffle de Charles à l'oreille qui reçoit son message, pas de rupture.

Il les aime ces héros ordinaires, comme les frères Lavoix, Jean-Paul et Pierre, âgés de 14 et 18 ans, venus en canoë, ou encore Pierre Lefranc, ou le jeune Cordier. Il ignore encore que Pierre Lefranc deviendra l'un des barons du gaullisme, et Cordier agent secret, puis historien. Il vient de le recevoir au camp d'Old Dean, lieu d'accueil des jeunes rattaché aux Centres de formation militaire qu'il a fondés, avec le soutien du gouvernement britannique.

Daniel Cordier : « J'ai entendu Pétain annoncer la fin des combats, je suis monté dans ma chambre et j'ai pleuré. Et puis la rage m'a empoigné. Je voulais me battre pour mon pays. Le soir même je pars chez de Gaulle avec quelques camarades de classe, on passe par l'Espagne, tout un

1. Entretien avec l'auteur, mai 2016.

périple. Je voulais tuer du Boche. Nous étions des enfants. Des collégiens. Le plus vieux avait 18 ans. Les frères Lavoix étaient en culottes courtes, les Bretons en tenue de plage. On attend de Gaulle un mois. La première fois que je l'ai vu dans le camp se détacher, immense, sur le ciel, j'étais tétanisé. "Je ne vous féliciterai pas, lance-t-il, vous n'avez fait que votre devoir !" Il vient nous serrer la main, nous appelle ses enfants, ses petits soldats. En deux ans de formation intense, de Gaulle fait de nous des soldats. Saboteur, j'étais. Nous savons faire dérailler les trains, porter les messages de guerre, nettoyer une maison assiégée par la Wehrmacht. Je n'attends qu'une chose : tuer du Boche [1]. »

Le jeune Cordier ignore alors qu'il comptera parmi les 1 038 compagnons de la Libération et que soixante-sept ans plus tard, le 23 octobre 2017, alors qu'ils ne seront plus que dix, il sera nommé Chancelier de l'Ordre de la Libération par décret du président de la République.

Les jeunes de la France libre sont des agents secrets, des soldats durs au combat, des officiers. De Gaulle les fait parachuter sur les points névralgiques.

Charles respecte aussi ces héroïnes sans ego, qui, entre bombardement et restrictions, défendent leur famille, comme Yvonne. Elle sait l'estime qu'il a pour elle et pour les femmes. C'est un devoir pour Charles de les protéger, leur donner de la douceur et des douceurs. Il leur faut du lait puisqu'elles donnent la vie, pense-t-il. Il adoucit ses

1. Daniel Cordier sera élevé à la dignité de grand'croix de la Légion d'honneur le 2 janvier 2018. Entretien avec l'auteur, novembre 2017.

expressions de garnison quand il s'adresse aux femmes et encourage leur désir de lutter pour leur pays.

Pour lui, ces résistantes de France ou de Grande-Bretagne sont précises et audacieuses, comme Yvonne. Charles sait qu'il ne l'épargne pas, qu'il peut compter sur elle. Elle avance seule, comme ses petits soldats, les Cadets. *Ma petite femme chérie, si brave…*

C'est Charles qui lui conseillera de couper ses cheveux durant leur exil à Londres. Pour présenter à lady Clementine Churchill le visage d'une France intrépide ? En voyant ses longues mèches tomber sous les ciseaux du coiffeur, Yvonne en a pleuré. Mais ce que Charles veut… Elle sèche ses larmes.

Plus de chignon, plus d'épingles. Ni de chevelure à dérouler la nuit. Et aucun reproche, pas même pour rappeler à son mari qu'il aimait l'enrouler sur ses doigts. Pas de regrets inutiles.

Une coupe courte définitivement qui, l'amputant de son côté préraphaélite, la pilotera vers la griffe Tante Yvonne.

Le 3 juillet, la flotte de Mers el-Kébir est détruite par la Royal Navy. Plus de mille marins sont tués, précipités dans le mazout et la mer en flammes, pour raison de guerre. Pétain s'était engagé à les livrer aux Allemands. De Gaulle veut « tout plaquer ».

La tentation de se laisser aller à la mélancolie qui l'habite, il ne faut pas la réveiller. Ravalant ses griefs, le lendemain, il a recours à la BBC. La radio, voilà un medium qui ne l'a jamais déçu.

Il évoque « cette odieuse tragédie » et martèle : « L'ennemi les aurait un jour employés. (…) Eh bien ! Je dis sans ambages qu'il vaut mieux qu'ils aient été détruits. Il n'y a pas d'autre choix que de maintenir l'alliance coûte que coûte. »

Il doit faire accepter ce raisonnement aux Français. À Yvonne, particulièrement sensible à ce drame, avec ses deux militaires jetés dans la Bataille de l'Atlantique. Et enfin à Philippe. Son fils s'est opposé à son autorité pour choisir la marine. Charles l'avait mis en garde « ce sera très dur » mais son Vieux garçon a de la suite dans les idées, ce dont il est fier. Ils peuvent discuter d'homme à homme, désormais, s'interroger sur le mystère Churchill, cet homme de génie : « Sache, lui dit Charles, que Churchill est allé jusqu'à vouloir la fusion de nos deux pays devant la ruine et la servitude qui guettaient le nôtre [1]. »

Il s'est senti seul, lui aussi, Churchill, en mai 1940, et combien rejeté par ses pairs, Chamberlain et Halifax. Tout seul à ne pas vouloir quémander un traité de paix au Führer. Il ne s'était pas couché comme Pétain devant Hitler, déterminé qu'il était à détruire le IIIe Reich.

Après la capitulation, ils n'étaient que deux à être assez fous pour se dresser devant l'Allemagne nazie, avec la volonté inébranlable de l'anéantir. Roosevelt, occupé à ménager l'opinion de son pays, ne s'engageait pas. Ils étaient bien seuls, Churchill et de Gaulle. Charles ne peut pas l'oublier.

---

1. *De Gaulle, mon père*, I, *op. cit.*

Dans son livre sur les années de guerre, *Second World War*, Churchill reconnaîtra que couler la flotte française était *la plus pénible et la plus monstrueuse* décision qu'il ait prise.

Il avait toujours été amoureux de la France et perçait à jour ce Charles de Gaulle, épris de sa patrie, qu'il appelle *la princesse des contes*, jusqu'à vouloir mourir pour elle.

Verser son sang pour que la France, qu'il veut éternelle, retrouve sa grandeur, c'est tout l'espoir d'un esprit comme le sien.

Yvonne sous le Blitz, été, automne 1940, hiver 1941

Yvonne garde ses angoisses secrètes. Elle a vécu avec la guerre toute son adolescence, son frère Jacques a été blessé, sa mère, l'infirmière chef Marguerite Vendroux, a été décorée. Contrairement à Clementine Churchill qui s'implique, Yvonne reste en dehors de la France libre.

La guerre est pourtant aussi une histoire de femmes. Elles ont investi le mouvement qui se crée pour lutter contre l'envahisseur. Les Rochambelles [1] s'engagent dans le combat. Ces 14 infirmières ambulancières françaises volontaires ont été recrutées et dirigées par Florence

1. Elles ont choisi ce nom en l'honneur du comte de Rochambeau, vaillant officier qui combattit aux côtés des Américains pendant la guerre d'Indépendance des États-Unis.

Conrad, ancienne infirmière de la Croix-Rouge en 14-18. Cette Américaine francophile a trouvé les fonds pour acheter vingt ambulances Dodge et assurer leur initiation.

À l'automne 1943, elles débarqueront au Maroc et Miss Conrad proposera à Leclerc son unité de choc pour compléter la 2e DB. Les ambulances l'intéressent, les infirmières beaucoup moins : pas de femmes sur les champs de bataille. Alors pas d'ambulances ! Leclerc accepte le marché, Les Rochambelles braveront l'hostilité de ses hommes, les tirs, les mines, la mort et, comme les Cadets de De Gaulle, elles deviendront des soldates expérimentées. Toujours infirmières ambulancières, mais aussi mécaniciennes et combattantes. Tant et si bien qu'elles l'accompagneront sur le front de Normandie, puis à Paris pour la Libération, et jusqu'à Berchtesgaden, avant de rallier l'Indochine.

Les femmes se sont engagées aussi dans la lutte pour gagner leur liberté.

Yvonne ne l'a pas fait. L'été de cette année de tous les dangers, elle reste enfermée en elle-même.

Yvonne connaît les conflits, les dommages aériens et terrestres, la flotte durement touchée, récemment sabordée. Elle vit les destructions, les alertes qui vous transpercent les tympans, les bombardements de la Luftwaffe qui pilonnent les habitations.

Les rues de Pettswood sont devenues des cratères. Anne hurle de terreur, il faut la cacher sous l'escalier et la calmer. Mlle Potel relaie Yvonne quand les explosions cessent et l'emmène dans sa chambre. Yvonne tourne dans la maison, occupe ses mains avec un tricot, elle doit tenir.

Charles a été condamné à mort par Pétain, le 3 août 1940.

S'il n'a cure d'une condamnation par contumace, Yvonne se ronge les sangs. Elle imite l'impassibilité mais la peur ne la quitte pas. Un jour, un ennemi de l'ombre mitraillera Charles. Une rafale dans le dos.

Yvonne vit sous le Blitz le début de l'automne. Élisabeth est en pension à l'autre bout de l'Angleterre, à Shrewsbury, Charles navigue entre la Grande-Bretagne, le Moyen-Orient et l'Afrique, quant à Philippe, sa permission prend fin.

Depuis qu'à 18 ans il s'est engagé dans les Forces navales de la France libre, d'abord matelot puis marin, il a participé à de nombreuses sorties en mer risquées, avant d'être reçu sur concours à l'École navale puis au Royal Naval College de Dartmouth, il sera nommé enseigne de vaisseau sur un rude navire, la corvette *Roselys* qui s'illustrera dans le terrible convoi de Mourmansk.

Il faut qu'Yvonne puise en elle la force de vivre ce danger permanent. Charles s'inquiète pour leurs enfants, Philippe, surtout. Il le soupçonne de se sentir obligé d'être un héros. Il ne le chapitre pas, Yvonne fera la messagère : « Dis à Philippe de ne pas faire le malin. »

Elle affiche un calme qui frise l'indifférence. Si elle est en alerte, elle n'en montre rien. Ce mois de novembre 1940 est suffisamment morose. Le 15, Philippe part rejoindre son bâtiment le *Président Théodore Tissier* à Portsmouth.

Il a rangé ses affaires et se tient dans l'entrée, droit, dans son vieux costume bleu marine, sa petite valise à la main. Yvonne le regarde avec son air de tous les jours.

Il attend peut-être qu'elle parle, qu'elle le serre contre elle, qu'elle lui caresse la joue pour le protéger de toute l'horreur. Il n'a pas encore 20 ans. Et c'est pour participer activement à la bataille de l'Atlantique qu'il part.

Yvonne ne le prend pas dans ses bras. Elle fait quelques pas jusqu'à la porte avec lui. Il est pâle. S'il osait, il embrasserait sa mère pour emporter avec lui le parfum de ses cheveux ou de ses joues ; si peu qu'il l'ait humé, le souvenir lui en est resté.

Il voudrait l'entendre dire une phrase d'encouragement dans le style de celles que lui dispense son père quand il le quitte : « Fais ce que tu dois et advienne que pourra. » Ou quelque chose comme : « Sois fort. » Un adoubement pour tenir face au danger.

Mais Yvonne ne dit rien. Philippe regarde sa mère, il veut garder son image.

« Sur le seuil, elle m'a remis une montre automatique en acier que j'ai conservée et elle m'a dit : "Tiens, prends cette bonne montre. J'espère que tu dureras plus longtemps qu'elle." Voilà, en guise d'adieu, les termes qu'elle a adressés à son fils qui partait pour la guerre[1]. »

Il mettra très longtemps avant d'exhumer ses souvenirs. Ses parents auront disparu.

---

1. *Op. cit.*

Quoi d'autre qu'une blessure très ancienne aurait pu empêcher Yvonne de transmettre l'essentiel à son enfant ? Quel chemin de sacrifice poursuit-elle ? Quelle expiation ? La souffrance qui la ronge depuis qu'Anne a vu le jour le 1er janvier 1928 est si enkystée qu'elle l'aurait dépouillée de cet amour-là ?

Dakar, 25 septembre 1940, la Menace et la honte

Charles se consacre à l'opération Menace. Son but ? Rallier à la France libre l'Afrique occidentale française restée fidèle à Vichy contrairement à l'AEF. Pour de Gaulle, « établir une force franco-britannique considérable à cette place rendrait possible la prise de la ville ». Dakar serait la capitale de l'empire, un rempart contre une invasion allemande. Churchill approuve. Vichy, avertie par des fuites, s'oppose furieusement à l'opération.

Inégalement préparée, mal coordonnée, soumise aux impedimenta de la météo, l'opération se solde par un échec. Les bateaux alliés promis, peu nombreux, évoquent plus des rafiots, coincés par la brume, qu'une flotte. Navires et avions diligentés par Vichy les mitraillent. Thierry d'Argenlieu est touché. Le sang des Français libres a coulé. Il faut fuir.

Si l'échec permet à Churchill de laisser libre cours à son ironie, il plonge de Gaulle dans le désespoir. La honte ineffaçable d'avoir échoué. Mourir est le seul recours des guerriers qui ont perdu leur honneur depuis l'Antiquité. Les Samouraïs ont le même code d'honneur, relayé par les kamikazes du XXe siècle, sous peine de bannissement. Échouer est un déshonneur.

De Gaulle ne dit rien. S'enferme dans sa cabine. Personne n'ose l'appeler. Que fait-il ?

Le lendemain, il va prendre des nouvelles de Thierry d'Argenlieu, s'assied à son chevet, demande : « Croyez-vous vraiment que je doive continuer ? » Ce n'était pas une phrase à la légère. Mais des mots lourds de désespoir.

De Gaulle au bord du suicide. C'est le sentiment de Geoffroy de Courcel : « Le général Massu et Pierre Messmer confirmèrent cette rumeur qui avait couru à l'époque dans les rangs de la France libre, une page sombre qu'il convenait de ne pas rouvrir, même s'ils se défendirent d'y avoir porté le moindre crédit [1]. »

Le suicide, on l'a évoqué à voix basse en comité très restreint. Patrick Girard note « la réticence à parler de l'opération Dakar autrement que par de brèves allusions, comme si elle constituait un épisode peu glorieux de la France libre, une page sombre qu'il convenait de ne pas rouvrir [2] ».

Pour François Broche : « Les gaullistes proches, son fils, entre autres, sont indignés par cette hypothèse. De Gaulle a craqué. Il a eu un grand passage à vide, et il a été réconforté par Thierry d'Argenlieu qui faisait partie

1. François Broche, historien, président de l'Association des Résistants, entretien avec l'auteur, décembre 2017.

2. Entretien avec l'auteur, octobre 2017.

de l'expédition. Les jours suivants, quand il est arrivé à Douala, au Cameroun, Leclerc lui avait préparé un accueil formidable avec la population, il a bien vu que c'était un ralliement sincère, pas une manipulation. Ça l'a remis en selle.

« C'était un découragement, une envie de tout plaquer, de les laisser se débrouiller, il en avait assez de tout, de Gaulle. C'est récurrent chez lui. On le verra en 1946. Au moment de l'affaire Muselier, il a fait savoir qu'il prenait du champ. Il a boudé, on ne l'a plus revu. Henri Laborit, le neuropsychiatre, a une analyse très fine de la fuite : "Toute sa vie, note-t-il, de Gaulle luttera pour ne pas se laisser enfermer." Laborit a raison. Ce n'est pas un signe de lâcheté, c'est pour aller plus loin, et revenir[1]. »

Partir ou atteindre le but du voyage ? L'essentiel pour Charles, c'est bien de partir.

Porté disparu en 14-18, effacé, il a réapparu pour s'évader sans cesse. En juin 1940, il quitte tout et ne se manifeste que par l'Appel sur les ondes. Invisible et omniprésent, il agit dans l'ombre. Sur son injonction, les Français libres, les Cadets âgés de 17 ans, comme le poète Arthur, partent et deviennent, comme lui, des clandestins. À leur âge, pris entre *Le Bateau ivre* et Marlbrough, il ne songeait qu'à cela, Charles. Partir. Yvonne le sait qui l'a vu partir tant de fois, s'arracher avec peine et une incontestable impatience proche de l'allégresse.

---

1. Entretien avec l'auteur, janvier 2018.

Fuir là-bas, fuir… pour ne pas sombrer dans l'inertie et la dépression, mais réinventer l'action. Grand lecteur de Goethe, Charles pense au *Roi des Aulnes*, *Erlkönig*. Il aime les « tentations fatales de l'abandon » et les « enchantements de la mort ». Il récite le poème en allemand et en français.

Oui, ces tentations fantastiques le fascinent, il est prêt d'y céder parfois, à la partance.

Yvonne l'a vu sangloter. Elle l'a vu défait, découragé, anéanti. Elle l'a pris dans ses bras, elle l'a bercé, rassuré. Elle a dû être forte pour deux, au plus profond de la douleur quand ils n'ont pas pu sauver Anne.

Elle l'a toujours entendu mêler à travers son verbe les boutades qu'il lançait, l'humour caché sous l'impassibilité, la fascination de la finitude.

C'est ce qui l'a tenu au bord du départ définitif pendant les deux guerres mondiales.

Comme l'enfant du conte de Goethe, ensorcelé par la voix de *Erlkönig*, qui finit par s'y laisser aller, en dépit des efforts de son père pour l'éveiller et le garder en vie par la force de son amour et de son incantation, Yvonne l'a vu être tenté.

En Irlande, après sa démission, elle l'a soutenu.

« Il a tellement souffert ces deux dernières années. » C'est ce qu'elle a dit le 9 novembre 1970. Elle avait ressenti la souffrance de Charles et son envie d'arrêter bien avant.

Tellement souffert qu'il en est mort. De chagrin. Comme dans les romans du XIXe, les Flaubert, les Stendhal, les Balzac. Oui, c'est possible.

Charles cite aussi volontiers la phrase de Faust « Au commencement était l'action ». On la retrouve dans ses carnets et dans *Le Fil de l'épée*[1].

L'action, la partance et la mort ? Les chevaux de bataille de De Gaulle.

Ma petite femme chérie, mon amie, bis repetita

Qu'en dit Yvonne au cours de ces années d'exil qui courent jusqu'en 1943 ? Elle lui écrit de sa grande écriture paisible des lettres tendres qu'elle n'a pas conservées. On sait qu'elle suit la trace de Charles sur les cartes. Elle connaît ses coups de blues, plus proches du désespoir que du cafard. Elle veille sur lui et ignore où il est.

Charles lui écrit sans faire de périphrases :

> « Ma petite femme chérie,
>
> Comme tu l'as vu, l'affaire de Dakar n'a pas été un succès. Vichy, qui s'y attendait, avait pris des mesures extraordinaires de défense, envoyé une escadre sûre, des renforts et bouclé d'avance mes partisans. Comme je ne voulais pas de bataille rangée entre Français j'ai retiré mes forces à temps pour l'éviter. Les Anglais ont alors donné. Pour le moment tous les plâtres me tombent sur la tête[2]. »

---

1. *Ibid.*
2. Charles de Gaulle, *LNC*, juin 1940-juillet 1941. Cité par Frédérique Neau-Dufour, *Yvonne de Gaulle*, *op. cit.*

En effet, la presse américaine ne l'a pas épargné. Pour le *New York Herald Tribune*[1] « L'autorité de De Gaulle, porte-parole de la France libre, est discréditée », et le *New York Times*[2] juge que « de Gaulle s'est lourdement trompé sur les soutiens qu'il attendait : il en résulte une gaffe majeure des Britanniques ».

Des divisions se créent au sein de la Chancellerie et de la France libre. Si on évinçait de Gaulle ?

Revirement de Churchill : « Le général de Gaulle avait raison de croire que la majorité des Français de Dakar étaient favorables au parti des Français libres[3]. »

Dans *L'Appel*[4], de Gaulle consacre sept mots à l'affaire : « Les mois qui suivirent me furent cruels. » Et se confie à Yvonne : « C'est le plus grand drame de l'Histoire et ton pauvre mari y est jeté au premier plan avec toutes les férocités inévitables contre ceux qui tiennent la scène. »

Yvonne n'en dort plus. N'en parle pas. Elle est là. À l'écoute. Solide pour lui. Elle seule connaît ses chagrins, ses larmes. Et qu'on ne vienne pas lui parler de dépression, d'atonie, de Freud et autres psychanalystes ou neuropsychiatres. Encore moins de mort volontaire. C'est réprouvé par l'Église ; les suicidés n'ont pas droit à une sépulture chrétienne. Et si Yvonne n'a pas d'image, Charles en a une, qu'elle est prête à défendre bec et ongles.

---

1. 26 septembre 1940.
2. 29 septembre 1940.
3. https://UK.Ambafrance.org.
4. Charles de Gaulle, *Mémoires de guerre*, *op. cit.*

De Gaulle ne parlera plus de l'affaire pendant dix-sept ans. Puis en 1958, il confie à Alain Peyrefitte : « L'expédition de Dakar était une idée de Churchill qui ne m'avait guère enthousiasmé et que je trouvais aventureuse [1]. »

Plus tard, il lance à Messmer, peu convaincu : « Dakar, Messmer, rendez-vous compte si nous avions été seuls, sans les Anglais, comme à Douala, comme à Libreville. Nous aurions réussi sans coup férir. »

Et il gardera le silence jusqu'à ce que l'échec de 1968 le poignarde. Il en parle alors à Philippe Dechartre, gaulliste de gauche :

« Le ciel était très bleu, la mer était très bleue, le soleil, écrasant, faisait luire l'acier sur le pont du navire… Il faisait une chaleur épouvantable. Tout brûlait. Je regardais la mer et là, oui, j'ai songé au suicide [2]… »

Cela s'est murmuré… Mais par respect pour le Général et pour ne pas indisposer Yvonne et Philippe, qui récusaient, de même qu'Alain de Boissieu, toute allusion à un possible désir d'en finir de leur grand homme, cela s'est tu.

Il reste des témoignages brefs, écrits ou chuchotés. Pour Maurice Martin du Gard, proche de Pierre Boisson, le gouverneur de Dakar, le Général aurait tenté de se jeter du bateau, un officier l'aurait retenu.

Ce qui fait hausser les épaules à tous ceux qui l'ont connu, ou lu.

---

1. nouvelobs.com, 31 mai 2010.
2. Cité par François Broche, entretien avec l'auteur, janvier 2018.

C'est à René Pleven, l'homme de confiance, qu'il a dit : « J'ai songé à me brûler la cervelle. »

Raymond Tournoux le cite dans *Jamais dit*[1], par la suite il tamisera le propos en raison des critiques virulentes qu'il s'était attirées. La rumeur a continué de courir, mais, selon Patrick Girard : « Ceux qui en ont parlé ont parfois affadi leur propos au point qu'à les croire, la ciguë s'est muée en camomille, mais, il faut se rappeler que c'était, dans les canons du temps, une question d'honneur pour un militaire, ou un homme d'honneur tout simplement[2]. »

Geoffroy de Courcel, le premier compagnon, a persisté. Pierre-Louis Blanc a mis en lumière le caractère du Général, sa sensibilité mais la dépression non. « Impossible, inenvisageable. Déplacé. En y repensant, peut-être… mais non[3]. »

Pourquoi de Gaulle, cet homme, profondément sensible, marqué par les deuils, sujet à une désespérance récurrente et à une certaine joie d'être, comme bien des artistes, et qui aime à méditer sur la mort, comme ses chers Pascal et Montaigne, pourquoi, lui seul, n'y songerait-il pas ? Il l'évoque dans *Les Mémoires de guerre*.

« Et moi, dans mon étroite cabine, au fond d'une rade écrasée de chaleur, j'achevais d'apprendre ce que peuvent être les réactions de la peur, tant chez des adversaires qui se vengent de l'avoir ressentie, que chez des alliés effrayés soudain par l'échec. »

---

1. Raymond Tournoux, *Jamais dit*, Plon, 1971.
2. Entretien avec l'auteur, octobre 2017.
3. Entretien avec l'auteur, mai 2018.

18 mars 1942, de Gaulle, Churchill, le monde est en feu

Hitler est omniprésent sur tous les fronts, Pétain collabore jusqu'à l'indigne, l'offensive nazie ravage l'Europe, la solution finale se met en place. Les convois roulent vers les camps d'extermination, Auschwitz-Birkenau, Bergen-Belsen, le Struthof, Ravensbruck, où Geneviève de Gaulle, la nièce de Charles, est enfermée. On pille, on brûle, on viole, on tue. Et Charles se démène pour mener au combat une France libre, mal lotie, divisée par les conflits. Il crée le Comité national français. Roosevelt le dédaigne, Churchill est indifférent.

Pour le Premier ministre, c'est Londres, l'emblème de la résistance. C'est elle qui a amorcé la bataille de l'Atlantique qu'elle est en passe de gagner, et c'est lui, Churchill, le terrible poupon fumeur de Corona, son chef.

Mais de Gaulle est formel : la France libre ne doit pas être en marge des alliés. Churchill, tenté de défendre l'Empire colonial britannique au détriment de l'Empire français, ne lui donne pas les moyens nécessaires pour étendre son action : le colonel Passy est obligé de quémander des armes ou une autorisation de parachutage. Quant à Roosevelt, il prend la France pour une nation perdue qu'il compte utiliser au moment du Débarquement, Churchill l'écoute et penche vers les autorités américaines.

N'a-t-il pas ménagé les vichystes, et à peine cité les gaullistes, alors qu'en juillet 1941, de concert avec les Anglais, ils ont remporté la victoire sur les pétainistes, jusque-là maîtres du Levant ?

My God, de la lumière au black-out, qu'il passe mal le courant entre le Premier ministre et le Général. Que le chef de la France libre est orgueilleux, colérique et pétri de prétentions ! *Ô, vanité stupide, insolence coupable* ! Ô Shakespeare ! Dès qu'on omet de couvrir d'éloges la France libre, de Gaulle est prêt à utiliser son arme favorite, la radio. Mais aussi la presse, pour descendre la Grande-Bretagne ! Dans le *Chicago Daily News*, il dénonce la politique de l'Angleterre qui a « conclu avec Hitler une sorte de marché pour la durée de la guerre dans lequel Vichy sert d'intermédiaire ». Et de proclamer que la France doit jouer un rôle décisif sur l'échiquier du monde. Mais les frogs ne peuvent pas y arriver sans l'aide de la perfide Albion !

Parmi les hommes ralliés au panache de De Gaulle, certains sont devenus ses adversaires – pour rien, des chicanes avec les services secrets –, ils ont souvent le soutien des Anglais.

L'amiral Muselier, l'un des premiers Français libres, est de ceux-là. De Gaulle a brossé son portrait dans les *Mémoires de guerre* : « L'amiral possédait comme une personnalité double. En tant que marin, il montrait une valeur qui méritait grande considération [...] Mais il était périodiquement saisi par une sorte de tracassin qui le poussait aux intrigues[1]. »

Violemment opposé aux Allemands, sans concession pour le gouvernement de Pétain devenu l'allié des

1. *Op. cit.*

occupants, l'amiral est accusé par les Anglais d'avoir divulgué des renseignements sur les préparatifs de l'opération Menace. Il a, en outre, la réputation d'être un viveur, adepte du *poison de rêve, fumée qui monte au ciel*, depuis *le port de Saïgon*, comme le dit la chanson des troupes de Marine, *Opium*. On l'arrête. Churchill, jamais avare d'expressions radicales, veut le voir pendu pour trahison. Le Général flaire le piège, proteste. « J'ai la conviction, dit-il à Philippe, que Vichy ou bien encore nos services ne sont pour rien dans le montage de cette mauvaise histoire. Elle est le fait des Britanniques qui veulent nous coller sur le dos l'entière responsabilité du fiasco de Dakar [1]. »

Muselier est reconnu innocent. Le 24 décembre 1941, le Général lui donne l'ordre de rallier Saint-Pierre-et-Miquelon à la France libre.

Opération réussie. Commentaire de Charles à son fils : « J'ai envoyé Muselier loin d'ici, à Saint-Pierre-et-Miquelon, afin d'obtenir le ralliement de la population, en dépit de l'opposition de Roosevelt et Churchill à la France libre. Ça va l'oxygéner un peu. »

Fort de son coup de main, Muselier conteste la légitimité du Comité national français, démissionne, et prétend rester à la tête des Forces navales françaises libres.

Reléguer de Gaulle à une présidence honorifique ? Veto du Général. Mais Londres exige le maintien de Muselier au FNFL. Encore un coup de canif dans le contrat de confiance entre de Gaulle et Churchill ! Il écrit à Anthony Eden, ministre des Affaires étrangères,

1. *De Gaulle, mon père*, I.

proteste contre l'ingérence anglaise dans les affaires de la France libre, défend « ce qui reste d'indépendance et de souveraineté françaises et dont le général de Gaulle et le comité national français sont comptables vis-à-vis de leur pays ».

Charles de Gaulle parlerait-il de lui à la troisième personne ? Il parle de l'Homme du 18 juin, de Gaulle, figure de la France combattante qui assigne l'amiral Muselier à résidence pendant un mois, et part.

Qu'on le cherche !

Yvonne n'a jamais affaire à de Gaulle. Quand il endosse les habits du personnage déjà mythique, elle reste Yvonne, invisible parmi la foule. C'est plus compliqué pour Philippe, particulièrement quand son père passe son unité en revue, il se retrouve au garde-à-vous, les yeux dans les yeux d'un Général, impassible et tout pâle, lui-même étant blafard.

Yvonne déménage à la fin de l'automne 1940 et s'installe à Ellesmere, dans un hameau du Shropshire, région austère et venteuse, où elle restera l'hiver et semble-t-il les premiers mois de l'année 1941. « C'est curieux, remarque Frédérique Neau-Dufour, Yvonne de Gaulle ne s'en explique pas. Aucun document n'existe qui pourrait apporter des informations, à part une lettre à l'amiral Muselier avec lequel ni elle ni son mari n'étaient intimes. Il y est question d'une maison *un peu antique* et *isolée* qu'elle a louée.

« Yvonne reste seule avec Anne et Marguerite Potel, coupée de tout. Les de Gaulle ont recueilli une jeune

Française, suite au départ de ses patrons, Augustine, excellente cuisinière qui restera travailler chez eux. Yvonne coud à la machine. Elle est habile de ses doigts et Londres connaît les restrictions comme Paris, et il faut s'habiller [1]. »

Yvonne loue une maison avec jardin à Berkhamsted, petite ville située à une trentaine de miles de Londres à la fin de l'année 1941. Un matin de mars, tout crocus et jonquilles, à sa grande surprise elle voit débarquer Charles. Très sombre ! Pas vraiment le moment de manifester sa joie de le revoir, servir le thé plutôt. Yvonne remplit les tasses de porcelaine.

« Avant même qu'il ne consente à desserrer les dents, dira-t-elle à Philippe, j'ai tout de suite compris que la situation était sérieuse. Il donnait l'impression d'un homme arrivé à la croisée des chemins, en attente, mais déterminé. Il m'a dit “Bientôt nous serons en Afrique.” [2] »

Charles remâche les affronts. Comment se sent-il ? « Prêt à tout, m'attendant à tout [3]. »

Tout ? Laisser tomber la France libre et les Français ? Baisser les bras, ou comme à Dakar, envisager d'en finir ?

Ce désir de s'éclipser sans bruit, l'a-t-il jamais quitté ? En 1918, déjà, le désespoir l'envahit au moment de l'armistice. Il s'était battu la première année. Blessé, il avait

1. Entretien avec l'auteur, décembre 2017.
2. Philippe de Gaulle, *op. cit.*
3. Cité par F. Broche, entretien avec l'auteur, janvier 2018.

été enfermé jusqu'à la fin de la guerre. Il aurait préféré la mort. C'était plus qu'un regret, un remords.

Yvonne a su ce qu'il ressentait après l'épisode Muselier, mais elle est une tombe, dès lors que Charles lui révèle, ou lui laisse deviner, un secret. Reste-t-il silencieux, qu'elle interprète le moindre signe.

Elle lit en lui, quitte à prétendre que tout va bien. Comme Philippe. Le grand homme de Gaulle doit rester l'emblème du courage. Inaltérable. Yvonne de même. Même pas un petit travers pour pouvoir critiquer, et s'identifier, *Humain trop humain ?* Charles est un lecteur de Nietzsche.

10, Downing Street, 30 septembre 1942

Houleux ou idylliques, les rapports entre de Gaulle et Churchill, nourris de brouilles, de pactes d'amitié et de malentendus sont aussi passionnés qu'imprévisibles. Le 21 septembre 1942, Brazzaville est le théâtre d'un nouvel accroc.

De Gaulle s'élève encore une fois contre l'ingérence britannique, dans les territoires ralliés à la France libre : Afrique noire, Liban, Maroc, Syrie, Nouméa, Madagascar. Son discours est retransmis par radio Brazzaville : « S'il est évident que notre pays lutte et souffre avec les Nations unies, les services des Français n'appartiennent qu'à la

France. C'est à la France combattante, et à elle exclusivement, que revient la charge et qu'appartient le droit de diriger les efforts des Français dans la guerre de libération. »

Le 30 septembre, entre le gouvernement britannique et le Comité national, les relations, rongées par critiques et rumeurs, sont au plus bas. De Gaulle, assisté de René Pleven, est reçu par Churchill qui a pour assesseur Eden.

Prêts ? Allez, dégainez vos épées.

D'emblée, il est reproché à de Gaulle par le Premier ministre de vouloir rehausser son prestige personnel en créant des difficultés aux Britanniques. De Gaulle fait valoir que ceux-ci n'appliquent pas les accords qu'ils ont signés, en dépit des menaces qui pèsent sur le Moyen-Orient, investi par Rommel. Il proteste contre le débarquement des Anglais à Madagascar. Après quelques moulinets, il touche : « Cette opération remet en question la coopération franco-britannique. »

Madagascar ? Le cadet des soucis de Churchill ! Il refuse de « créer des théâtres d'opération avec la France combattante qui n'est pas la France tout court » !

— Vous n'êtes pas la France ! vocifère-t-il. Je ne vous reconnais pas comme la France !

— Pourquoi discutez-vous de ces questions avec moi, si je ne suis pas la France ?

— Notre problème est de distinguer ce qui incarne la France. Vous avez fait de grandes erreurs !

— Évidemment, j'ai fait des erreurs... Comme tout le monde. Vous m'avez isolé et tenu à l'écart !

— Au lieu de faire la guerre à l'Allemagne vous avez fait la guerre à l'Angleterre[1] !

Le Général se dresse et laisse tomber les bras le long de son corps, Churchill se tasse. On se trouve grossier, prétentieux, *idiot*, couillon, on se déteste. On est prêt à s'étriper.

Eden, qui soutient le Général, est très touché. Le lendemain, au Conseil du Comité, de Gaulle parle de démission. Les commissaires sont bouleversés, ils y croient, eux, au Général. Peut-être mais *Partir… Là-bas…*

La colère, cette fois, n'est pas un élément choisi par de Gaulle pour faire levier sur l'adversaire. Ce n'est pas non plus un jeu pour Churchill afin qu'il avance masqué. C'est bien de Gaulle qui a confié à son fils : « Je ne peux jouer qu'avec lui… C'est un artiste. » C'est bien Churchill qui l'a reconnu comme tel. Et tous deux, fascinés par Shakespeare, citaient des répliques du Roi Lear, Richard II, Macbeth, Falstaff… Cette fois les bretteurs sont au bord de la rupture.

Churchill fait part de son exaspération au diplomate, admirateur de De Gaulle, Harold Nicolson :

« Il est arrogant, il est égoïste, il se considère comme le centre de l'univers… il est… Vous avez raison, c'est un grand homme ![2] »

Marlbrough s'en va-t-en guerre, encore une fois ?

1. Répliques citées dans *À la recherche de Winston Churchill*, *France Culture*, 30 juillet 2010.

2. Cité par Jane Scott, entretien avec l'auteur, février 2018.

De Gaulle a écrit à Pamela Churchill, l'épouse du fils de Churchill, Randolph[1].

« Chère Madame,

Je me permets de vous envoyer pour votre fils, Winston, un livre d'images, *L'Histoire de Marlborough*, la seule chose que j'ai apportée de France.

Plus tard, votre fils pensera qu'il y eut, dans la grande guerre, un général français qui fut l'admirateur sincère de son grand-père et l'ami fidèle de votre pays.

Charles de Gaulle. »

Loin d'être une déclaration de guerre, *L'Histoire de Marlborough* est un gage d'amitié. Un cadeau rare. Inspiré par la chanson qui lui trotte dans la tête depuis qu'il joue aux soldats de plomb, *Marlborough* est une bande dessinée, illustrée par Caran d'Ache. Elle lui a été offerte par son père, Henri-Charles de Gaulle, professeur et pédagogue, pour qu'il apprenne en s'amusant. Les exploits de ce duc, propriétaire d'un château en Lorraine, qui reviendra à Pâques ou à la Trinité, ont bercé son enfance et celle d'Anne.

Charles n'a rien apporté de personnel en Angleterre, hormis ce livre. Jamais il n'a imaginé qu'il puisse intéresser Philippe ou Élisabeth. Il en fait cadeau au petit-fils de son ami, ou ennemi, c'est selon la saison, Churchill, auteur d'une copieuse biographie de son ancêtre, le 1er duc de Marlborough, laquelle lui a pris cinq ans de sa vie.

1. Rapporté par Claude Marmot, septembre 2017.

Ce cadeau mémorable est immortalisé par une photographie[1].

Deux ans et des boucles blondes, le petit Winston Jr serre la main de Santa Claus qui lui tend un livre enrubanné, le 17 décembre 1942. Il s'étonne que ce personnage de légende ait un petit air de famille avec son grand-père. Granpa Winston serait un père Noël, comme disent les petits Français ?

L'année précédente, le 24 décembre 1941, Charles s'est adressé directement aux enfants sur Radio Londres. En six minutes, il leur a conté les aventures de Dame la France qui souffre mais tient bon :

« Les nations, vous savez, sont comme des dames plus ou moins belles, bonnes et braves. Eh bien, parmi mesdames les nations, aucune n'a jamais été plus belle, meilleure ni plus brave que notre dame la France. Mais la France a une voisine brutale, rusée, jalouse, l'Allemagne. » Et de narrer les infortunes de la belle héroïne. Mais que ses jeunes auditeurs ne se prennent pas pour les fils et les filles de vaincus ! Car l'histoire se termine bien : Dame la France va bientôt recevoir la visite de la Victoire : « Comme elle sera belle ![2] »

Ensuite, il est allé réveillonner avec ses petits soldats. Daniel Cordier se souvient :

« Noël, ça a été terrible, on était installés dans des huttes, par groupe de douze. C'était la première fois que nous étions sans nos familles, loin. Il est venu nous voir le soir du réveillon. Nous étions réunis autour d'une grande

1. Rapporté par Claude Marmot.
2. *Radio Londres – BBC*, le 24 décembre 1941.

table pour le repas. Nous étions des enfants. On se sentait chagrin et de Gaulle le savait. Il nous a serré la main, il m'a dit, "Comment ça va, Cordier ?". Il se souvenait que je voulais me battre. Je n'oublierai jamais. Après, tout le monde est allé se coucher. On est tous allés dans nos lits pour pleurer [1]. »

Charles est rentré voir ses enfants et Yvonne.

Elle avait préparé le gros turkey, cher à la Comtesse de Ségur, tant de fois lue, et si précieuse que Charles l'a l'inscrite au Panthéon de ses grands auteurs. Ne serait-ce que pour cette phrase, à ses yeux, la plus mélancolique de la littérature française, qui ouvre *Les Vacances* : « Les vacances étaient tout près de la fin, les enfants s'aimaient de plus en plus. »

Et le turkey, ou dindon, la volaille fait les délices du personnage comique du *Mauvais Génie* [2], un Anglais riche, farfelu et gourmand. La Comtesse aurait-elle eu une influence sur sa perception des Anglais, et de sir Winston Churchill en particulier ?

Quant aux heurts avec Roosevelt, ils sont relayés par les colères mémorables qui l'opposent aux équivoques de Churchill. Ces véritables échauffourées laissent les témoins pantelants et se terminent dans un nuage de fumée.

Le Corona de la paix ? Ça en a tout l'air. Stupéfaits, les témoins voient alors les deux belligérants béats, savourer leurs *Romeo y Julietta*, comme s'ils étaient dans le très

1. Entretien avec l'auteur, décembre 2017.

2. *Les Vacances, Le Mauvais Génie*, romans de la Comtesse de Ségur, publiés dans la Bibliothèque Rose depuis 1859 et réédités régulièrement.

select bar à cigares de Londres. Gentlemen only, ladies forbidden. Of course.

Les exils d'Yvonne, 1940, 1941, 1942, 1943…

Quand Yvonne a fui les bombardements à l'automne, trois mois après leur arrivée, et s'est réfugiée avec Anne à Ellesmere, dans le bassin minier du pays de Galles, à 250 miles de Londres et des heures de voyage, elle n'a participé à rien de ce qui fait la France libre : la résistance et l'envol des femmes.

Elle se désolait dans cette maison lugubre, les rigueurs du climat et la solitude minérale évoquaient Colombey en hiver. Pourquoi s'est-elle enterrée à des miles de toute ville habitée ? Sa nature romantique a resurgi, Yvonne est une contemplative.

Elle s'est souvent laissée aller à observer pendant des heures la chaîne des Alpes, elle aimait autant l'escalade à 3 000 mètres que les promenades de la rêveuse solitaire.

Pettswood, Berkhamsted sont isolés, à l'opposé du château de sa famille, Sept Fontaines, situé entre la Baie de Somme et de la Côte d'Opale, lieu de villégiature de sa jeunesse, où elle allait rêver. Qu'ils sont loin du Paris qu'elle aimait, celui de leurs premières années de mariage, La Motte-Piquet-Grenelle, le Champ-de-Mars, et beaucoup trop loin de la Boisserie. La maison et le jardin étaient imprégnés de Charles et de leur vie à tous deux.

Ellesmere, c'est plutôt *Les Hauts de Hurlevent*.

Pourquoi cet enfermement ? Jusqu'où allait-il ? Avec la distance, elle se coupait même de Charles. Il venait la voir une fois toutes les six semaines, arrivait dans la Packard noire, fournie par le gouvernement britannique. S'il prenait le train, il restait moins longtemps. Un chauffeur l'attendait à la gare avec sa voiture, Charles restait sombre durant tout le trajet.

Yvonne avait surmonté bravement toutes les épreuves en vraie héroïne ordinaire de ces années de guerre. Comme toutes celles qui restaient avec leurs enfants, les éduquaient, ravaudaient, confectionnaient habits, pull-overs, et faisaient tourner la boutique, leur mari étant mobilisé, prisonnier ou maquisard.

Que se passe-t-il à Ellesmere ? Yvonne sombre dans le stress et le désespoir. D'où vient une douleur aussi profonde ? Quelles sont les racines de ce qu'il faut appeler une dépression ? Yvonne se sent seule. Abandonnée.

Charles est à Londres. En dépit des bombardements, la ville est animée. On va au cinéma et au spectacle, comme à Paris. Les pubs, les bars des grands hôtels ne désemplissent pas. On vit dans une effervescence, démultipliée par la peur d'être tué demain.

Charles a proposé un poste à la jeune débutante, 25 ans à peine, sans doute une de ces beautés classiques qu'il apprécie.

Elle le côtoie chaque jour, travaille près de lui, dans ce petit bureau du centre-ville, elle s'occupe de la communication. Il faut valoriser la France libre et le Général.

Auréolé par son courage, sa haute culture, sa haute taille, sa notoriété et son image d'homme providentiel, Charles lui confie des missions. Plus tard, elle le rejoindra à Alger « capitale de la France combattante ». Elle pense à publier un journal, ils en discutent ensemble. Au bureau, peut-être au salon de thé, ou au pub, au restaurant... Un journaliste, Gérard Jouve, écrira les articles.

Yvonne veut-elle reconnaître qu'elle prend ombrage de cette collaboration, qu'elle souffre de leur complicité ? Cette jeune femme est-elle sa maîtresse ?

Yvonne n'a rien à partager d'autre avec Charles que la famille, et elle est loin. Lui se déplace sans cesse, d'Afrique au Moyen-Orient, elle reste sans nouvelles. Sans même savoir où il est.

Coupée de son mari, Yvonne sent son absence en pointillé.

Sous d'autres latitudes, il s'affaire, parle, prend des décisions qui comptent. Il vit pleinement. Elle ne peut jamais se laisser aller sur son épaule, elle est effacée, gommée. De là à se sentir inutile, délaissée, dépassée. Ou trompée ?

Après sa démission du Gouvernement provisoire, quand Charles regagnera la Boisserie, une après-midi de 1947, Élisabeth de Miribel viendra lui rendre visite. Elle sera accompagnée d'Ève Curie, la fille de Marie Curie, par ailleurs correspondante de guerre, très remarquée. Claude Guy, son aide de camp [1], consignera l'entrevue dans son

1. Claude Guy, engagé dans les Forces aériennes françaises libres, a été blessé dans un accident d'avion en 1944, avant d'être appelé par le Général.

journal : « Mme de Gaulle, horrifiée, a disparu dans les étages... »

Pourquoi, horrifiée ? La présence d'Élisabeth de Miribel dans son foyer lui est-elle si insupportable ? Ravive-t-elle à ses yeux les mauvais souvenirs de l'exil, le désespoir, la jalousie, au risque d'en rappeler de bons à son mari secondé par cette jeune femme ?

On a glosé sur une liaison possible entre Charles et Élisabeth – toujours démentie par Philippe –, d'autres pincent les lèvres, hochent négativement la tête, puis se mettent à chuchoter « peut-être, mais je ne sais rien »...

Claude Guy, à peine plus âgé que les visiteuses, poursuit : « Le Général commença par les recevoir successivement, puis leur offrit le thé, en présence de Mme de Boissieu. Il avait déjà, lorsqu'elle passa les tasses, l'air d'un jeune homme qui se découvre, à tort, du ridicule à passer son après-midi avec des petites-filles [1]. »

N'est-ce pas plutôt la présence d'Élisabeth qui le reverdit ? Les jeunes femmes apparaissent à Claude Guy telles « deux Jeanne d'Arc... attachantes mais compliquées », « coupeuses de cheveux en quatre », « elles questionnaient et pensaient tant qu'il n'avait pas encore eu l'occasion de placer un mot » – elles sont quand même un peu des héroïnes de la France libre, Ève Curie a été reçue par Roosevelt et Churchill.

« Deux levrettes lancées sur une plate-bande sous les yeux du maître », conclut l'aide de camp.

1. Claude Guy, *En écoutant le Général*, Grasset, 1996.

Curieux champ lexical, riche en sous-entendus. Claude Guy ne décrit jamais une femme, Yvonne plus que tout autre, sans mettre un bémol. Serait-il un authentique misogyne ? Ou, si exclusif que toute personne approchant le corps sacré du Général est obligatoirement dédaignée ?

Juin 1942, les guitaristes et la grâce

Ce qui réconforte Charles, c'est la fièvre avec laquelle les Français, d'où qu'ils soient, se sont emparés de la France libre. Un commandement intérieur les menait vers le combat. Parfois, l'engagement d'un seul. Félix Broche, 34 ans, capitaine de la Coloniale, commandait la compagnie d'Infanterie autonome de Tahiti, communauté plutôt pétainiste, mais un coup d'État a fait changer la tendance.

Déterminé à se battre, dès septembre 1940, le capitaine appuie le ralliement des autorités de Papeete. « Les deux territoires, Tahiti et la Calédonie, ont rallié la France libre au moment où de Gaulle avait besoin d'être réconforté, rappelle son fils, François Broche, il essuyait un échec devant Dakar [1]. »

Nommé commandant supérieur des troupes du Pacifique, Broche lève une unité de volontaires, 300 Tahitiens et 300 Calédoniens : le bataillon des guitaristes. « Une petite unité, un petit bataillon, 600 volontaires,

1. Entretien avec l'auteur, décembre 2017.

mais pour de Gaulle, le symbole était formidablement important. Ce sont les confettis de l'empire. »

Promu lieutenant colonel, il les embarque en Syrie, puis en Libye pour contrer l'armée de Rommel, les guitaristes fusionnent avec les quelque 5 500 soldats venus d'autres territoires. Ils tiennent seize jours en plein désert. À Bir Hakeim.

De télégramme en télégramme, Charles suit leur résistance contre l'Afrikakorps. Il a foi en eux. Le 9 juin, le bataillon est « décapité, privé de son âme », selon Kœnig : Félix Broche est tué. Il laisse une femme et deux enfants, âgés de 3 et 7 ans. Il sera fait compagnon de la Libération à titre posthume.

Le 11, les hommes de Bir Hakeim doivent tenter une sortie. De Gaulle attend les télégrammes. L'image des corps étendus sous le soleil flotte devant ses yeux et l'oppresse.

Un officier vient lui porter le message en soirée : 4 100 hommes ont pu passer, 1 000 sont couchés dans le sable. Il serre la main de l'officier. La porte refermée, il pleure. « Joie. Pleurs de joie », écrit-il dans les *Mémoires*, comme Pascal, lors de la nuit de la certitude, qui lui révéla la présence de Jésus.

Le discours qu'il prononce à l'Albert Hall, et plus tard à la BBC, touche aux couches profondes du cœur.

« Les milliers d'entre nous qui sont morts depuis le soi-disant "armistice" ou bien sur les champs de bataille d'Afrique ou d'Orient, sur toutes les mers du globe, ou bien dans le ciel de Libye, d'Érythrée, d'Afrique, ou bien dans les combats de Saint-Nazaire, ou bien au matin des grandes exécutions, n'ont eu, en rendant le dernier soupir, d'autre nom, sur leurs lèvres, que le nom de la France. »

On lui reprochera pourtant son indifférence à l'égard de ceux qui sont morts au champ d'honneur, ainsi que pour le peuple.

« Il n'aime pas les hommes. Il aime leur histoire », c'est ce qui se dit au sein même de la France libre.

Le même jour, le Général écrit une note à Geoffroy de Courcel, l'enjoignant de faire régler sans délai la pension destinée à la jeune Mme Broche. Son fils l'a gardée : « De Gaulle se débattait dans le chaos le plus total, et il a pris le temps de s'occuper de la pension de ma mère. Un tout petit problème au regard de la guerre mondiale [1]. » Une poussière de l'histoire.

Yvonne ne connaît pas le colonel mort au champ d'honneur, pas plus que Charles – Félix Broche ne l'a pas rencontré, il lui a écrit pour l'assurer de la fidélité des guitaristes –, mais elle est sensible aux questions sociales, attentive aux besoins des familles. Sans doute n'est-elle pas étrangère à l'attention de Charles pour la mise en place des aides, pensions et règlements.

Elle a suivi l'offensive, prié pour les soldats. Que peut-elle faire d'autre ?

Viscéralement attachée à l'immense entreprise de Charles, elle en connaît toutes les victoires et toutes les fissures. Assailli de toutes parts, révéré, soutenu, conspué, haï, attendu, il a joué avec le feu, provoquant Hitler, affrontant l'adversité, autant que les alliés et les résistants.

1. Entretien avec l'auteur, janvier 2018.

Elle l'admire. Croit en lui : « Il arrive ce que Dieu veut. Je suis solidaire de mon mari[1]. »

Pragmatique, plus que Charles, moins imaginative, elle est celle qui permet à l'artiste d'accoucher d'une œuvre d'art. Pour Charles, c'est la France. Indépendante, blessée, inusable.

Yvonne reste une inconnue. Pour les gaullistes, elle incarne la rigidité, la morale. Elle s'en moque. C'est elle qui recolle les morceaux quand Charles est brisé de chagrin. Qu'on l'oublie, c'est bien.

Quant aux jeunes gens qui luttent et meurent, elle pense à eux et à leurs mères. Elle prie. Que son mari surmonte les épreuves, que ces jeunes gens soient sauvés, c'est ce qu'elle demande. *Salve Regina, mater misericordia.*

Elle ne peut pas donner sa vie, elle a Anne, sa douleur. Mais elle peut offrir cette souffrance, en prendre d'autres à sa charge. Elle peut aussi se recueillir. Elle a pratiqué toute sa vie et n'a jamais omis de prier la Sainte Vierge. De Notre-Dame de Calais, à Saint-Pierre-du-Gros-Caillou, de l'église de Colombey, à la chapelle de l'Élysée, ou celle de l'Immaculée Conception de Notre-Dame de Lourdes, elle se recueillera au pied de la statue de la Vierge, drapée de blanc et bleu.

Sœur Rosalie se souvient :

« Quand Mme de Gaulle venait à la chapelle, elle était tout aussi discrète qu'à la messe, ou dans la vie de tous les jours. Elle égrenait son chapelet, priait à genoux sur le prie-Dieu. On souffre toujours, mais elle ne montrait

1. Cité par Claude Marmot, entretien avec l'auteur, décembre 2017.

pas de douleur, elle se recueillait. Elle regardait les vitraux, contemplait les bouquets, la statue de la Vierge et murmurait des prières à voix basse. Pour une religieuse l'amour terrestre compte peu, ce qui compte c'est la prière et les rituels qui l'accompagnent, ce sont les faits microscopiques de chaque journée, les prières, un bouquet, un dessert.

« Même si l'amour terrestre pour le Général comptait beaucoup pour Mme de Gaulle, les choses modestes avaient de l'importance. Quand elle ressortait elle était sereine[1]. »

Yvonne recherchait la grâce.

1942-1943, il n'y a pas de Lady Yvonne

Churchill impose cette idée à l'automne 1942 : publier un reportage photo sur les de Gaulle *at home*. Du « naturel » scénarisé à l'avance, pour rendre le chef de la France libre plus populaire.

Sortant pour une fois de sa réserve, Yvonne se prête au jeu, pose au salon, en cuisine, de trois quarts, au jardin aux côtés de Charles, à peine guindé, qu'elle couve du regard. Elle accepte même d'être photographiée au piano. Selon son frère, Jacques, elle l'a pratiqué par obligation, consentant à jouer les sonatines de Léo Delibes pour lui

1. Entretien avec l'auteur, avril 2017.

faire plaisir. Jamais elle n'écoute le programme musical à la radio, pas plus que Charles. Ils ne vont pas au concert et n'ont pas de phono.

Sur le papier glacé de la revue anglaise, Charles, penché vers elle, l'écoute religieusement.

Jolie dans sa robe noire à petits pois, elle porte les cheveux attachés sur la nuque en chignon et garde les yeux baissés sous le regard de Charles, comme sur leur photo de mariage.

L'objectif ne ment pas. Il capte la personnalité vraie – celle qui est inconnue des intéressés, et qu'ils rejettent quand ils se découvrent en photo. Charles la regarde avec une expression recueillie, Yvonne est méditative, et plus à l'aise que lui. La mise en scène gêne Charles. Il refuse que Churchill le vende comme *une savonnette* et lance Yvonne à l'américaine. Et si Charles avait montré un peu d'enthousiasme devant son portrait, aurait-elle accepté qu'on s'intéresse à elle ?

« Ce sera la première fois que la France libre la verra. Sait-on seulement qu'elle existe ? Elle n'est pas connue. Elle n'a pas d'image », souligne Patrick Girard[1]. Yvonne n'a pas envie de se mettre en avant. Ni le temps, elle a trop à faire. Elle a Anne. Et Charles. C'est pour lui complaire qu'elle a accepté.

Cette campagne de publicité ne lui plaît pas, c'est ce qu'elle laisse entendre en famille, et guère plus le personnage Churchill. Malgré tout son génie, le Premier ministre

1. Entretien avec l'auteur, novembre 2017.

est trop en représentation, trop dandy – le chapeau de laine, les souliers ruineux, les manières, les bons mots préparés…

Et son épouse ? Émancipée, féministe, dynamique, tourbillonnant au sommet de la société anglaise pour la plus grande joie de son gros gourmand de mari, lady Clementine lui est sympathique. On les a vues rire ensemble lors des défilés qui rassemblent leurs artistes. Mais derrière l'image de la brillante Clemmie Churchill, qu'y a-t-il ?

Un brouhaha mondain, des voyages, du tennis, beaucoup d'enfants, lesquels ne lui prennent pas tout son temps, même quand la benjamine tombe malade et meurt. Il n'y aura pas d'image de Mme de Gaulle. Il n'y a pas de Lady Yvonne.

En dépit de leurs différences, l'épouse d'un général de brigade devenu chef de la France libre, et Clementine, baroness Spencer-Churchill of Chartwell, cultivent une relation sans nuage. En commun elles ont leurs « hommes d'exception », lesquels sont aussi épris l'un que l'autre de leurs épouses respectives.

Yvonne demeure la « chère petite femme chérie » de Charles, Clementine reçoit depuis des lustres quantité de petits mots signés : « Ton dévoué mari qui t'aime à jamais. »

Mais si Yvonne est une gaulliste inconditionnelle, Clementine a des choix opposés à Winston. Et elle arrive à l'influencer. Il s'ouvre de plus en plus au féminisme et prend en compte ce pour quoi elle se bat : la justice sociale. Elle a créé une résidence pour les femmes militaires, qu'elle dirige et alimente avec les nombreux fonds récoltés chez ses pairs. Yvonne aura sa fondation.

Provocatrice, contrairement à Yvonne, lady Clementine ose dire à Charles qu'elle estime : « Général, vous devez prendre soin de ne pas haïr vos alliés plus que vos ennemis. » À Winston, elle envoie des lettres qui lui expliquent sans ambages ce qu'il doit changer dans ses rapports avec ses pairs du Parlement : « Par pitié, moins d'arrogance ! »

Quand ils se retrouvent à l'heure du thé (pour Churchill ce sera whisky), lady Clementine ne lui envoie pas un courrier, elle parle, avec tant d'humour, d'intelligence et de science politique, que le Premier ministre fond. Il considère son idée sous tous les angles, jusqu'à en faire un concept commun intéressant la société britannique. Lady Clem, un modèle pour les premières dames.

Yvonne ne parle pas à Churchill. Elle se contente de commenter en privé ses façons d'être, avec ce ton léger, qu'elle prend pour épingler un défaut et égrener un rire.

En novembre 1958, Charles recevra à Matignon celui qu'il considère comme son ami depuis que la guerre ne les divise plus. Amitié réciproque, Churchill est très ému quand de Gaulle épingle sur son revers la médaille de l'Ordre de la Libération, et tous deux sont pleins d'attention l'un envers l'autre durant ce séjour idyllique[1]. Mezzo voce, Yvonne croque le génie gourmand pour ses proches.

« Dès que la femme de Churchill avait tourné les talons, celui-ci se servait un cognac bien tassé qu'il avalait d'un

1. 6 novembre 1958.

trait. » Les observant de loin pendant la cérémonie, d'après Geneviève Moll, elle ajoute : « Pourquoi vouloir rendre hommage encore et encore, Churchill-De Gaulle, c'est une image du passé[1]. »

Clementine brille en soirée. Elle reçoit dans leur splendide domaine de Chartwell, comme au 10 Downing Street, avec raffinement. Ces raouts somptuaires, entre autres dépenses qui ne le sont pas moins, ont fini par dégraisser le budget conjugal. À tel point, qu'elle a gourmandé son dispendieux époux, ils sont au bord de la ruine. Penaud, Winston a pris une grande décision : il va faire des économies. Ne plus fumer de cigares. Enfin, seulement quatre par jour. « Elle fait face à tout », remarque Yvonne, qui commence à s'affirmer sans faire de battage.

Elle s'est rendue à l'invitation de la reine Elisabeth – robe couture et chapeau griffé – pour servir l'image de Charles. Et elle a séduit Sa Gracieuse Majesté. *So sweet*, Mrs de Gaulle.

Mai 1943, quand le Général rencontre un général

De Gaulle se bat sans répit pour faire reconnaître la légitimité de la France combattante. En Algérie, en Égypte, en Afrique à Dakar, Brazzaville, au Levant. Vichy

1. Geneviève Moll, *Mme de Gaulle*, Ramsay, 1999.

gangrène le jeu politique et les rapports avec les alliés, Churchill le provoque, Roosevelt le tient à l'écart ; il veut le remplacer par le général Giraud, lequel brigue sans état d'âme la position du Général.

Le compagnon fidèle, la base solide de Charles, c'est Philippe Leclerc de Hautecloque. Leclerc, l'officier rebelle, le Guerrier, qui, aux premiers jours, a choisi la France libre. De Gaulle l'a scanné d'un regard. Il a reconnu le jeune chef militaire, audacieux, réfléchi. D'office, il lui a confié une mission : l'AEF.

Leclerc rallie le Cameroun, le Gabon, de Gaulle le nomme commandant militaire du Tchad et lui enjoint de conquérir le fort de Kouffra en Libye, puis le Fezzan.

À la tête de la fameuse colonne Leclerc, symbole de la diversité, de l'union, il mène ses hommes, venus de tous horizons, à travers l'Afrique. Ils repousseront les Allemands, avec l'aide de la RAF. Le jeune colonel revient victorieux. De Gaulle le promeut général. Ils partagent une amitié, une confiance inamovibles. L'épopée saharienne continue : Tripoli, la Tunisie. Accueillant des renforts en hommes et en matériel, Leclerc forme la 2e DB.

L'autre homme de confiance, dont le rôle est déterminant, c'est le général de Lattre de Tassigny. À l'opposé de Leclerc, plus traditionnel, incarnant l'ordre, il conduira le débarquement de Provence, représentera de Gaulle à Berlin et signera l'armistice.

Le Général les déléguera en Indochine. « De Lattre est parfait pour compter les chemises et les casques », remarque le Guerrier [1]. Les mots de De Lattre n'ont pas laissé de trace.

Après maints ajustements indigestes avec Roosevelt et Churchill, Charles de Gaulle finit par coprésider le CFLN avec le général Giraud.

Pour le général Benoît Puga, grand chancelier de la Légion d'honneur, de Gaulle reste un modèle :

« On peut le contester, sur le plan militaire, il n'est pas toujours un soldat exceptionnel, mais tout le monde s'accorde à reconnaître l'action du Général pendant la guerre, c'est le père de la résistance. En dépit des conflits, il garde un esprit très clair, il a un style exceptionnel, phénoménal. Il anticipe toujours à juste raison [2]. »

De Gaulle sait qu'il va écarter Giraud. Il l'écrit à Yvonne :

« L'Amérique prétend imposer le maintien de Giraud dont aucun Français ne veut plus, ni ici ni ailleurs… Il faut avoir le cœur bien accroché et la France devant les yeux pour ne pas tout envoyer promener. »

La tentation de rompre les bans ? Partir…

Cette fois, il maîtrise son impatience, et le 31 juillet, il est seul à présider le CLN. Il enjoint à Yvonne de le rejoindre avec le Tout petit, et Mlle Potel. Elles embarquent à bord d'un Lancaster. Vol de nuit à ras des côtes.

---

1. Rapporté par son fils, Charles Leclerc de Hauteclocque, commémoration de la Libération de Sablé-sur-Sarthe, 12 août 2014.

2. Entretien avec l'auteur, décembre 2017.

Comme toutes les villas du quartier résidentiel d'El Biar, la villa des Oliviers est blanche et de style mauresque, un jardin ombreux l'entoure.

La peinture à l'huile c'est très difficile… Charles chante à tue-tête pour Anne qui émet ses glossolalies et exprime le bonheur d'avoir retrouvé son père. Il joue avec elle et entonne *Douce France, Cher pays de mon enfance*, message d'espoir de Trenet pour tous ceux qui attendent la Libération[1].

Quand il vient dîner, Yvonne lit sur son visage les dangers, les doutes, les humiliations qu'il a affrontés. Il tient bon, se répète-t-elle. Il a gagné ses galons d'homme providentiel.

Dans cette villa peu accueillante, Yvonne se sent étrangère. Avec Charles, il faut refaire connaissance. Ils n'ont pas retrouvé leur intimité mais ils partagent la chambre, le petit déjeuner, les éléments de la vie à deux.

Unissant leurs solitudes, ils sont à nouveau Charles et Yvonne.

L'approvisionnement est difficile, les villageois viennent vendre au marché quelques légumes, des dattes et de la semoule. Alger souffre encore du rationnement, mais Yvonne a de l'entraînement, elle monte une fois de plus un poulailler, Anne peut manger des œufs frais.

---

1. « Trenet sera dénoncé comme juif aux Vichystes, puis comme collabo à l'épuration. Il n'a jamais collaboré, et ses chansons, ni franchouillardes ni pétainistes, revendiquent la même identité nationale que les résistants. » Gérard Davoust *in Charles Trenet, Y a d'la joie*, Cherche midi éditeur, 2013.

Elle ne fréquente pas la bonne société algéroise, Charles non plus, il a été en butte à tant d'épreuves et de campagnes négatives. Mais les de Gaulle ont obligation de tenir leur rang.

Yvonne s'efforce de recevoir au mieux les émissaires en voyage, les personnalités, les militaires et leurs épouses. Le général et Mme de Lattre de Tassigny la trouvent froide ; elle ne l'est pas particulièrement mais elle évite démonstrations mondaines et autres chichis. André Gide s'entretient longuement avec Charles, et cette simplicité lui convient.

L'accalmie dure peu à Alger. Coups larvés de la France combattante et de la Résistance s'additionnent. Désarçonnés par l'intransigeance du président du CNL, des proches s'éloignent, complotent avec les Américains pour écarter de Gaulle. Ce sera chose faite à Yalta [1]. L'affront de Staline et Roosevelt hantera Charles. À travers sa personne, c'est la France en tant que puissance qui est exclue.

On parle de plus en plus de ces « grands hommes », le Français et le Britannique, qui ont réussi à mettre l'Europe et Alger au premier plan, en dépit de l'hostilité de Roosevelt. Mais on a gardé secrets les télégrammes injurieux qu'ils se balancent sans états d'âme. (Déclassifiées en 1993, les archives resteront au frais ; lors des commémorations, il serait délicat de faire connaître les attaques interactives de l'Homme au Corona et de l'Homme du 18 juin.)

1. Conférence de Yalta, 4-11 février 1945.

Depuis la Maison Blanche, Churchill fait savoir à ses ministres qu'il veut « éliminer politiquement de Gaulle » qu'il trouve « prétentieux et même dangereux ».

D'après lui « de Gaulle a laissé une empreinte d'anglophobie partout où il est passé ». Et ses discours « se lisent comme des pages de *Mein Kampf* ». De là à le soupçonner de comploter avec les Soviétiques ou le Reich… De Gaulle n'épargne pas Churchill non plus : « Vous avez outragé la France et trahi l'Occident. Ce ne peut être oublié[1]. »

En juin 1944, Charles, devenu président de la République provisoire depuis le début du mois, doit jouer serré pour ne pas être totalement évincé du débarquement allié en Normandie. On l'a exclu des préparatifs. Il ne pardonnera pas. « Les Anglo-Saxons s'apprêtent à traiter les Français comme des autochtones à administrer », remarque-t-il. Ils ont déjà imprimé leur monnaie, ils comptent s'occuper de l'Administration.

6 juin 1944, jour de fureur et de liesse

Début juin, Anglais et Américains bombardent les routes, les voies ferrées, les gares, en prévision du débarquement.

---

1. Rapporté par François Kersaudy, *De Gaulle et Churchill*, Plon, 1981.

Le littoral normand est en ruine. Les saboteurs des différents réseaux détruisent tous les moyens de communication.

Pétain et Laval appellent à la soumission et parlent en chefs du gouvernement, alors que 176 000 hommes de la France combattante sont prêts à livrer bataille. Churchill fulmine. Il ne veut pas de De Gaulle dans l'opération Overlord. Charles ignore ses aboiements. La nuit du 5 juin, les mots de Verlaine, revus par Trenet, *Bercent mon cœur d'une langueur monotone*, vont alerter les saboteurs. Passez à l'acte !

De Gaulle passe la soirée avec son fils ; il est très inquiet : impatient de participer à la Libération, Philippe s'est porté volontaire pour les fusiliers marins, toujours très exposés. À minuit, il repousse sa chaise et le regarde : « Ça y est, le Débarquement a commencé. » Les saboteurs d'élite, les Français libres, formés au Special Air Service sont parachutés en Normandie et en Bretagne.

L'émotion est trop forte pour tenter le moindre geste. C'est son tchiot gamin qu'il a devant lui, son fiu, comme on dit dans le Nord. Pas plus loquace que son père, Philippe avale sa salive et ravale ses mots. Les deux grands timides s'avèrent incapables de se serrer dans les bras. Des tambours de bronze se sont logés dans leurs poitrines.

Le 6 au matin, via la BBC, Charles s'adresse aux combattants : « La bataille suprême est engagée… C'est la bataille de France et c'est la bataille de la France… pour les fils de France, le devoir est simple et sacré : il s'agit de détruire l'ennemi [...] Cette bataille, la France va la mener avec fureur. »

200 000 hommes débarquent sur les plages normandes, baptisées pour la circonstance, Omaha, Utah, Ouistreham, Juno... Pris par surprise, les Allemands ouvrent le feu.

Britanniques, Américains, Canadiens, Néo-Zélandais, Français... pataugent dans l'eau rouge jusqu'à la taille, les corps de leurs compagnons flottent autour d'eux, ils sombrent dans le bouillon ou gagnent la plage, puis les dunes en remorquant les blessés. L'infirmier et le radio cavalent, les Allemands mitraillent.

Ils sont des milliers à tomber sous les tirs, les obus, à sauter sur les mines. Les autres escaladent, lancent des grenades dans les meurtrières des bunkers de béton, ça flambe, ça hurle. Les bombardiers arrosent le mur de l'Atlantique et les divisions blindées.

De Gaulle l'avait prévu, les alliés veulent tenir la France à l'écart. Il ne décolère pas. Une pluie de feu et de bombes s'abat sur les Panzers et la Kriegsmarine. Les parachutistes, les tanks, les FFI investissent les routes, les campagnes et les villes, les saboteurs parachèvent leur travail. *Ohé, saboteurs à la dague et au couteau, tuez vite.*

De Gaulle se refusera toujours à commémorer le 6 juin.

« Le débarquement du 6 juin, ç'a été l'affaire des Anglo-Saxons, d'où la France a été exclue. Ils étaient bien décidés à s'installer en France comme en territoire ennemi ! [...] Ils avaient préparé leur AMGOT qui devait gouverner souverainement la France à mesure de l'avance de leurs armées.

Ils avaient imprimé leur fausse monnaie, qui aurait eu cours forcé. Ils se seraient conduits en pays conquis[1]. »

Le 13, Charles peut enfin s'embarquer pour la France, Churchill l'y a autorisé. Pas de grands mots ni de sarcasmes avant le départ. S'il l'a bloqué, Churchill est aussi celui qui l'a soutenu à fond : « Allons, tout de même, il faut suivre de Gaulle… c'est la seule voie ! »

À la villa des Oliviers, Yvonne se débrouille pour ravitailler ses filles. En rentrant du marché, elle suit la trajectoire de Charles dans les journaux et relit la lettre qu'il lui a écrite à *Alger même*, comme dit Camus.

Ce n'est pas une lettre d'amour pour la postérité, mais une lettre intime, chaude encore de son amour. Elle ne la détruira pas.

« Il est là qui écrit à son bureau. Il a devant lui le portrait de sa chère petite femme chérie qu'il admire et qu'il aime tant ! Et voilà que, du coup, tout son amour lui remonte au cœur et il se dépêche de le dire à Y. Tous les deux, bien appuyés sur l'autre physiquement et moralement, nous irons très loin sur la mer et dans la vie pour le meilleur et pour le pire.

Charles[2]. »

---

1. « Le Temps des défis », Roger-Jean Rouyer, avec Alain Peyrefitte, France 3, 1995.
2. Cité par Philippe de Gaulle, *De Gaulle, mon père*, II, *op.cit.*

III

PARIS

Paris, le 26 août 1944, 3 heures de l'après-midi

Quelque chose est en train de se passer. Il y a foule avenue des Champs-Élysées. Sur les trottoirs, sur la chaussée et sur les toits. Ils sont venus voir de Gaulle.

Partis depuis le matin de Pantin, Passy ou Anthony, de la rue Crébillon ou de l'avenue d'Italie, ils se faufilent entre les véhicules militaires, les jeeps, les autos, équipés d'un petit drapeau bleu blanc rouge, et les chars de la 2e DB, à l'arrêt sur la place de l'Étoile. Ils ont pris la chaussée.

À 2 heures, des gens, on en compte près d'un million, à 3 heures, leur nombre a doublé. Quatre ans et deux mois qu'ils l'attendent.

Il est là. Il a ranimé la flamme et contemple la foule qui mugit. Un peu étourdi, il fait quelques pas dans la lumière et avance dans le courant. *C'est la mer.* Depuis l'Étoile jusqu'à la Concorde et le jardin des Tuileries, elle se déploie sous le soleil. On l'acclame : « Vive de Gaulle. »

Il les a rejoints enfin, ces Français, qui l'ont suivi à partir de l'été 1940. Ils étaient rares à avoir capté l'appel du 18 juin, une cinquantaine à répondre par télégramme, moins encore à se présenter à lui. Il a fallu attendre l'appel du 22 juin à « tous les militaires français » et à « tous les Français qui veulent rester libres » relayé par les affiches [1] et par l'entreprise de recrutement menée par l'exilé de Londres. Il était l'homme du 18 juin, il est devenu de Gaulle.

Il l'incarne, ce héros d'une « France indomptable », qu'il a sublimée et qui se dresse maintenant sur l'avenue des Champs-Élysées.

Il marche au centre de la haie d'honneur. Il ne sourit pas, c'est son visage qui sourit. À un pas de lui, Leclerc, Alexandre Parodi, le délégué général du Comité français de libération, Le Troquer, et son aide de camp, Claude Guy, soudé à son dos tel un garde du corps.

Légèrement en retrait l'amiral Thierry d'Argenlieu, les généraux Valin, Juin, et Marie Pierre Kœnig, le chef des Forces françaises de l'intérieur, les compagnons de la Libération, suivent les membres du gouvernement et du Conseil national de la Résistance, le Comité parisien de Libération, des préfets, des officiers généraux, des soldats, les combattants des FFI, le Régiment du Tchad, des centaines de soldats debout sur les jeeps, des communistes, des résistants sans pedigree.

De Gaulle n'a pas oublié les conflits, les manquements, il prévoit récidives et conséquences : « Le parti communiste

1. https://www.ambafrance.fr.

n'est pas un parti, c'est une entreprise», dit-il. Leurs rapports sont tangents. Il n'a pas oublié l'inertie des quatre-vingts parlementaires, aujourd'hui dans le défilé, qu'il avait alertés sur l'ampleur de la destruction que préparait l'armée des machines, la Wehrmacht.

L'heure n'est pas à l'amertume ni aux règlements de comptes. De Gaulle se laisse aller. Demain sera un autre jour, il ajustera le tir : « Il n'est pas un seul – pas un seul, vous m'entendez ! qui ait dénoncé Pétain, l'armistice, la trahison [1]. »

De nouveaux cortèges s'agrègent au défilé, secouristes, motocyclistes, pompiers de Paris et tous ces témoins qui saisissent l'histoire au vol, les Henri Cartier-Bresson, les Robert Capa, les Lee Miller – les seuls Américains autorisés à participer au cortège – mais aussi les porteurs anonymes d'un Leica ou de la boîte à savon, le Kodak des familles, le même que celui d'Yvonne ; ils oublieront dans des boîtes à chaussures les négatifs et les photos argentiques entourées d'un liseré cranté… Et puis des gens, des gens, des gens.

Les résistantes qui ont bravé le rationnement, la pénurie de bois, de lait, de charbon, et totalisent près de trois mille heures de queue pour avoir rapporté au jour le jour des rutabagas, de la bouillie et du Toni banan, arrachés de haute lutte à l'épicerie contre des tickets J3 ; et combien de toréfactrices de hasard inventant du café avec de l'orge, des mises en plis avec de l'eau sucrée, combien de prospecteurs

1. Cité par Claude Guy, *op. cit.*

à vélo sans chambre à air, parcourant leurs 50 kilomètres quotidiens pour troquer un bourgeron contre 2 kilos de pommes de terre, combien de fabricants de sauf-conduits et faux papiers, combien de porteuses de postes émetteurs cachés sous des bottes de poireaux, et combien d'assistantes de liaison ?

Perdue dans la multitude, une convoyeuse de revolvers en landau : Cécile Roll Tanguy. Folle d'amour pour son mari, elle a risqué sa vie – et celle de leur petite fille âgée de quelques mois – pour lui livrer armes et munitions. Mission accomplie, elle rejoignait le bunker de Denfert-Rochereau pour taper son courrier secret défense. Il n'empêche, de Gaulle n'accepte pas que l'intrépide chef des insurgés Roll Tanguy ait signé l'acte de capitulation avec Leclerc. Pour lui, c'est un manquement à la hiérarchie.

En fin de défilé, ceux qui ont gardé les voies, ou accompagné un clandestin par une nuit sans lune jusqu'à un petit bateau : « Filez tout droit sans vous arrêter, après, c'est l'Espagne », celles qui ont caché un M. Pierre, une Mme Bernard dans leur cave, hébergé une lycéenne interdite de cours, comme Simone Jacob, vivant chez Mme de Villeroi, sous l'identité de Simone Jacquier, qui deviendra Simone Veil. Et puis celles qui ont envoyé du ravitaillement, des tricots, des cigarettes, des lettres et de la chaleur aux prisonniers du stalag IX de Cassel, ou de Berlin.

Un contingent d'adolescents efflanqués brandissent des bannières. Ils sont de ceux qui ont ramassé des balles dans les voitures mitraillées, récupéré la poudre et tiré de nuit. Les filles portent un ruban dans leurs cheveux et une pancarte clamant la victoire. Une lycéenne, Adèle, a apporté son journal, elle y a consigné ses faits de guerre.

Pas de service d'ordre officiel, juste des hommes qui se donnent la main avec l'espoir de contenir le flux dans leur ronde. Soixante ans après les faits, les archives, enfin accessibles, permettront de découvrir que la police fut discrète mais efficace ce jour-là.

Bien sûr, l'état-major y a pensé, de Gaulle s'est demandé si « des engins blindés ennemis ou le passage d'une escadrille jetant des bombes ou mitraillant le sol ne vont pas décimer cette masse », mais en ces circonstances, comme il écrira plus tard dans ses *Mémoires de guerre*, il croit à « la fortune de la France ».

Comme il a cru le 15 août au débarquement de Provence des Alliés et de la 1re Armée française, constituée de combattants de l'Armée d'Afrique, Maghrébins, pieds-noirs, Français des Forces françaises de l'intérieur et de l'étranger qui, sous le commandement de De Lattre et du général Larminat, libèrent Marseille, Toulon, Nice, les villes du Sud-Ouest, du Limousin…

Les hommes scandent Vive de Gaulle, les femmes en robe à fleurs lui lancent leur rire d'été. Tous ces visages transfigurés, il les regarde un par un, comme s'il voulait les inscrire au fronton de sa conscience.

Sans le savoir, il leur sourit, absenté dans une émotion intérieure qu'il gardera enfouie. « Il se passe, en ce moment, un de ces miracles de la conscience nationale, un de ces gestes de la France, qui parfois, au long des siècles, viennent illuminer notre Histoire [1]. »

La multitude se réapproprie la ville. Hier de Gaulle a proféré le premier discours de la Libération : « Paris outragé ! Paris brisé ! Paris martyrisé, mais Paris libéré ! » Il le récuse aujourd'hui, le jugeant sentimental. Debout sur le rebord du balcon de l'Hôtel de Ville, insoucieux du vide, il levait les bras comme s'il allait plonger, trois hommes le retenaient par les chevilles – l'un d'eux étant, dit-on, François Mitterrand –, il a continué dans l'ivresse et les acclamations : « Libéré par lui-même, libéré par son peuple, avec le concours des armées de France ! »

Encore une fois, cette action, il a dû l'arracher aux obstacles, aux hiérarchies, aux pressions contradictoires et autres pièges. Il avait exigé des Alliés que ce soit les Français libres qui libèrent, Roosevelt s'y est opposé, Eisenhower voulait contourner la capitale, rallier Berlin. Dédaignant la stratégie d'Outre-Atlantique, de Gaulle a débusqué Leclerc sur le front d'Argentan : « Bondissez sur Paris que ça plaise ou non aux Américains ! »

Question de dignité ou urgence absolue ? Hitler venait de programmer la destruction de la capitale, le général von Choltitz était chargé de l'exécuter, les soldats de la Wehrmacht avaient déjà placé des charges d'explosifs sur les ponts, la tour Eiffel et les monuments millénaires, ce n'était pas un artifice de cinéma, la femme et les enfants de von Choltitz étaient pris en otages.

---

1. *Mémoires de guerre*, *op. cit.*

Parce qu'il aime Paris, l'art et les gens, et peut-être aussi parce que de Gaulle l'a averti : « Aucun Allemand ne survivra, ils seront liquidés », von Choltitz a ignoré l'ordre du Führer. Et signé la reddition de l'Allemagne. Sans condition.

Sur les Champs-Élysées, la foule n'entraîne pas de Gaulle dans ses remous, elle ne le porte pas non plus, elle l'accompagne avec ferveur.

Dans les jardins, des collégiens et des fillettes agitent des banderoles, des jeunes gens se suspendent aux mâts parmi les drapeaux, des familles, des couples se précipitent pour lui serrer la main, d'autres, cassés sous le poids de leur brassard de deuil, le regardent passer.

Une fille maigre, gracieuse, deux taches rouges sous les pommettes, des cheveux bouclés, fait le salut militaire :

« Mon général, ils m'ont relâchée, la Gestapo m'a relâchée, vous nous avez appelés, mon général, vous avez dit battez-vous, je vous ai suivi, j'ai pris les armes. J'ai vu un Allemand sur les quais, j'ai tiré. Je suis communiste. J'ai 20 ans aujourd'hui. Je m'appelle Madeleine[1]. »

Charles regarde la fille de 20 ans, le même âge que sa fille. Il lui serre la main. Il les aime ces jeunes têtes brûlées qui ont rallié la France libre. Maintenant que tout se termine, que vont-ils devenir, ces romantiques ? Et Élisabeth ? Toujours entre Alger et Paris. Et Philippe ? Il aurait voulu l'avoir auprès de lui, hier il est parti en mission sur ordre

1. Entretien avec l'auteur, février 2012.

de son chef, Leclerc… Yvonne est si loin avec le Tout petit. Rien n'est sûr.

Madeleine Riffaud avait été échangée in extremis contre des officiers SS.

« J'ai sorti le pistolet de ma chaussette, j'ai tiré, paf, paf. Je n'ai pas vidé mon chargeur dans le dos de l'Allemand. J'ai fait face, deux balles. Je suis remontée à bicyclette, les hommes de la Gestapo m'ont prise en chasse, écrouée, torturée. Ils ont massacré un gosse de 16 ans devant moi "T'aimes pas les gosses ? Si tu parles, on arrête." Condamnée à mort ! On devait m'exécuter en Allemagne.

« On ne fusille pas les femmes en France, on les envoie en Allemagne, on les pend. Et je suis là. J'ai été troquée contre des nazis [1]. »

Nommée sous-lieutenant, elle est entrée dans Paris avec ses hommes, elle passera la moitié de sa vie sur le front, Algérie, Vietnam. Reporter pour *L'Humanité*. Toujours sur la ligne de feu.

Les enfants hèlent tous les soldats, les marins, les spahis marocains de l'armée d'Orient, drapés dans leurs burnous blancs, ils grimpent sur les chenilles des chars de Leclerc. Piqués d'éclats d'obus, ils sentent encore le sable et l'acier. Ils escaladent un véhicule de liaison américain, décoré de petits drapeaux étoilés comme les emballages des Milky Way, les barres de chocolat fourrées d'une mousse blanche à la cacahuète que leur distribuent les GI.

1. Entretien avec l'auteur, octobre 2012.

Une belle kermesse. La descente des Champs-Élysées de De Gaulle, on l'appelle l'apothéose.

Quatre heures et demie, Magnificat *à Notre-Dame*

Une voiture découverte va conduire de Gaulle à Notre-Dame de Paris, une messe est prévue, on y donnera le *Magnificat.*

Du côté de l'Arc de triomphe et du Rond-Point, soudain, aux vivats répondent des revendications, des huées ; des pancartes sont brandies, des micros éructent des slogans contre de Gaulle.

Place de la Concorde des coups de feu éclatent, la foule reflue, se cache derrière les voitures, se couche sur le trottoir. On se relève, on attrape les enfants, on les remorque vers les stations de métro.

Des rafales, des cris, une grille renversée. Un homme s'effondre, du sang rougit le bitume. La foule galope.

Ivan est venu voir le défilé avec sa nourrice, elle lui a expliqué que c'est un grand jour, le jour J, qu'il est assez grand, à 7 ans, pour s'en souvenir toujours. Grâce au général de Gaulle, l'Occupation avait pris fin, les Allemands allaient être renvoyés dans leur pays.

Il avait demandé si l'on ne verrait plus d'enfants disparaître comme Jérémie et David, ses camarades de classe, la maîtresse avait dit que leurs familles avaient été déportées par des Allemands, qu'elle appelait les SS. La nourrice ne savait pas. Il a demandé s'il pourrait dire qu'il était né en Hongrie et qu'il s'appelait Levaï Ivan. La nourrice a dit qu'il ne serait plus un enfant caché, mais qu'il fallait continuer à dire sa prière et apprendre son catéchisme, que ce jour était une Fête nationale.

« Une déflagration, et c'est la débandade. D'un coup, la fête est finie. Ma nourrice hurle : "Ça recommence ! Ils tirent de partout, cours, cours, cours." Il y a un mouvement de foule. On dégringole l'escalier du métro, on court dans les couloirs. Il faut sauter la barrière devant le poinçonneur, courir, courir encore, et ne pas pleurer pour un genou écorché, un coup de coude dans la figure. La foule panique, on se rue sur les quais bondés, on prend d'assaut la rame, on se pousse, on s'écrase [1]. »

Ivan étouffe dans cette forêt de vêtements humides et poussiéreux, près de lui, une gamine suffoque. Il faut les porter, qu'ils respirent un peu.

Sous l'Arc de triomphe, le Général lui est apparu comme un soleil. Ivan Levaï le boudera un peu quand il sera journaliste à Europe 1 et à *L'Express*, puis il le redécouvrira et deviendra gaulliste.

« De Gaulle, il fallait l'écouter avant, accepter le droit des peuples à disposer d'eux-mêmes, il a vu clairement la déchirure du XXIe siècle. J'aurais dû être gaulliste, dès la descente des Champs-Élysées, à 7 ans [2]. »

1. Ivan Levaï, entretien avec l'auteur, avril 2017.
2. *Ibid.*

La voiture découverte s'arrête devant Notre-Dame, déflagrations, odeur de poudre, ça tire au fusil-mitrailleur sur le parvis. Les tireurs de la 2e division blindée ripostent, les tours sont criblées de balles.

De Gaulle entre dans la cathédrale sous les détonations et les acclamations. On tire dans la nef, les murs sont éraflés. Il s'assied dans le chœur. Le *Magnificat* s'élève. Beauté des voix et de la musique. Charles se recueille.

Et si une balle le touche ? Il n'a jamais exclu cette possibilité. Le danger fait partie de son éthique, il a failli mourir plus d'une fois. Cet après-midi, il a envisagé la mort sans émotion. L'idée de mourir en héros le tient depuis sa première rédaction, il narrait les exploits d'un certain général de Gaulle ; il n'a rien fait pour s'y souscrire. Les risques ? À dieu vat ! « Rien ne m'importe davantage que de ne point céder aux remous. »

Des rafales, il y en aura d'autres, qui le laisseront impassible et constelleront Paris de bouquets enveloppés de cellophane et de plaques commémoratives : « Jean Louvet, mort pour la patrie, le 26 août 1944. »

Quant à savoir qui a tiré et qui a tué : « L'hypothèse des tireurs de toits soldats allemands ou miliciens de Vichy, paraît fort invraisemblable » aux yeux de Charles. Après enquête, il semble qu'il s'agissait « d'opposants du CNR », le général Juin préfère le terme moins embarrassant de « provocateurs ».

Tirer pour ceux qui sont désormais sans emploi, ce n'est pas tant tuer que prolonger le jeu de guerre, courir sur les toits une arme à la main. Continuer d'être un résistant plutôt qu'un anonyme dans son lit.

Les officiers et les soldats des Forces françaises de l'intérieur seront pourtant versés dans les rangs de l'armée régulière trois jours après cette fête mémorable. FFI et CNR n'ont plus de raison d'être. Ils seront dissous.

« C'est le gouvernement qui assume la responsabilité entière », précisera de Gaulle, peu soucieux de voir s'incruster un pouvoir parallèle. Les rancunes seront tenaces.

La nuit même de la descente des Champs-Élysées, un bombardement allemand fait payer un lourd tribut à la liberté dont on ne parlera guère. Et pendant ce temps, au nord, à l'est, les convois roulent encore vers les camps d'extermination, hommes, femmes et enfants, juifs et tziganes, seront gazés, alors même que la Libération se fait.

Allons, l'histoire n'est pas finie. On se bat encore et on meurt.

Alger, 28 août 1944, Yvonne aux Oliviers

Yvonne n'assiste pas à l'apothéose des Champs-Élysées. Elle est à Alger. Seule avec Anne dans la villa des Oliviers, elle ne vit rien de ces heures intenses. N'en sait rien. Rien de l'hommage que le pays rend à Charles, chef des Français libres, élevé au rang de sauveur aux yeux de ses compatriotes. Rien des coups de feu de dernière heure. Et ce rien l'inquiète plus que tout.

La Libération de Paris, c'est par les journaux qu'elle en a pris connaissance.

Alors elle imagine.

Séparée de Charles, elle sent un grand vide, pourtant, il vit en elle. Et vivre pour Charles, cela a toujours consisté à prendre des risques.

Depuis l'avènement de la France libre, il attire la haine, tant à l'intérieur qu'à l'extérieur. Le gouvernement de Vichy, la milice, les nazis qui se livrent aux dernières exécutions, et les trois grands, Roosevelt, Churchill, Staline qui lui concoctent des évictions imprévisibles. Il faut compter aussi avec tous ceux qui lui en veulent, collaborateurs, résistants, gauchistes, communistes, extrémistes.

Yvonne a peur qu'on lui tue son mari.

Il a été blessé à deux reprises pendant la guerre de 14-18, une baïonnette entailla sa cuisse profondément, il en porte toujours la trace, la douleur parfois se réveille. Yvonne, elle, se réveille en sursaut chaque nuit.

Une embuscade, un poteau d'exécution, une balle dans la nuque.

La peur nichée dans sa poitrine lui fait ouvrir les yeux.

Cette peur ne la quitte jamais. Elle n'oublie pas qu'il a été condamné à mort par Pétain. Quelque chose va arriver un jour.

Elle le pressent.

Dans la grande salle à manger, mal éclairée par une ampoule nue, elle écoute les bruits de la nuit. Attend. Mais Charles ne viendra pas la surprendre comme il le faisait quand il était l'homme d'Alger, ou bien en Angleterre.

La voiture le déposait, il entrait en coup de vent, passait la nuit avec elle, repartait au matin.

Stridulations des insectes, crissement des feuilles sèches, Yvonne allume la radio. Attend les nouvelles, frissonne, le parfum des glycines monte de la ville.

Les télégraphistes lui remettent fébrilement télégrammes de félicitations et bouquets de fleurs, enfourchent leur bicyclette et repartent chercher une nouvelle moisson.

« Mon cher Charles chéri, écrit Yvonne, je partage ton émotion pour Paris et je peux le dire aussi, ton triomphe [1]… »

Cette lettre-là ne sera pas détruite.

Yvonne ne s'épanche pas sur ses émotions, le manque de lui, la peur. Seul compte le tutoiement qui transporte jusqu'à Paris leur intimité sans masque. Là, oui, dans la chambre, porte fermée, ils se tutoient. Et elle y vient à ce qui les lie : « Je t'embrasse si fort, si fort. »

Sans même savoir s'il est encore en vie, elle signe du diminutif qu'il lui murmure à l'oreille : Vonne.

Au ministère de la Guerre, rue Saint-Dominique, l'ivresse est retombée.

La façade ivoire, l'escalier monumental, les Savonneries bleues de l'hôtel de Brienne n'ont pas changé ; son bureau, le même qu'avant-guerre, a gardé sa superbe, le mobilier aussi. Il laisse son regard errer des boiseries dorées à l'or aux miroirs, sous le képi ces yeux cerclés de noir à

---

1. Cité par Philippe de Gaulle, *op. cit.*

l'expression morose sont les siens. Non vraiment rien n'a changé, à l'enchantement succède le marasme.

« Paris libéré par lui-même » et la 2e DB ? Allons ! Il sait que non. Pas sans les Américains, mais il était essentiel que la France humiliée relève la tête, que les Français retrouvent confiance en eux. Il sait aussi combien, en ces deux journées de liesse, les pertes ont été lourdes dans Paris et en Île-de-France.

Non, décidément, rien n'a changé dans son bureau du ministère de la Guerre. « Rien ne manque, note de Gaulle dans son carnet, excepté l'État, il m'appartient de l'y remettre. »

Déférent, jaloux de son attention, Claude Guy entre sans frapper en aide de camp aguerri, et se déplace sans bruit. Il apporte *Le Figaro* qui relate les faits de la veille : « Paris délivré fête sa liberté reconquise ».

Si l'admiration qu'il lui porte agace un peu de Gaulle, il apprécie sa culture et son sens de l'à-propos. Il lui arrive de baisser le masque, pas au point de se confier, mais il exprime tout de même des sentiments que sa pudeur, d'habitude, lui interdit de dévoiler.

Oui il est inquiet : « Je me demande où est mon fils… » Il a toujours eu du mal à transmettre sa tendresse à Philippe autrement que par lettre. Combien elles sont tendres les missives qu'il lui envoie.

Son aîné a 22 ans et un honneur à défendre : être à la hauteur, non pas de De Gaulle, placé trop haut, mais de son père. Il a pris des risques chez les fusiliers marins, il en prendra dans l'aéronavale quand il faudra poser un vieil appareil sur un porte-avions chahuté par la tempête.

Au « fils de » on ne passe rien, on préfère l'envoyer au feu, et on doute de lui, quoi qu'il fasse. Charles aurait voulu l'embarquer avec lui le 25 à l'Hôtel de Ville mais l'enseigne de vaisseau Philippe de Gaulle avait une mission à effectuer. Un regard, une accolade, le cœur qui cogne, il a fallu s'en contenter. Père et fils, aussi mutiques l'un que l'autre, se sont quittés. Pour combien de temps ?

Au soir de cette journée mémorable, Charles regagne la chambre qu'il occupe au ministère. Sa valise ne contient guère qu'un costume, un uniforme de rechange et deux chemises. Recroquevillé sur le lit, il écrit :

« Ma petite femme chérie. Tout va très bien. Hier, manifestation inouïe. Cela s'est terminé à Notre-Dame par une sorte de fusillade qui n'était qu'une tartarinade. Il y a ici beaucoup de gens armés, qui, échauffés par les combats précédents, tirent vers les toits à tout propos. Le premier coup de feu déclenche une pétarade générale aux moineaux. Cela ne durera pas[1]. »

Pas un mot à Yvonne de l'apothéose. Charles lui réclame des souliers. Pointure 46.

Le Libérateur n'a rien de convenable à se mettre aux pieds.

Yvonne a le savoir-faire des femmes de militaires : on ne s'ancre pas quand on fait campagne. Elle commence à plier bagage. Deux valises. De la villa algérienne, elle ne rapportera que des souvenirs.

1. *LNC*, juin 1943-mai 1945, *op. cit.*

Le voyage de retour est une épreuve. À 17 ans, Anne a le corps d'une enfant replète, elle trébuche à chaque pas. Les départs l'angoissent, la pressurisation l'oppresse, le moindre courant d'air est dangereux pour ses bronches. Elle manque de défenses immunitaires.

C'est un Lancaster militaire qui les dépose au Bourget le 23 septembre. Dans deux heures, Yvonne sera près de Charles.

Retrouvailles sobres. Pas d'épanchements devant les enfants. Elle attendra la nuit pour l'avoir à elle. Le jour Charles est investi par un autre amour qu'elle. Yvonne doit le partager. La France est une maîtresse avide. Sulfureuse, ondoyante.

Le 30 avril 1945, Hitler se suicide : une balle dans la bouche. Eva Braun avale une capsule d'acide prussique.

Quand le général Leclerc, le général de Lattre de Tassigny, et le jeune général de Boissieu, le futur mari d'Élisabeth, rallient le nid d'aigle d'Hitler à Berchstesgaden pour y planter le drapeau français, ils sont alertés par les jappements plaintifs d'un petit berger allemand. C'est le chiot d'Hitler, le seul qu'il n'ait pas empoisonné. Il subsiste comme il peut parmi les éboulis.

Alain de Boissieu le prend dans ses bras, le caresse, décide de le ramener en France, et de le donner à Élisabeth.

Le petit berger sera le compagnon de Charles et Yvonne.

La sombre période n'a pas pris fin qu'une autre, nécessaire mais délétère, s'annonce : l'épuration. Il faut en passer par là, remettre la loi au cœur du renouveau.

Avant même qu'elle ne soit officialisée par la Haute Cour de justice pour juger les collaborationnistes, elle s'organise, de façon sauvage.

Comme tout règlement de comptes né d'un sentiment de vengeance, sans distance ni loi, elle commet faux pas, injustices, exécutions sommaires.

Dans un premier élan, les tenants de l'épuration châtient les femmes. Celles qui ont fréquenté l'occupant, qu'elles aient fait du marché noir, qu'elles se soient signalées par des actes de collaboration, ou qu'elles aient vécu un amour avec un soldat allemand. Désignées à la vindicte, exhibées à travers la ville, marchant en tête d'un cortège obscène de policiers et de curieux, elles sont tondues publiquement. Couvertes de légumes pourris, les épurateurs touchent leurs crânes lisses en se gaussant.

Visages hideux de la barbarie et du bon droit. Les femmes, debout sur la charrette, condamnées, couvertes d'injures, restent impavides.

Marquées de même qu'au temps des procès en sorcellerie, elles se laissent regarder. Immobiles, elles assistent à l'infamie qu'elles subissent comme si elles étaient étrangères à leur douleur. Quels regards graves, quel désespoir. Rien qui les rabaisse. Elles descendent du pilori grandies. Certaines tiennent dans les bras leur bébé blond. De Gaulle n'en a pas parlé. Personne ne tente de les réhabiliter.

Après les femmes, l'épuration touche les écrivains, les journalistes et les artistes collaborationnistes, ou soupçonnés de l'être.

Dès 1944, le Comité national des écrivains a établi la liste noire de ceux qui ont été les plumes de Vichy, voire les chantres de l'Allemagne nazie. Juger, punir, thème épineux. Ils en débattent par presse interposée. Aragon réclame une peine sévère, Camus une justice « sans haine mais sans pitié », Mauriac redoute qu'une justice expéditive ne tourne à « la terreur révolutionnaire aveugle », Malraux, lui, ne se croit pas « autorisé à juger ses pairs ».

Janvier 1945, Robert Brasillach est condamné à mort

Écrivain, critique de cinéma, poète, Brasillach est condamné à la peine capitale pour « trahison » et « intelligence avec l'ennemi », aux termes de l'article 75 du Code pénal.

De quoi est-il accusé ? D'être un antisémite virulent, un dénonciateur, l'auteur d'appels à la haine, et le rédacteur en chef de *Je suis partout*.

Mais derrière l'article 75, il y a un homme et un poète. Mauriac, Camus et Malraux lancent une pétition demandant sa grâce. Colette, Bernanos, Marcel Aymé, Cocteau, Bernard Grasset, Paul Claudel, Paulhan, Paul Valéry et plus de quarante intellectuels signent. Le 3 février, ils adressent la pétition au Général. Il avait dit à Mauriac :

« Brasillach, mais non, on ne le fusillera pas ! »

La grâce est rejetée le 5. De Gaulle ne s'en explique pas. Sauf auprès d'un jeune journaliste, André Brissaud : « Brasillach a joué, il a perdu. Il paiera. À son degré d'intelligence, il ne pouvait ignorer le choix qu'il faisait. La trahison de l'intellectuel… Le péché contre l'esprit[1]. »

Robert Brasillach est fusillé au fort de Montrouge, le 6 février 1945. Avant de mourir, il crie « Vive la France, quand même ! »

Brasillach ne fut « ni criminel ni traître », écrit François Mauriac. De Gaulle écrit dans ses *Mémoires* : « Dans les lettres, comme en tout, le talent est un titre de responsabilité[2]. »

Mauriac en déduit qu'il a subi l'influence des démocrates chrétiens et Jean Lacouture s'étonne du silence du Général, alors qu'il a beaucoup gracié : Brasillach a-t-il été exécuté par erreur ?

Pour François Broche : « De Gaulle est probablement l'un des chefs d'État de l'histoire contemporaine à avoir pris le plus au sérieux cette prérogative régalienne. » Au reste, il l'affirme avec force : « L'exercice du droit de grâce est la prérogative la plus haute d'un chef d'État, qui n'a à rendre de comptes qu'à Dieu[3]. »

On continuera de s'interroger sur cette énigme, reflet d'une époque trouble, faite d'incertitude et de dégoût.

---

1. André Brissaud, *L'apprenti sorcier*, *in Pour ou contre de Gaulle*, Historia hors série 29, 1973.
2. *Mémoires de guerre*, *L'Unité*, *op. cit.*
3. F. Broche, *De Gaulle secret*, *op. cit.*

En 2001, François Nourissier écrit dans *Le Point*: « Mme Kaplan (Alice), professeur romaniste à l'université de Duke aux États-Unis, pense que Brasillach était coupable, gravement coupable, mais que son exécution fut une erreur politique : elle offrait un martyr au fascisme français[1]. »

En 2011, l'avocat général, Philippe Bilger, rejuge Brasillach, explore faits et dossier et déclare que ce procès, bâclé en six heures, vingt minutes de délibération, et sans témoin, fut « indigne, un exemple déshonorant de justice expéditive[2] ».

En 2015, au vu de nouvelles sources, on s'intéresse à nouveau à Brasillach, à son procès et à son cheminement dans le marais de la collaboration.

Dès 1943, de retour de Pologne, où il a fait une enquête, Brasillach a des informations sur la solution finale, alors que sa défense portera sur l'ignorance. Il quitte *Je suis partout* et dit à Lucien Rebatet qu'il a vu les ghettos, qu'il sait ce qui se passe dans ceux de Lodz, de Lwow, et Varsovie.

Robert Brasillach a eu une prise de conscience. La dissimule-t-il alors à ses lecteurs et à Rebatet ? « Nous ne pouvons pas avoir l'air d'approuver ça », lui dit-il, et comme Rebatet revient sur la « doctrine de l'antisémitisme », Brasillach lui répond : « Je ne dis pas, bien sûr, que nous devons cesser d'être antisémites. Mais il y a un ton que nous ne pouvons plus employer à propos des juifs. »

1. *Le Point*, 5 octobre 2001.
2. *Le Monde*, 7 février 2011.

Le dialogue écrit par Rebatet est-il authentique, retouché, orienté ? Le propos de Brasillach est ambigu, il parle d'avoir l'air, a-t-il eu l'air seulement, ou a-t-il eu un profond revirement ?

« Il a des doutes, des remords. Il ne va pas jusqu'au bout de sa logique, la rupture… », observe l'historienne Bénédicte Vergez-Chaignon [1].

Dominique Lormier :

« Sa logique ce serait la rupture avec l'antisémitisme, l'extrême droite, et ceux qu'il fréquente, Rebatet, justement, qui sera condamné à la peine capitale et amnistié. C'est lui, qui dans *L'Inédit de Clairvaux* [2], qu'il rédige en prison, en 1947, révèle que Brasillach savait. Contrairement à ce qu'il prétendit dans sa défense. Il a été dit que le Général ne l'a pas gracié parce qu'il l'aurait vu en photo, vêtu de l'uniforme nazi. Il l'aurait, en fait, confondu avec Doriot : une erreur de De Gaulle, en quelque sorte !

« Ça n'est pas crédible. Le général de Gaulle n'était pas l'homme des à peu près. Accorder ou rejeter la grâce était pour lui une grande responsabilité. En revanche, les appels à la haine, les imprécations antisémites de Brasillach ont pesé dans son choix.

« Il ne faut pas oublier que Brasillach a proféré des accusations, des appels au meurtre contre Georges Mandel qui pèseront dans la mise à mort de Mandel et sur la décision

---

1. B. Vergez-Chaignon, P. Ory, *Le Dossier Rebatet*, Bouquins, Robert Laffont, 2015.

2. *Ibid.*

du Général qui l'estimait. En outre, en n'accordant pas la grâce à Brasillach, à son grand regret, le général de Gaulle a dû faire, sans doute, une concession au PC. Un échange, comme pour les espions ou certains condamnés de la Libération [1]. »

C'est la conviction de Jean Lacouture :

« Quoi qu'il en pensât, de Gaulle ne pouvait s'opposer à toutes les exigences des communistes qui constituaient un tiers du pouvoir, sinon davantage. Ils exigeaient la tête de Brasillach, qui avait conduit bien des leurs au poteau. De Gaulle a fait la part du feu [2]. » Et le jury populaire était constitué de maquisards, la plupart communistes.

Pourquoi Brasillach a-t-il choisi de ne pas se défendre ? A-t-il voulu réduire sa faute en devenant la victime de l'épuration ? Et pourquoi le général de Gaulle lui a-t-il refusé la grâce ? Son refus n'était-il pas le moyen d'accéder à la demande du condamné : expier ? Et lui permettre de rentrer dans le rang. « Il est mort comme un soldat », dira-t-il.

Et Yvonne ? Comment a-t-elle supporté l'idée de l'exécution, à l'opposé du devoir de charité, de bienveillance et de pardon ? Et l'exécution par elle-même, le 6 février ? Comment se sent-on quand un homme est exécuté au petit matin ? Peut-on continuer à dormir ? Aucune des lettres qu'elle adressa aux sœurs de Vertcœur n'y fait allusion. Quant à sa famille, elle n'avait pas de raison de lui écrire, et c'est un sujet trop délicat, trop intime pour

1. Entretien avec l'auteur, mars 2018.
2. Passion-histoire.net

qu'elle le traite autrement que face à elle-même. De ce qu'elle a exprimé à Charles, il ne reste pas d'écho.

8 mai 1945, Paris, Berlin, la Boisserie

Charles a toujours à l'esprit le souvenir cuisant de l'éviction de Yalta. Il faut que la France prenne position dans la zone non attribuée par les alliés mais « gagnée sur le champ de bataille » par la 1re Armée française de De Lattre de Tassigny, et qu'elle soit représentée par le vainqueur, lors de la signature de la capitulation de l'Allemagne.

En dépit des réticences soviétiques et américaines, de Gaulle a assis la France à la table de la victoire le 7 mai. Les actes de reddition de l'Allemagne ont été signés à Reims, et le 8 mai à Berlin.

À Paris, Charles prononce un discours radiodiffusé. Où pourrait-il s'exprimer mieux qu'à la radio ?

« C'est la victoire des Nations unies et c'est la victoire de la France […] Honneur ! Honneur pour toujours à nos armées et à leurs chefs, Honneur à notre peuple que des épreuves terribles n'ont pu réduire ni fléchir, Honneur aux Nations unies qui ont mêlé leur sang à notre sang, leurs peines à nos peines, leur espérance à notre espérance et qui, aujourd'hui, triomphent avec nous [1]. »

1. www.ina.fr

Le discours déclenchera l'enthousiasme. Et des critiques imputrescibles. Les Français et les Françaises de l'ombre, les saboteurs, les combattants de la France libre ne sont pas cités. Quant au partage de l'Allemagne, une partie de l'opinion pense avec Aron que c'est aller trois siècles en arrière.

Churchill et de Gaulle qu'on voit visiter Paris, assis côte à côte, dans la décapotable, ont devisé aimablement pendant ces jours exceptionnels. Ce n'étaient plus deux guerriers face à face, mais des confrères, leurs visages apaisés en témoignaient. De Gaulle remettra au Vieux Lion la croix des Compagnons de la Libération, Churchill la recevra avec émotion.

Pétain, condamné à mort le 15 août 1945, voit aussitôt la peine commuée par de Gaulle en détention à perpétuité. La peine, comme la clémence, entraîne une importante vague de critiques. Moins toutefois que la condamnation à mort de Laval, appliquée le 15 novembre.

Et Yvonne qui respecte les Dix commandements – Tu ne tueras point – en particulier, que pense-t-elle, dès lors qu'il s'agit d'une décision judiciaire ? L'exécution peut-elle la laisser indifférente ?

Elle n'en parle pas. Si, à Charles en privé, mais il ne reste aucun témoignage. Le mieux est de prier. Elle ne peut se réfugier dans l'église de Colombey, la Boisserie est dégradée, meurtrie, elle a été occupée par les Allemands. Un arrachement pour Yvonne et Charles. Philippe est parti en éclaireur. C'est inhabitable. Les travaux, qu'il surveillera, dureront longtemps.

À cette date on peut considérer que l'épuration, inégale, brutale, forcément injuste, a pris fin.

Les archives, dont le fichier interdit de la collaboration française, conservent les fiches de 96 000 personnes soupçonnées de collaboration, dont 15 % de femmes. Elles seront déclassifiées en 2015 et consultables.

Dominique Lormier : « Le fichier très secret du 5e Bureau [1] – le contre-espionnage – est celui de l'état-major de l'armée de 1945, il permet de comprendre ce qu'était la collaboration, en donnant les identités. Il contribue à remettre un peu d'ordre dans les fantasmes. Non, la France n'était pas majoritairement collaborationniste. Les archives renseignent aussi sur les luttes internes et sur la vision que l'état-major voulait donner : la collaboration serait uniquement le fait de minorités agissantes, influencées par Maurras, fascistes, nazis français, soldats perdus, étrangers, personnes de classe moyenne, artistes. On n'y voit pas les noms de grands industriels. Pleven voulait remettre en marche l'économie française et ouvrir la voie, chère au général de Gaulle, de la Réconciliation [2]. »

Il fallait donner aux alliés l'image d'une France forte. Certains gestapistes travaillent pour les Américains, aussi l'épuration, à partir de 1947, amnistie-t-elle le plus souvent. Quant aux collaborateurs *ordinaires* miliciens, délateurs, assassins, ceux qui n'ont pas été jugés, écroués, exécutés, ou graciés, ont été oubliés, et parfois recyclés

1. D. Lormier, *ibid.*
2. Entretien avec l'auteur, mars 2018.

dans des postes subalternes. Les Papon et les Bousquet sont aux commandes. « Ni de Gaulle ni Mitterrand – qui entretenait des liens avec Bousquet – ne connaissaient le passé de Papon », affirme Annette Wieviorka, historienne de la Shoah [1].

La première chose que fait de Gaulle, c'est de se rapprocher des écrivains ; le 1er septembre, il invite François Mauriac à déjeuner.

Dans *Le Figaro*, reparaissant après deux ans de silence, le 25 août 1944, Mauriac lui a consacré un éditorial : Le Premier des nôtres : « À l'heure la plus triste de notre destin, l'espérance française a tenu dans un homme ; elle s'est exprimée par la voix de cet homme – de cet homme seul. C'est vers lui [...] que la France débâillonnée jette son premier cri... »

André Malraux a été convoqué au ministère de la Guerre, le 18 juillet à 11 heures du matin. C'est Claude Guy, l'aide de camp du Général qui lui a transmis le message. Le chemin de De Gaulle se fait désormais avec lui.

Il reste le lecteur passionné, attentif, de ces deux personnalités hors norme : Mauriac l'homme du journal intime, de la spiritualité, Malraux l'homme de l'art et du désespoir. Le premier médite, le second tonne ; les deux privilégient l'action. De Gaulle, lui, incarne l'œuvre à accomplir : conduire la France au plus haut. L'écriture suit, l'humour accompagne.

---

1. *20 Minutes*, 8 février 2007.

Yvonne les respecte, elle noue des liens avec Mme Mauriac. André Malraux, elle le connaît peu, elle est impressionnée par l'écrivain, et partagée. Malraux dira qu'elle le prenait pour le diable.

20 janvier 1946, Marly, le pavillon de chasse

« Je fous le camp ! »

De Gaulle lève les bras, les laisse retomber d'un coup et se dirige à grands pas vers la porte. Oui, il est lassé du « régime exclusif des partis », des désaccords avec l'Assemblée. Les ministres sont habitués à ses brusques envies de tout quitter ; cette fois, ce ne sont pas des mots dits à l'emporte-pièce.

Ils protestent. N'obtiennent qu'un grand geste censé envoyer tout promener. Le président du gouvernement de la République française veut partir sur un coup de tête.

En deux ans, il a accompli les réformes qui changeront radicalement la France et son image dans le monde pour les sept décennies à venir : la création de la Sécurité sociale, des allocations familiales, la nationalisation des banques, de l'électricité et du gaz, des télécommunications, des transports, il a créé les comités d'entreprise, l'Institut d'études politiques, l'École nationale d'administration, et le vote des femmes, lesquelles sont devenues des citoyennes à part entière.

Yvonne est allée voter pour la première fois de sa vie, avec conscience, et l'idée d'une revanche qu'elle prenait, pas seulement pour elle-même, mais pour les femmes. Elle est sensible aux avancées de la Justice et de la Santé en faveur des femmes et de la famille. « Concernée », a-t-elle dit à Charles. Elle est en train de travailler, avec son soutien, au projet de la Fondation Anne de Gaulle. Il est fondamental pour elle que les jeunes trisomiques aient droit au respect et à des soins qui ne soient pas dépourvus d'humanité, à l'instar de ceux que dispensent les grands hôpitaux psychiatriques.

André Malraux et Claude Guy se morfondent à l'annonce de ce départ à la cloche de bois. Ils viennent le trouver chez lui, le conjurent de s'adresser aux Français. Une dernière fois.

Charles leur assène le vers de Vigny : « Seul le silence est grand, tout le reste est faiblesse. » Comme Guy insiste, il le toise :

— Et si j'ai eu tort, comme beaucoup le prétendent, je vous répondrai que l'opinion pardonne aisément à un homme une faute.

Il se met à arpenter le salon et lâche du ton d'Hamlet vantant sa solitude :

« Se taire ! se taire se taire, en dépit des accusations, des lâchetés et des trahisons, quelle preuve de force !... »

Claude Guy est désolé par ce départ impromptu, Yvonne, l'approuve. La démission de son mari annonce de beaux jours : Charles, du petit déjeuner au coucher. Absorbé, certes, mais à proximité.

C'est dans l'allégresse qu'elle prépare le déménagement de la villa de Neuilly.

Ils montent dans la Cadillac offerte par l'ami Eisenhower ; malgré les divergences d'idées, leur lien ne s'émoussera jamais. De Gaulle, président de la République, invitera le président Eisenhower et lui offrira en hommage une descente des Champs-Élysées, le 2 septembre 1959… En attendant, Charles et Yvonne mettent le cap sur le pavillon de chasse de Marly.

Cette maison est malcommode, humide et mal chauffée, qu'importe. Yvonne s'y sent à l'aise, et le dîner n'a rien de funèbre.

À l'heure où Charles lit la presse au salon, elle ramasse les journaux qui commentent sa sortie, les roule en boules bien serrées, les jette dans la cheminée : « Ils serviront demain à allumer notre feu ! » et elle monte se coucher. Oui, Yvonne est heureuse. Elle va s'efforcer d'arranger ce pavillon des vents.

Bien qu'ils aient droit à un logement de fonction, ils régleront scrupuleusement le loyer, les frais d'électricité et même de téléphone. Charles déteste téléphoner : il préfère le face-à-face et l'échange épistolaire. Le vendredi soir ils partent pour Colombey. Yvonne retrouve son jardin, les roses et les pois de senteur ; le samedi et le dimanche se passent en famille.

Et Charles ? On l'a dit désespéré par les prémices de la traversée du désert, et Yvonne peut constater à chaque instant qu'il remâche ce qu'il prend pour un échec. Mais il ne se laisse pas aller : « De Gaulle ne se courbe pas. » Il le disait déjà pendant la guerre de 14-18, et tant pis si sa tête et ses épaules dépassaient de la tranchée. Quand ses collaborateurs font mine de regretter qu'il ne se soit pas adressé aux Français, il leur lance : « Pourquoi voulez-vous que j'essaie de sauver un système condamné ? » L'essentiel n'est-il pas d'être parti en laissant derrière lui la « la dictature des partis » ?

Même s'il l'a voulu, ce grand vide, il est atteint et en fait part à Claude Mauriac, son secrétaire : « Je souffre profondément pour la France. » Mais il continue à attendre qu'on le rappelle sans se manifester. Une stratégie qui ne paye guère.

Le 12 mai 1946, l'Homme du 18 juin rencontre l'Homme de la Victoire. Ou plutôt son souvenir. Il va rendre hommage à Clemenceau dans sa ville natale de Mouilleron-en-Pareds. Il y parle de l'État, de la force et de l'unité nationale.

Un nouveau venu ne le quitte pas : Jean Mauriac, le benjamin de l'écrivain contemporain qu'il admire le plus.

Démobilisé depuis peu, il vient d'entrer à l'AFP, et la première mission qu'on lui a confiée, c'est de couvrir les déplacements du général de Gaulle.

Le jour de l'apothéose, il avait vu de Gaulle descendre les Champs-Élysées, s'était engagé immédiatement et avait combattu, sous le commandement des Américains, sur le front des Alpes. Conditions difficiles. Le froid, la neige, l'écho qui répercute les rafales et les voix des Allemands embusqués le long de la frontière italienne. Combats de nuit. Les cinquante kilos de paquetage sur les épaules, le fusil sur la poitrine, Jean Mauriac a 20 ans et rêve d'être un héros :

« Sortant comme un fou de mon igloo, j'ai sauté dans la tranchée. Lutte au corps à corps dans la neige et la glace, mes camarades blessés qui râlaient : achevez-moi ! Les Boches qui hurlaient à moins d'un mètre[1]... »

Il s'était éjecté du cloaque, avait déroulé la pente et progressé à l'aveugle. Mourir ? Oui, mais pour de Gaulle. Il en avait réchappé.

Le Général s'adresse au héros de la Grande Guerre, Clemenceau : « Ce soir, dans votre tombe vendéenne, vous ne dormez pas... » Le jeune Mauriac demande timidement le texte du discours. De Gaulle fouille dans la poche de sa vareuse, sort la feuille pliée en quatre entre l'index et le majeur : « Voilà pour vous, Mauriac. » Combien de fois répétera-t-il ces mots ? Jean Mauriac le suivra jusqu'à sa mort :

« Un quart de siècle pendant lequel j'ai accompagné régulièrement le Général et Mme de Gaulle au cours de tous les événements. Dans toutes les interventions du Général en France, comme à l'étranger. À l'Élysée, aux dîners d'État, aux déjeuners en petit comité, aux soirées, aux arbres de Noël et toutes les fêtes, Mme de Gaulle était auprès de son mari. Elle se présentait comme une personne effacée. Elle avait peur jusqu'à l'obsession de tenir des propos qui pourraient nuire au Général. Jamais Mme de Gaulle n'a adressé la parole à un journaliste.

1. Entretien avec l'auteur, juin 2018.

Jamais. C'est une règle absolue. On ne parle pas aux journalistes [1]. »

Un samedi ordinaire chez Charles et Yvonne

De Gaulle a conçu un mouvement qui ferait naître la demande.

Les compagnons lui sont fidèles, bon nombre de citoyens réprouvent les atermoiements du gouvernement, il faut les rassembler. Pressentant un retour au pouvoir, Yvonne s'insurge.

Elle a du mal à admettre que son premier aide de camp ait sur lui une certaine influence qu'elle juge néfaste. Non seulement, il a le privilège d'être près de son mari chaque jour, mais il est aussi sur toutes les photos et n'hésite pas à s'occuper « des affaires ».

Il finit par inciter Charles à être « la grande voix » qui dit la vérité et « pourfend les ennemis de la France », comme à Londres.

Sa témérité dépasse celle de Philippe et même d'Élisabeth, qui n'hésite pourtant pas à pousser son père dans ses retranchements, première lectrice des manuscrits, elle est au cœur de sa pensée.

Yvonne n'approuve pas du tout les incursions de Claude Guy dans le domaine privé.

---

1. *Ibid.*

Un samedi comme les autres, alors qu'ils s'apprêtent à déjeuner en famille avec Marie-Agnès, la sœur de Charles, et son mari, Yvonne les entend discuter dans la bibliothèque. Elle entre.

Claude Guy a remis le couvert :

« La France, mon Général, vous sera reconnaissante en toute circonstance où vous lui diriez la vérité » et de continuer sur « ceux qui la conduisent à sa perte ». Elle le couve d'un regard noir, mais voilà Charles qui opine : « Il faut refaire le 18 juin ! C'est le seul moyen [1]... »

Yvonne s'insurge.

— Peuh ! le 18 juin ? Mon pauvre ami, personne ne vous suivra !

— Mais fichez-moi la paix, Yvonne ! Je suis assez grand pour savoir ce que j'ai à faire.

Voyons, il est temps de passer à table. Yvonne fait la conversation avec Marie-Agnès, Augustine apporte le plat de charcuterie puis le rôti et les pommes de terre.

Charles mange sans mot dire. Il rumine son idée, verse le vin à la régalade et s'arrête soudain devant son aide de camp :

— Au fur et à mesure qu'ils porteront un plus grand tort à la France, l'expérience se consommera à leur désavantage et la preuve sera faite contre eux : Alors, mais alors seulement, vous entendrez à nouveau – j'en réponds – ma voix de Londres.

Depuis la démission de Charles, Claude Guy tient son journal « au vu et au su du Général » qui lui indique

1. Claude Guy, *op. cit.*

volontiers un élément. « Écoutez, Guy, ça, c'est pour votre journal. » Il n'est pas question de le publier de son vivant. Ils sont plusieurs pourtant, de Gaston Pawlesky, son conseiller, au colonel Rémy, à trouver le document précieux et bien écrit. André Malraux, lui, attend impatiemment sa publication, Jean Mauriac soutient le projet.

Guy est à l'aise comme personne avec le Général. Il mène la conversation, relance, donne son avis et se fait l'avocat du diable. S'il est rappelé à l'ordre, il récidive un peu plus tard et, au besoin, conseille. Jean Mauriac n'ose pas : « C'est stupéfiant, personne d'autre ne s'en avise, Guy a laissé un témoignage exceptionnel, d'une grande probité. »

Après la mort de Charles de Gaulle, Philippe et sa mère prendront connaissance du *Journal* et contesteront les propos jugés intimes. Peu après « l'interdiction absolue, formelle, de la famille du Général, de publier son journal » sera signifiée à Guy.

Est-ce parce qu'il connaît le misérable tas de petits secrets, comme dit Malraux, que garde chaque famille, ou parce qu'il dévoile la sensibilité, les silences mortels, la bonté, la douleur d'un de Gaulle inconnu, déprimé et chagrin ? Un de Gaulle qui souffre quand Leclerc meurt dans un accident d'avion, par exemple.

Il pressent que l'interdiction provenait de Mme de Gaulle – plus que d'Élisabeth ou de Philippe qui, lui aussi, a parlé de la sensibilité de son père –, elle a toujours montré de la réticence à l'égard de l'aide de camp. A-t-elle pesé sur son éviction ?

Le 25 octobre 1949, à la suite d'un propos de couloir rapporté en haut lieu – Guy se plaignait d'avoir eu des frais de voyage, non remboursés –, le Général l'engage à présenter la note des dépenses (ce qu'il avait omis de faire) et l'avise par courrier qu'il ne peut plus « continuer un service d'aide de camp ». Il lui conservera, néanmoins, son estime, et son soutien, mais Guy, nommé directeur du service de presse du RPF, restera à jamais meurtri.

Était-il trop présent ? A-t-il déplu ?

« Il est clair que Claude Guy n'aime pas Mme de Gaulle, il y a concurrence au sommet, remarque Frédérique Neau-Dufour, il faut peut-être relativiser le portrait qu'il fait d'elle, même si elle se révèle souvent froide, il est au cœur de leur intimité pendant cinq ans [1]. »

Mais il arrive aussi à Yvonne de se confier à lui. Et même de plaisanter. Les gaudrioles l'amusent quand elles permettent de faire allusion à la chose sans avoir l'air d'y toucher.

Claude Guy essaie un soir de faire du feu dans la cheminée de la Boisserie et finit par avouer qu'il n'a jamais su. Yvonne retient un petit rire.

— Ne dites jamais cela au Général : il vous ferait une observation pas convenable.

— Ah, et laquelle ?

— Pas convenable du tout !

— Je ne vois pas… ?

— Il vous dirait qu'il n'est pas d'amoureux qui ne sache faire du feu.

1. Entretien avec l'auteur, décembre 2017.

Ayant atteint le maximum de la grivoiserie, Yvonne pouffe.

Le Général use de formules plus gaillardes, à savoir si untel *en a* ou pas.

Il ne faut pas lui répondre sur le même ton, Peyrefitte en a fait les frais plus d'une fois. L'allusion paillarde s'écrase dans un silence hautain. Le bide total. Comment rattraper le fil de l'entretien ?

À un déjeuner à l'hôtel La Pérouse, Yvonne fait remarquer à leur gendre qu'Élisabeth et Philippe étaient du genre discipliné. Charles éclate de rire :

« Alors Yvonne, méfiez-vous ! Car chacun d'entre nous dispose d'une certaine dose de dissipation qu'il lui faut, tôt ou tard, dépenser au cours de son existence. » Yvonne répond « Peuh ». Si on insinue que le Général est charmé par une personnalité féminine, elle fait la moue : « Pas très tentante » ou bien : « Il n'a pas le temps ! » Flatté, le Général se lance dans quelque avertissement galant.

25 octobre 1947, raz de marée

« Nous zigzaguons sur une route bordée de précipices [...] Il est temps que se forme et que s'organise le rassemblement du peuple français [1] », annonce Charles au cours du marathon qui le mène de ville en ville au printemps 1947.

1. Archives orales, Fondation Charles de Gaulle.

Claude Guy et Jean Mauriac l'accompagnent, Yvonne est dans ses pas, sage sous son petit chapeau, assise en bout de rang parmi les auditeurs, ou debout dans la foule anonyme, et toujours silencieuse.

« Elle se tait… mais combien de femmes parlaient à l'époque ? s'interroge Patrick Girard. Elles étaient des faire-valoir, on ne leur demandait pas de parler. Le ménage de Gaulle n'est pas différent des ménages de ce niveau social dans la France des années 1950. Il n'a rien d'exceptionnel. C'est un ménage moyen, ce qui aurait été exceptionnel c'est qu'elle parle [1]. »

Les femmes qui parlent alors, on a tendance à dire qu'elle portent la culotte, mais cela n'a jamais empêché un grand nombre d'entre elles de parler haut et d'assumer à la fois leur famille, le travail – qu'elles ont réinventé durant les deux guerres mondiales – et les comptes. Elles ont aimé cette indépendance et n'ont pas eu envie de la lâcher après-guerre. Les femmes du XXe siècle n'étaient pas toutes infantilisées et mises sous tutelle.

Charles avait pour mère Jeanne, une maîtresse femme, sa grand-mère avait aussi le caractère bien trempé. Marguerite, la mère d'Yvonne, femme d'action, avait une forte personnalité, et sa grand-mère ne demandait l'avis de personne pour s'occuper de sa propriété des Sept Fontaines. Les femmes du Nord étaient aguerries, elles avaient vu passer trois guerres, remplacé les hommes à l'usine ou à la ferme.

Line Renaud : « Elles n'étaient pas des femmes effacées mais des femmes fortes, autoritaires parfois. De Gaulle nous

1. Entretien avec l'auteur, novembre 2017.

avait donné le droit de vote et des droits, nous entendions nous en servir. Ma mère et ma grand-mère avaient géré l'estaminet et tenu la clientèle, exclusivement masculine. Rentrant de guerre, mon père ne se sentait plus chez lui, ma mère avait assuré, l'autorité n'était plus de mise. Contents pas contents, contents quand même, les hommes ont dû s'arranger. Et quand elles étaient mères de famille nombreuse, elles travaillaient à domicile et assuraient. Avec les femmes du Nord, la lessive ou le ménage, c'est un événement. On met les meubles sur la table, on nettoie à fond. Travail, famille, c'est le même système. Mme de Gaulle venait de là, elle a assumé sa famille et l'intendance. Le Général et la France libre avaient donné aux femmes la possibilité de s'affirmer, on a vu des AFATS, des correspondantes de guerre, des aviatrices. Mme de Gaulle s'est ingéniée à gérer sa famille au mieux, elle a choisi de rester à l'ombre, en assurant le train. Elle a une grande part dans la carrière du Général[1]. »

Yvonne n'a pas confiance dans les membres du comité ; les voyant en photo dans *Samedi soir*, elle n'hésite pas à les moquer : « La brochette du RPF ! » Charles proteste : « Ça va bien comme ça, hein ! Vous n'avez pas le droit de parler du Rassemblement, pour cette excellente raison que vous n'y êtes même pas inscrite. »

Devant tant de gaminerie, Yvonne éclate d'un de ces rires en cascade dont sa fille est prodigue, au grand agacement du Général.

Elle ne parle plus du RPF et se contente de réprouver.

---

1. Entretien avec l'auteur, mai 2016.

Elle s'attendait à des problèmes sans fin ? Ils les vivent. Charles est entraîné dans un tourbillon durant tout l'automne 1947. « Je vais prendre certaines précautions de manière à être libre de mes mouvements, confie-t-elle à Claude Guy, car, quoi qu'il arrive – et je prévois le pire dès maintenant – je veux rester avec lui. Sachez-le bien, dorénavant, je ne le quitterai plus d'un pas [1]. »

Les précautions concernent surtout Anne. Il faut qu'Yvonne puisse se reposer sur sa gouvernante quand elle accompagne Charles. Mlle Potel a pris sa retraite, et puis elle ne pouvait plus porter Anne : elle pèse 60 kilos. C'est Mme Michignaud qui l'a remplacée, elle s'occupe du catéchisme à Colombey, elle est veuve, donc disponible.

La vie a basculé pour Charles et Yvonne, quand la petite Anne est née. Il n'y aura pas de confidences à ce sujet. Elle grandira et d'elle on ne saura rien, Frédérique Neau-Dufour le confirme :

« Yvonne de Gaulle n'avait pas d'amies ni de copines, auxquelles se confier. Il fallait s'occuper d'Anne vingt-quatre heures sur vingt-quatre, et il était difficile pour elle de trouver une employée susceptible de remplacer sa gouvernante pendant les vacances. Il existe un témoignage, datant de l'été 1939, émanant de la jeune institutrice qui s'est occupée d'Anne pendant un mois. Yvonne s'est montrée chaleureuse avec elle [2]. »

1. Cité par Claude Guy, *op. cit.*
2. Entretien avec l'auteur, décembre 2017.

Et le Général s'est montré si accueillant que la jeune femme a été frappée par *la très grande bonté* que reflétaient ses traits :

En revanche, Anne, âgée de 12 ans, manifesta son mécontentement à son égard. « Elle avait des possibilités d'expression réduites, mais n'était pas une très grande handicapée moteur [...] Je fus réveillée de bonne heure par des cris incohérents d'Anne qui gesticulait [...] La gouvernante me dit : "Ne vous inquiétez pas, chantez une chanson !" J'entonnai une chansonnette d'enfant. Alors changement d'attitude totale. Anne se tut et me prit par le cou [...] Elle avait un amour fou pour son père. Lorsque celui-ci mettait son habit militaire, elle pressentait son départ et manifestait sa contrariété et sa tristesse. Il était plein d'attention pour elle [1]. »

Pour Christine Clerc, « quand arrive cette petite fille handicapée, il découvre la douleur et développe une sensibilité, étouffée par son éducation militaire et sa vocation de servir la France. De même, on découvre une grande délicatesse dans les lettres à sa fille Élisabeth, notamment quand elle apprend qu'elle ne pourra pas avoir d'enfant. Cette tendresse apparaît aussi dans la correspondance avec sa femme Yvonne [2] ».

Avec Anne, au moindre pleur, il se précipite à son chevet. Pour un ongle incarné qui la faisait souffrir, deux ans plus tôt, il prenait sans cesse de ses nouvelles et rentrait plus tôt pour s'occuper d'elle.

---

1. Frédérique Neau-Dufour, *op. cit.*
2. *Midi libre*, 28 décembre 2012.

À Bruneval, Lille, Bordeaux, Saint-Étienne, Versailles, des foules enthousiastes acclament Charles. À Strasbourg, place de Broglie, 50 000 personnes adhèrent à son projet : oublier les divisions, « faire triompher l'union de notre peuple dans l'effort de rénovation et la réforme de l'État ».

La foule dispersée, Charles monte en voiture. Yvonne n'est pas à ses côtés.

A-t-elle voulu marquer son opposition ? Ou est-ce un fond d'inquiétude pour Anne qui l'a maintenue à la maison ? Comment saurait-elle si sa fille accepte la nouvelle venue, et l'absence de Mlle Potel qui l'a élevée ? Et si elle tombait malade ?

Charles se tait, croque des bonbons. Aucune station ne relaiera son discours. *Le Monde*, *Le Figaro* resteront frileux, *L'Humanité* se déchaînera. Oui, Yvonne n'a pas tort, il est seul. Il se tourne vers son aide de camp :

« Ils ont applaudi. Illusions ! car, de retour chez eux, ils ont repris leur sieste là où ils l'avaient laissée. Je ne me fais pas d'illusions : il n'y a rien à tirer d'eux[1]. »

Cette idée qu'il a toujours été seul contre tous ne le quitte pas : « Je ne suis pas à un échec près », Yvonne redoute ses attaques contre Georges Bidault, qu'il soupçonne de connivence avec les communistes, mais elle s'interdit de juger, Charles sait ce qu'il dit.

« Un véritable raz de marée gaulliste a remporté les élections municipales d'octobre 1947, les trois quarts des

1. Claude Guy, *op. cit.*

villes ont un maire gaulliste[1] », rappelle Michel Anfrol qui intégrera le RPF et en sera le secrétaire général, avant de suivre les déplacements du Général en Allemagne pour la RTF. En septembre, le Général a installé le siège du RPF dans un élégant hôtel particulier : 5, rue de Solférino, près de l'Assemblée nationale.

Son bureau est au premier étage. Des meubles Empire, une bibliothèque aussi vaste qu'une armoire normande, une carte de France imprimée de rose et de vert, et une sculpture en terre cuite, offerte par les femmes de l'île de Sein. Charles ne manque jamais de la montrer à ses visiteurs :

« N'oublions pas que la France libre, c'était René Cassin, une poignée d'hommes courageux, juifs pour la plupart, et les pêcheurs de l'île de Sein[2] ! »

Au deuxième étage : le bureau du colonel d'Escrienne et Claude Guy, les aides de camp, au troisième une pièce tout en angles, fief d'André Malraux. Il a préféré quitter le service de « propagande », pour être au plus près de l'homme qu'il admire le plus. Il est l'ordonnateur des grandes festivités gaullistes.

« La fréquence de ses aboiements, note Claude Mauriac, entrecoupés à un rythme aussi rapide de bruyants souffles nasaux me déconcerte. Bientôt, pourtant je n'entends plus que son verbe extraordinairement fécond, flamme désordonnée fusant d'un brasier caché[3]. »

---

1. Entretien avec l'auteur, mai 2017.
2. Rapporté par Michel Anfrol, entretien avec l'auteur, mai 2017.
3. Claude Mauriac, *Aimer de Gaulle*, Grasset, 1978.

Cette flamme irradie le mythe de Gaulle que Malraux entretient :

« L'Homme d'un grand Destin, peut-être tragique, de toute façon dramatique… Ils me font rire tous ces grotesques qui lui demandent des comptes. On ne l'a pas suivi pour être payé. Il ne doit rien à personne. Le prix, ce sera peut-être le poteau d'exécution. Et après ?

« Nous sommes engagés dans une aventure tragique. Nous devons en assumer les risques[1]. »

Gaullistes anonymes, anciens de la France libre, fidèles se pressent au RPF. Parmi eux, Pierre Lefranc qui fondera l'institut Charles de Gaulle avec André Malraux.

Le 11 novembre 1940, il avait participé à la première manifestation contre l'occupation allemande à laquelle participent lycéens et étudiants.

« Gonflés à bloc, nous avons arpenté l'avenue des Champs-Élysées en braillant Vive de Gaulle. Des soldats de la Wehrmacht se sont mis en position avec leurs fusils-mitrailleurs ; le premier coup de feu a éclaté, annonçant au monde : la France est vivante. Je me suis enfui. Une grenade m'a explosé dans les jambes, la police française m'a chargé dans un véhicule, une marchande des quatre-saisons a hurlé : "Vous allez liquider des nourrissons, maintenant[2] !" On m'a parqué à l'hôtel Majestic avec cent jeunes Français, des lycéens, et écroué à la prison de la Santé, "Ils vont te fusiller", me dit le gardien. On m'a transféré à Fresnes et libéré. J'ai rallié l'Espagne[3]. »

1. Cité par Alain Malraux, entretien avec l'auteur, novembre 2017.
2. Rapporté par Michel Anfrol, entretien avec l'auteur, juin 2017.
3. *Ibid.*

Le même jour, cinq élèves de la classe de 3e du lycée Buffon, Pierre Benoît, Jean-Marie Arthus, Jacques Baudry, Lucien Legros, Pierre Grelot, âgés de 15 ans, ont été écroués et fusillés.

Après une odyssée de trois années et un séjour dans les geôles espagnoles, Pierre Lefranc a rejoint de Gaulle en Angleterre. « Alors, c'est maintenant que vous arrivez ! », lui lance le Général. Leur compagnonnage va durer quarante-sept ans.

28 novembre 1947, un héros de légende

Le B-25 Mitchell, l'ancien bombardier, qui transporte le général Leclerc, en tournée d'inspection en Afrique du Nord, s'écrase dans le désert près de Colomb Bechar.

Charles reste impassible en apprenant la nouvelle. Il donne ses instructions pour les obsèques et s'isole dans son bureau pour pleurer l'ami. Il voyait en lui un successeur. Il aurait pu réussir ce que les partis avaient « empêché de réaliser après la guerre : l'unité nationale ». Il ne l'oubliera jamais.

Près de quinze ans plus tard, il en parlera à Alain Peyrefitte :

« Leclerc, c'était un personnage de légende. Il bénéficiait du même genre de capital que moi, sans avoir suscité la haine des partis [...] Il deviendrait le recours[1]. »

1. A. Peyrefitte, *C'était de Gaulle*, I, Fayard, 1994.

La cause de l'accident ne sera jamais éclaircie. Il se peut que la météo ait joué en la défaveur du B-25 Mitchell, bombardier modifié en appareil de transport, volant à basse altitude, mais Charles n'écarte pas la cause de l'attentat. On a trouvé un treizième corps auprès des victimes déchiquetées. Et selon le manifeste de vol, ils n'étaient que douze dans l'avion.

« Il est vrai que Leclerc était téméraire… Il est vrai aussi que le KGB ou quelque service secret pouvait essayer de le faire disparaître [1]. »

Charles rend visite à sa femme avec Yvonne. C'est en repartant qu'il se laisse aller à l'émotion. « Yvonne, donnez-moi votre bras, j'ai besoin de m'appuyer dessus. » Elle se serre contre lui, son chapeau lui arrive à peine à l'épaule, il la regarde avec une infinie tendresse.

Charles et Yvonne ? Une entité. Il arrive qu'un photographe capte une seconde d'intimité, comme une seconde d'éternité. Vingt ans plus tard, aux jeux Olympiques de 1968, à Grenoble, Charles tend à Yvonne un trèfle à quatre feuilles avec un sourire tendre et une lueur coquine dans l'œil ; rieuse, Yvonne prend le trèfle du bout des doigts. Ils plissent les yeux tous deux, comme à l'évocation d'un souvenir d'amour. Ils sont seuls parmi la foule.

« Je suis foutu ! »

Charles est nerveux durant les semaines qui suivent la mort du général Leclerc. Passant de l'excitation à

1. Conseil du 20 novembre 1963, A. Peyrefitte, *ibid.*

l'abattement, de l'amabilité au silence grognon, il retient à peine un haussement d'épaules si on lui adresse la parole. Il est condamné, voilà la raison.

« Cancer de la gorge, dit-il d'un ton lugubre. Je suis foutu. »

Si Claude Guy s'avise de dire que le docteur Richier certifie qu'il n'est pas cancéreux, il le rembarre. « Il n'y a pas cancer et cancer, il y a cancer tout court. Votre type ne me dira pas la vérité. Vous n'avez jamais vu un médecin dire à quelqu'un vous avez un cancer [1]. »

Mais il faut bien vivre, au moins pour relever le pays. De quarante cigarettes quotidiennes, il passe à quatre bonbons les bons jours. La dépression du fumeur sevré ne tarde pas. Mais il tient. Si la France avait besoin de lui ?

Quant à Yvonne, l'imprévisible, elle est solide. Elle ne cesse pourtant de répéter à Claude Guy : « Nous sommes trop vieux maintenant. À notre âge, il faut rester chez soi. » Elle a 47 ans, Charles 57. Mais Yvonne reste accrochée à des notions anciennes qui précèdent d'un demi-siècle l'exemple que sa mère, si pétillante, lui a donné. Et elle a une obsession : la santé de son mari.

Charles a été gravement malade huit ans plus tôt. À l'époque du conflit avec Giraud, les tensions avec la résistance intérieure, Vichy, les Alliés et l'Afrique s'étaient abattues sur lui. En janvier-février 1944, une fièvre terrible le maintient couché. Une fatigue insurmontable l'épuise. Yvonne le croit perdu. Lui aussi, il est *foutu*, tout simplement. La rumeur circule parmi ses hommes. Yvonne

1. Rapporté par Claude Guy, *op. cit.*

réussit à l'envoyer consulter le docteur Lichtwitz et le docteur Lacroix. Il souffre de paludisme, de malaria, de problèmes rénaux. Ils parviennent à le soigner.

Dix ans plus tard, Yvonne le mentionnera, sans s'attarder, à Philippe. Charles n'y fera pas allusion dans les *Mémoires*[1]. Il se contentera d'évoquer les intermittences de la conscience.

« J'ai l'impression de fouler un terrain plus meuble, de respirer un air moins pur. Autour de moi les intérêts se dressent, les rivalités s'opposent, les hommes sont chaque jour plus humains. »

Vendredi 6 février 1948, après-midi

Il fait très froid début février à Colombey. Neige, bourrasques. À la Boisserie, le feu de cheminée ronronne, le chauffage est à fond. Le temps s'adoucit un peu, le jeudi 5. Charles et Yvonne sont seuls avec le commandant Bonneval qui fait office d'aide de camp.

Yvonne prépare les bagages pour le voyage de Charles en Seine-et-Oise. Elle ne l'accompagnera pas, Anne a pris froid. Depuis le début de la semaine, elle est fiévreuse. Yvonne lui a administré le protocole ordinaire pour un rhume avec montées de fièvre, puis elle a appelé le médecin du village, le docteur Colomb. Il a diagnostiqué

1. *Le Salut, op. cit.*

une forte grippe. Anne n'exprime rien, elle tousse et frissonne.

Le 6 février, qui est un vendredi, sa température est toujours haute, Bonneval propose, ou conseille, d'appeler le docteur Hurez de Troyes. Il arrive à 3 heures de l'après-midi, examine Anne, diagnostique une pneumonie double et ne cache pas la gravité de son état. Elle est fragile comme les enfants trisomiques, dont l'espérance de vie, alors, dépasse rarement les vingt ans.

Il lui faut de l'oxygène, de la pénicilline, elle est au plus mal.

Yvonne et Charles ne quittent pas la chambre. Anne est brûlante, elle respire avec difficulté. L'oxygène et la pénicilline arrivent trop tard.

Le docteur Hurez fait une piqûre à 6 heures du soir. Bonneval se retire, attend dans l'entrée. Philomène, la cuisinière, et Marie, la gouvernante, ne quittent plus la cuisine. Prêtes à faire chauffer de l'eau, préparer une bouillotte, de la glace… C'est inutile.

Au bout d'un instant, le Général ouvre la porte, il se penche vers Bonneval, il est très pâle. « Appelez Guy. Il va devoir tout décommander pour demain, et passez-le-moi, s'il vous plaît. »

Bonneval s'acquitte de sa tâche. Guy est frappé par la voix du Général, elle a le même détachement que le jour où il a fait l'annonce de la mort de Leclerc[1].

La distance masque l'émotion. Le médecin prend Charles à part et lui expose les risques. Yvonne surgit :

1. Rapporté par Claude Guy, *op. cit.*

« Anne suffoque ! » Il n'y a plus d'espoir. Le docteur Hurez fait une seconde piqûre. La petite Anne gît inerte dans la chambre rose. Charles se penche sur le lit, la soulève délicatement.

Le corps d'Anne pèse dans ses bras, elle est inconsciente. Yvonne pose une main sur son front. Ils restent sans parler.

Le souffle s'apaise puis s'éteint. Le cœur ne bat plus. Charles et Yvonne le savent, un regard leur suffit à mesurer l'inadmissible. La douleur les cisaille. Aucun mot ne peut la traduire. La petite Anne est morte.

Charles a tout perdu.

Le lendemain, la Boisserie est silencieuse. Volets fermés, lumières éteintes.

Yvonne veille sa fille. Une nonne prie à ses côtés. Charles est assis dans la bibliothèque. Sans une larme, privé de direction, les bras ballants.

« C'était une prisonnière », dit-il soudain à Claude Guy qui s'est assis près de lui sans bruit.

Les yeux perdus sur un lointain invisible, il parle de la personnalité si attachante de la petite Anne. « S'il y a un Dieu, c'est une âme libérée qu'il vient de rappeler à lui. »

Après un silence, il ajoute : « Elle aura été utile, notamment à deux égards : tout d'abord, elle a servi de lien entre sa mère et moi, elle aura permis que nous demeurions ensemble à un moment où il était essentiel que Mme de Gaulle et moi demeurions ensemble… J'entends aux yeux du pays [1]. »

---

1. Claude Guy, *ibid.*

La voix du Général ne tremble pas. Son regard est d'une incroyable clarté, il va se recueillir devant le petit corps. Il faut aider Yvonne pour l'épreuve suivante, la mise en bière de leur enfant.

Vingt ans de souffrance pour Yvonne et Charles, et maintenant l'arrachement. Ils ont souffert en silence, parce que telle est leur nature et qu'il fallait préserver la vie privée de Charles.

« La discrétion commande qu'on garde le silence », écrit Jacques Vendroux, le frère d'Yvonne [1].

Dans leur chambre, ils ont pu pleurer tous deux, et ils se sont cachés pour pleurer seuls. La tendresse, la complicité étaient si fortes entre Charles et le Tout petit.

Dix ans plus tôt, il s'était confié au chanoine Bourgeon : « Pour un père, c'est une bien grande épreuve. Mais, pour moi, cette enfant est aussi une grâce. Elle est ma joie. Elle m'aide à dépasser tous les échecs et tous les honneurs. Elle m'aide à voir toujours plus haut [2]. »

La joie s'est enfuie de Charles. Plus de rires, plus de jeux le soir.

Un vide immense. C'est « un homme effondré dans une effroyable douleur », il avoue à l'abbé Drouot qu'il est « un homme anéanti ». Il lui demande de décider de tout et de faire un enterrement « comme on les fait à Colombey ».

L'attachement était grand entre Yvonne et sa fille, le souci qu'elle avait d'elle était constant, mais ne se

1. Jacques Vendroux, *Cette chance que j'ai eue*, Plon, 1974.
2. Paul-Marie de la Gorce, *De Gaulle*, Perrin, 1994.

traduisait pas par des épanchements, des jeux, des chansons. Elle s'est battue pendant vingt ans pour qu'elle vive comme les autres, tout en aménageant un cadre et un mode de vie qui n'étaient pas ceux des autres enfants.

La chambre rose est déserte. Yvonne ne s'effondre pas. Elle doit encore plus qu'avant ne pas lâcher Charles. Il faut le protéger. Elle ne pourra lui présenter en permanence un visage dévasté.

Elle refoule la douleur au fond d'elle.

Dimanche 8 février 1948, 8 heures du soir

Comme tous les événements d'importance dans la vie de Charles et Yvonne, la guerre, la naissance d'Anne, en 1928, plus tard les dates historiques, le 18 juin, les dates repères de 1958, 1968, comportent ce nombre magnétique : 8…

Depuis le XIXe siècle, la France a vécu de grands événements, lors des années en 8 : 1848, 1918, 1968… Charles n'a pas pu choisir toutes les dates qui jalonnent sa vie.

C'est le 8 février, le jour de grande douleur. Le jour de la séparation. La mise en bière de leur fille. Charles n'a pas voulu qu'Yvonne voie le cercueil se refermer sur leur enfant, c'est trop cruel. Elle reste dans la bibliothèque avec Henriette. Philippe, bouleversé par la tristesse immense qui règne à la Boisserie, est auprès de son père.

Le menuisier du village a déposé le cercueil dans le salon.

Ils sont seuls, Charles et Philippe, à assister à la mise en bière.

Encore une fois discrétion devant le chagrin, l'arrachement, les larmes.

Ensuite le village défile devant le cercueil, selon la tradition de Colombey.

L'inhumation aura lieu le surlendemain, Yvonne a choisi la grande pierre tombale blanche. « L'enterrement se déroule dans la plus grande mais digne simplicité [1]. » En quittant le cimetière, Charles murmurera à Yvonne :

« Maintenant notre petite Anne est comme les autres [2]. »

Ces mots lui feront du bien, sa fille est « une âme libérée », Yvonne ressent elle-même une libération.

Un grand vent d'hiver passe sur la Boisserie plongée dans le silence et la pénombre, note Jacques [3]. Et c'est dans ces moments de souffrance intense et de vide que Charles se confie à Claude Guy : « Anne aura permis que nous demeurions ensemble à un moment où il était essentiel que Mme de Gaulle et moi demeurions ensemble »...

C'est ce jour d'adieu définitif, à 8 heures du soir, que Charles fait cette révélation. Au plus grand de la douleur, l'ardeur. Éros et Thanatos, toujours ?

---

1. Jacques Vendroux, *ibid.*

2. Max Gallo, *De Gaulle, le premier des Français*, Robert Laffont, 1998.

3. *Ibid.*

Charles et Yvonne de Gaulle désunis, prêts à se quitter ? À quel moment ? Pour quelle raison ?

Guy pris au dépourvu par cette confidence intime, la seule, a demandé au commandant de Bonneval qui se tenait dans la bibliothèque s'il avait bien entendu. Bonneval a confirmé, le Général a bien évoqué l'impossible : l'éventualité d'une séparation.

Charles sans Yvonne. Au nom de quoi ?

La question restera posée. Les intimes la balaient d'un geste, la famille a interdit le journal de Guy, les proches collaborateurs et aides de camp, tels François Flohic et Pierre-Louis Blanc, haussent les épaules.

Ils consentent seulement à rappeler que le Général a toujours aimé séduire son public, les femmes en particulier, quant à son goût pour la grâce féminine, il n'en faisait pas mystère.

Comme il plaisait aussi, il a connu des amours de jeunesse, notamment une belle comtesse polonaise… Mais depuis son mariage l'unique femme de sa vie est Yvonne.

Pourquoi cet aveu de Charles arrive-t-il en même temps que l'extrême chagrin, la perte du « petit être » ? Qu'Anne les ait tenus unis ensemble, cela lui a-t-il pesé ? Ou bien le temps jouant sur la douleur d'avoir à choisir entre passion et vie de famille s'avéra-t-il salutaire ?

Une séparation. Comment le croire ? Les rumeurs, et les craintes d'Yvonne, ses réticences au sujet d'Élisabeth de Miribel quand elle est venue voir Charles à Colombey, le 24 janvier 1947 auraient eu un fondement…

Les dates correspondent à sa dépression, à son repli, et à peu de choses près à celle de Charles, au cours de leurs années d'exil, entre l'Angleterre et l'Algérie. Rien d'autre que cette possible rencontre entre le Général et sa collaboratrice, deux ans après la Libération, n'a transparu.

24 novembre 1948, une jeune fille de famille

Qui était Élisabeth de Miribel ? Une jeune fille issue d'une famille militaire stricte, catholique pratiquante, et incidemment, l'arrière-petite-fille du président Mac Mahon. Elle a fait des études de psychologie et se passionne pour les enfants qui ont subi des persécutions. Sa famille s'étonne de l'intérêt que lui inspirent les désordres psychologiques. « On ne s'occupe pas de ces gens-là. »

C'est la rupture. En réaction à cette morale rigide, elle part à Londres avant la capitulation et s'occupe des blessés. Elle n'est pas infirmière mais tente d'apaiser l'immense souffrance des militaires, ceux qui peuvent parler pleurent la défaite de la France. Élisabeth a lu *Mein Kampf*, elle a compris qu'Hitler prépare une guerre d'une ampleur encore jamais vue. Elle fait partie de la mission de Paul Morand quand elle rencontre de Gaulle et tape le discours dans le petit appartement de Seymour Place :

« Il travaillait sur une table de cuisine, nous n'avions rien, une vingtaine de personnes constituaient la France libre, mais le général de Gaulle parlait de l'empire et de l'avenir. Il avait une hauteur de vue exceptionnelle, un sens visionnaire de l'histoire, bien avant; il avait dit aux Britanniques que l'Amérique et l'URSS allaient entrer en guerre[1]. »

Miss Miribel est déjà une résistante : « Nous étions des dissidents, mais on voulait aller jusqu'au bout. De Gaulle, c'était le rocher dans la tempête. »

Elle s'adapte, monte des relais de la France libre au Canada, où Charles l'a déléguée : « Nous étions les mercenaires des Anglais aux yeux de la population vichyste. Je commence à zéro, je vais voir Jacques Maritain, repasse par Londres, je rencontre Pierre Brossolette, un homme extraordinaire – on le verra plus tard, quand il sera abominablement torturé, il ne parlera pas, et se jettera par la fenêtre plutôt que risquer de parler – j'aurais aimé collaborer avec lui[2]. »

Mais quand Charles l'accueille au bureau de la Villa des Glycines, début septembre 1943, et qu'elle demande une faveur : l'envoyer en mission en France rejoindre Pierre Brossolette et les résistants, il refuse. Elle s'incline : « Il a estimé que j'avais fort peu de dispositions pour la vie clandestine[3]. »

Elle s'était plutôt bien débrouillée dans la vie clandestine, pourtant. L'insoumise reste donc à Alger et travaille avec Charles.

Possessif, le Général quand il tient une personnalité de premier ordre. Son exigence l'a peut-être sauvée.

1. France Culture, « Mémoires du siècle », 7 août 1989.
2. *Le Figaro littéraire*, *op. cit.*
3. Élisabeth de Miribel, *La Liberté souffre violence*, Plon, 1981.

Juste avant d'être arrêté, Pierre Brossolette lui envoie une écharpe de soie pour qu'elle porte à son cou, en souvenir de lui, un bouquet de pensées. Soie de Lyon, design d'Henri à la Pensée qui dessine cette phrase avec les fleurs : « Pensées françaises, pensez français. » Quand on est venu chercher Pierre Brossolette, on l'aurait emmenée – il s'est jeté par la fenêtre pour ne pas parler –, elle n'aurait sans doute pas échappé à la torture. Chargée de la presse étrangère, en liaison avec le commissariat à l'Information et le Général in person, Élisabeth de Miribel s'occupe tout particulièrement des journalistes américains qui lui sont hostiles.

Dès que de Gaulle regagne la France, elle rentre, écrit à Leclerc et lui propose d'être la correspondante de guerre de la 2e DB :

« Je n'aime pas les journalistes, répond Leclerc, de plus je ne veux pas m'encombrer d'une femme, mais si vous réussissez à me trouver en France, pourquoi pas [1]... »

Élisabeth l'a retrouvé en Normandie. Le Guerrier était en train de croquer une pomme en plein bocage. Elle va couvrir la Libération.

« Je suis rentrée à Paris derrière Leclerc, lui dans son tank, moi dans ma petite voiture, et j'ai rejoint de Gaulle à la gare Montparnasse, au moment de la signature de la reddition avec Leclerc et Rol Tanguy. » La journaliste note que « la France est divisée », une partie de la population critique *Gaule*, mais la majorité l'apprécie « notamment en province ».

1. Rapporté par Jane Scott, entretien avec l'auteur, mars 2018.

Elle est solidaire de Charles. « De Gaulle était au-dessus des partis, bien au-dessus, il n'a pas été admis, pas été compris, il voyait très loin, pas la politique au jour le jour. Il avait un grand sens politique, s'il a fait quelques erreurs, c'était sur les petites choses, il voyait très loin : la bombe atomique, la Chine… Il ne s'est jamais trompé [1]. »

Il s'identifiait à une certaine idée de la France. Pour Élisabeth de Miribel, de Gaulle était « un grand phare ».

Vingt ans après sa mort, elle dira éprouver toujours une grande admiration pour Charles de Gaulle.

Elle l'a suivi jusqu'à ce qu'il quitte le pouvoir et crée le RPF, selon elle : « Un monde chevalier ». Plus tard, un bruit courra dans l'entourage de Pierre Brossolette, évoquant une liaison entre la journaliste et le président du RPF.

Élisabeth est une littéraire, une imaginative. Rue de Solférino, elle est en charge de la presse et s'entretient régulièrement avec André Malraux : « Homme de désir, d'une telle intelligence, dit-elle, qu'il avait peur d'aliéner sa liberté en croyant. »

Elle lui avait parlé de sa quête spirituelle, il lui avait expliqué ce qu'est la vie contemplative. La rencontre avec Jacques Maritain, ambassadeur du Vatican, eut sans doute aussi une influence sur sa pensée, elle songeait à se retirer dans le monde du silence et de la prière. Elle n'a pas voulu s'expliquer : « C'est une chose privée. » Elle en a parlé à

1. *Op. cit.*

Charles. Elle lui écrit à l'automne 1948, plus d'un an après sa visite à la Boisserie, pour l'informer de son entrée au Carmel, prévue pour le début de l'année 1949.

Il lui répond le 27 novembre 1948.

« Chère mademoiselle,

Votre lettre et la nouvelle qu'elle m'apporte m'ont infiniment ému. Depuis le premier jour du combat jusqu'à aujourd'hui, inclusivement, vous avez été non pas seulement une collaboratrice d'une éminente valeur et d'un dévouement sans ombre, mais encore un réconfort et un exemple qui ont compté pour beaucoup plus que vous ne le mesurez vous-même, sur ce que j'ai pu faire de bon. Votre combat ne serait pas ce qu'il est si votre rôle et votre noblesse n'avaient pas provoqué la haine et les basses injures de l'adversaire. Je vous en demande pardon. Charles De Gaulle[1]. »

Mais de quoi demande-t-il pardon, et quelles sont les basses injures ?

Quelque ail de basse cuisine ? Proféré par quel adversaire ? La confidence qu'il a faite à Claude Guy, « Anne aura permis que nous demeurions ensemble… », remonte à neuf mois.

Des bruits ont couru puis se sont estompés sur la relation de Charles et Élisabeth. Il y en a eu d'autres, rançon de la gloire et de cette idée : un homme de pouvoir est désirable.

1. Cité dans *Le Parisien*, 9 juillet 2014.

Un mercredi de septembre 1951

Chaque mercredi à 10 heures, le Général fait son entrée dans la salle du Conseil du rez-de-chaussée. Il pose son dossier sur la longue table recouverte de maroquin vert et préside la séance [1].

La veille, Yvonne a passé la matinée à préparer les valises, pyjama, chemise de nuit, peignoirs, pour Charles, costume croisé, chemise blanche, pour elle un tailleur, une robe, pas de tenues de soirée. Il est rare qu'ils se rendent à une réception [2].

Après le déjeuner, elle a coiffé son petit chapeau, enfilé son raglan. Ils sont montés dans la Citroën. Au bout de la route : l'hôtel La Pérouse, situé à la périphérie des Champs-Élysées. Ils se faufilent dans l'entrée de service en clandestins et gagnent l'appartement 24.

Cossu, tranquille, le deux pièces est devenu le quartier général de Charles. Il y reçoit les initiés, Jacques Soustelle, le colonel Rémy, Gaston Palewski, Michel Debré, André Malraux [3].

Pour Yvonne, c'est un havre, une maison de famille, qu'ils occupent du mardi au jeudi. Ils y donnent des déjeuners auxquels participent son frère Jacques, Claude Guy, leur gendre, Alain de Boissieu, et parfois Malraux [4].

---

1. Rapporté par Martial Goût, entretien avec l'auteur, avril 2017.
2. Rapporté par Monique Fabre, entretien avec l'auteur, avril 2017.
3. Rapporté par Michel Anfrol, entretien avec l'auteur, avril 2017.
4. Rapporté par Alain Malraux, entretien avec l'auteur, mai 2017.

Elle s'éclipse après le café, rallie la place de l'Étoile, à pied ou en autobus. Incognito, elle flâne jusqu'au croisement de l'avenue Mac Mahon avec l'avenue des Ternes, et s'engouffre dans les Magasins réunis. Elle fouille dans les bacs, essaie des chapeaux, achète des pelotes de laine du Bon Pasteur, des écheveaux de soie, descend chercher du thé anglais et du cake pour Charles à l'épicerie fine du sous-sol. Elle ne repart jamais sans un sachet de ces berlingots tout chauds qu'on vend à la sortie.

Nez au vent, Yvonne marche parmi les étals des marchands des quatre saisons de la rue Poncelet. « Ma laitue en direct du jardin », « Elle est belle ma poire », « du fontainebleau tout frais pour la petite ». On croirait entendre Pom, Pom, Pom, Pom, *les Français parlent aux Français*, mais non, c'est bien fini, Charles n'est plus en uniforme[1].

Elle fait un saut chez Félix Potin, remonte par la rue du Colonel Moll, fait une prière à l'église Saint-Ferdinand, et termine par la librairie de l'avenue Carnot où elle récupère les titres que Charles a notés. Elle le rejoint à temps pour le sacro-saint thé.

La cérémonie au pied de l'Arc de triomphe s'achève. Aux dernières notes de la marche militaire succède une suite pour klaxons. Les 4 Chevaux et les Aronde tournent autour du terre-plein, une Studebaker se gare sur le trottoir, un homme vêtu d'un complet bleu ciel en descend, et se hâte vers le cercle de Jeux. En dehors d'Yvonne et

1. Monique Fabre, *ibid.*

Charles, il n'y a pour s'arrêter devant le châssis d'une américaine que deux enfants et une bande d'adolescents en blouson de suédine. C'est la sortie des bureaux. Une foule franco-américaine débouche des rues Vernet, Tilsitt et Bassano.

Le ciel s'assombrit, qui reconnaîtrait Charles engoncé dans une gabardine, le feutre enfoncé sur les oreilles ? Yvonne, en tailleur Jacques Heim et chapeau taupé, ressemble à une dame bien du quartier. Ils peuvent déambuler de concert, aller voir un film au Balzac, comme ils font parfois en famille.

Les hôtels particuliers, les bureaux des immeubles haussmanniens, débarrassés des salles de torture et des croix gammées, accueillent des cabinets d'avocats, des entreprises privées et les services détachés du Génie civil et de l'Intendance de la 1re Région des armées, mais aussi les bureaux de l'administration du plan Marshall, de l'OTAN et du SHAPE [1].

De Gaulle est très attentif : « Allié, mais pas vassal », dit-il. En Indochine, des militaires sont également payés, armés, transportés par l'OTAN, de Gaulle anticipe : l'intérêt des Américains pour le Vietnam ne va pas s'éteindre avec les accords de Paris ou de Genève, en raison même de l'importance des intérêts en jeu. En prévision, il avait refusé les dollars et la monnaie fabriquée par les alliés, ce n'était que des copies, des billets pour jouer au Monopoly.

1. Rapporté par Jacques André, entretien avec l'auteur, janvier 2016.

Pas question d'acheter la rue de la Paix avec de la monnaie pour rire.

« L'intendance suit », la phrase qu'on prête à Charles – jamais prononcée, d'après son fils – est de surcroît prise à contresens.

L'intendance, essentielle, pendant les quatre guerres du XXe siècle, a une importance extrême en ces temps de reconstruction.

Charles est vigilant avec tout ce qui se traite. La France pour lui est comme la mendiante rousse de Baudelaire, affamée, maigre et sensuelle sous sa robe trouée. *Va donc, sans autre ornement, Que ta maigre nudité, Ô ma beauté !*

Le 42 rue de Bassano abritait la 1re Brigade de police judiciaire, dirigée par Albrecht Oberg, le 2, un camp de travail, le 41 rue la Boétie, le Commissariat général à la question juive, en lieu et place de la galerie d'art Paul Rosenberg. Les bureaux de la rue Vernet ayant subi le joug nazi ont été restaurés et aménagés.

« Le général Heyraud, le patron de l'Intendance de l'armée française, est le grand homme de ces lieux, le héros, c'est de Gaulle. Sa photo en uniforme trône dans un petit cadre dans le bureau des secrétaires [1]. »

Jacques André, 18 ans, est chargé par le chef de service, proche du Général, de leur remettre *la paye*. Son âge n'est pas un frein, c'est le système de Gaulle qui croit en la jeunesse, fait confiance aux cadets, aux jeunes résistantes, nomme de jeunes généraux qui se sont illustrés au front pendant un an, comme Leclerc.

---

1. Entretien avec l'auteur, avril 2017.

« Le cérémonial est toujours le même, l'annexe du Génie civil de Pantin nous a donné les bordereaux, le véhicule de l'Intendance nous emmène à la grande poste du Louvre, on entre par la petite porte, la caisse nous remet l'argent des payes. On remplit deux valises de billets, comme dans un film de Gabin, on ressort par la petite porte.

« On ne fait jamais deux fois de suite le même trajet. »

Les bureaux en sous-sol sentent encore la peinture. Pas de fenêtres, de longs couloirs.

« Avec les valises bourrées de billets, on parcourt les galeries souterraines, officiers américains et civils, en bras de chemise, sortent des bureaux, se croisent. Une fourmilière. Ça sent la cigarette américaine, ce qui n'efface pas le relent nazi. Ils sont six dans le bureau. La Chef, c'est Miss Zsabo, une Américaine, gradée, souriante, jolie femme, la quarantaine. J'ai appris plus tard sa parenté avec Violette Szabo, la P'tite Anglaise, l'agent secret du *Special Operations Executive*, le SOE de Churchill, tuée à Ravensbrück d'une balle dans la nuque [1]. »

Jacques André remet à chaque employé une enveloppe contenant un long bordereau plié en deux avec les billets à l'intérieur. « Jamais de chèques. Du cash. Les paies sont réglées en espèce, les Français n'ont pas tous de compte en banque. Ils touchent beaucoup plus que leurs collègues, fonctionnaires, agents civils, payés à la française. Les fiches de paie des chauffeurs sont astronomiques, 100 heures par semaine, surpayées en heures supplémentaires à 200 %. Le soir, le chauffeur dépose l'officier

1. *Ibid.*

US dans un cabaret ou un night-club, il se gare sur le trottoir, dort dans la voiture. Au petit matin, son client sort, cassé par le mélange cognac champagne, traîné par une taxi-girl, ou une fille, venue améliorer son anglais ou ses fins de mois. Le chauffeur le ramène à l'hôtel, le porte jusqu'à son lit. Tout cela remonte au général Heyraud, de là à de Gaulle. Il ne bronche pas. Il connaît les hommes [1]. »

Après s'être fait épingler par une mignonne espionne soviétique ayant suivi la formation destinée aux chauds Latins, Maurice Dejean, résistant, espère se justifier. De Gaulle coupe ses explications pâteuses : « Alors, Dejean, on couche [2] ! »

Jeudi, Yvonne et l'autre de Gaulle

Le jeudi, Yvonne accompagne Charles rue de Solférino. « Quel que soit le temps, elle refuse toute invitation à disposer d'un bureau et reste assise dans la voiture qu'on a garée sous le porche, elle tricote, ou bien elle lit [3]. »

La Neige en deuil, d'Henri Troyat, drame passionnel en montagne, ravive ses souvenirs d'escalade jusqu'aux sommets alpins, et son inquiétude face à la rupture, l'accident,

1. *Ibid.*
2. T, un intime. Entretien avec l'auteur, mai 2017.
3. Claude Marmot, entretien avec l'auteur, octobre 2017.

la fin d'un amour, fût-il fraternel. Elle n'a pas lu *Mort où est ta victoire?* de Daniel Rops, qui a ébranlé Charles, à chacun sa culture, elle lit peu François Mauriac et André Malraux.

Qu'ils soient dans son cercle l'empêche de prendre les chemins qu'empruntent leurs personnages. Derrière l'écriture, elle voit l'homme, ses tics, ses exigences, elle entend la voix expirante de François Mauriac, les éclats de Malraux, les sifflements d'André Gide.

Yvonne aime Maupassant, il est intemporel et présent[1]. Sa phrase, nette, cruelle, est si pleine de notations justes que les personnages défilent devant ses yeux, pas l'auteur, elle peut s'arrêter sur une page pour penser tranquille.

En Charles, elle perçoit et respecte l'écrivain, elle protège sa tranquillité pour qu'il donne le meilleur de lui-même à ce qu'elle considère comme une œuvre littéraire et historique importante.

On connaît mal Yvonne. Elle poursuit son rêve intérieur sans avoir besoin de l'expliciter et s'adonne au tricot sans témoin ; elle fera de même dans la DS 19. S'il fait froid, la secrétaire de Claude Guy, Mme Rocafulle, lui fait porter un thé chaud.

En fin d'après-midi, Charles et Yvonne prennent la route pour Colombey.

Loin de vivre en ermite durant la traversée du désert, Charles multiplie les voyages avec sa femme. Elle a prévu depuis le début de ne pas le quitter d'un pas et le serine à

1. Cité par Jacques Vendroux, *op. cit.*

Claude Guy : « Quoi qu'il arrive – et je prévois le pire dès maintenant – je veux rester avec lui [1]. »

Charles écrit ses *Mémoires de guerre*, il a du temps devant lui : « Je ne fais pas comme Churchill qui place les événements bout à bout dans ses mémoires, je veux faire une œuvre [2]. »

Il s'offre un bain de jouvence à répétition en rendant visite à ses anciens petits soldats, les Cadets, qu'il a suivis de près durant leur formation militaire dans les camps de Brymbach, Rake Manor et Bewdley. Il accepte la présidence d'honneur de l'Amicale qu'ils ont fondée : « Parmi les Français libres, les jeunes furent les plus généreux, autrement dit, les meilleurs, mais aussi dans son chagrin, au pires jours de son histoire, ils ont consolé la France [...] Sept ans après la Libération, il faut que le pays reconnaisse leur courage [3]. »

Faire de ces jeunes « orphelins de famille et de patrie... les officiers de l'armée de Libération présents sur tous les champs de bataille de Bir Hakeim jusqu'à Berchtesgaden » restera l'une de ses grandes satisfactions, rappelle Pierre Lefranc [4].

Quatre ans plus tôt les gardes mobiles ont fait usage de leurs armes pendant les grèves et tous les anciens Cadets de la France libre ont été rappelés : « Il n'y a qu'en eux que le gouvernement puisse avoir confiance, pardi ! pour cette

---

1. Claude Guy, *op. cit.*
2. Jean Mauriac, entretien avec l'auteur, juin 2017.
3. École militaire des Cadets de la France libre, publication, 2009.
4. *Ibid.*

excellente raison qu'il n'y a qu'eux qui soient capables de se battre[1] ! »

De Gaulle est sûr de ne pas s'être trompé en créant ce mouvement. On ne l'accusera pas d'avoir raté son coup.

René Marbot, cadet de la promotion « 18 juin », voit en lui un autre de Gaulle.

« Pendant notre formation militaire à Ribbesford, on n'avait plus affaire à un chef de guerre hautain mais à un homme qui nous transmettait l'art de se battre et nous donnait de l'affection. Il nous a suivis de camp en camp, il a continué quand nous sommes devenus officiers. Il restait clairvoyant et pragmatique. Il s'était trouvé face à une majorité de gamins, venus de partout dans des petits bateaux, ou sur les navires des troupes polonaises qui lui criaient "mon général on est là !". Il avait créé l'École militaire des Cadets de la France libre, avec l'appui de Churchill et la collaboration britannique. À la fin on savait tout faire, conduire les locomotives, saboter les trains, on était prêts. Il avait fait de nous des officiers. Beaucoup de camarades sont morts au combat[2]. »

Quand il sera président de la République, il les recevra à l'Élysée en présence d'Yvonne.

« Chaque année, il nous invite à un repas d'État, et consacre à chacun un moment intime. Il se tient au courant de nos parcours, il sait qu'après la guerre j'ai repris mes études, dirigé une entreprise italienne, ensuite une entreprise française. Je lui ai dit que je revenais souvent

1. Claude Guy, *ibid.*
2. Entretien avec l'auteur, septembre 2017.

à Londres et rencontrais la reine mère qui adorait les Français et la France libre, il le savait déjà. Mme de Gaulle, elle, se montrait maternelle avec moi, mais pas intime, comme le sera Mme Pompidou, et surtout Mme Chirac. Mme de Gaulle m'interrogeait sur mon passé de cadet, nous bavardions mais elle restait en dehors. Elle nous accorde du temps parce que nous sommes les Cadets du général. Elle évoque avec moi Londres, Ribbesford, les combats, elle me demande des nouvelles de ma femme et ma famille, mais c'est surtout parce que sommes reliés au général de Gaulle. Nous faisons partie de l'histoire de son grand homme. Mme de Gaulle était en adoration devant son mari. Une adoration totale. Nous étions salués, remarqués en tant que les petits soldats du Général par Mme de Gaulle qui ne dérogeait jamais à sa manière d'être. Gentille et distante. En revanche, je n'ai jamais ressenti de timidité à chaque fois que le Général m'a parlé. Il était proche :

« "Alors, Marbot, vous rappelez-vous l'Alsace ? – Oui, mon général, 1945, année de grand froid. Nous étions sur le pont avec mes hommes depuis les 7 heures du matin…" Il est arrivé à midi, on était des bonshommes de glace. Il nous a fait apporter du cognac pour nous réchauffer un peu. Le Général nous exaltait. On savait pourquoi on était au combat [1]. »

Daniel Cordier a connu aussi cet autre de Gaulle pendant la guerre, il éprouve envers lui une confiance, une

1. *Ibid.*, novembre 2017.

admiration, une affection quasi filiale, même si, en 1946, il s'éloigne. « Je suis devenu un homme de gauche, au contact de Jean Moulin, qui était un gaulliste fervent. Il m'a appris à réfléchir et m'a fait découvrir l'art, les deux vont ensemble. Question d'imagination. La politique du RPF durant la traversée ne me concerne pas, mais je conserve une grande admiration, un grand respect pour le général de Gaulle, et je le conserverai jusqu'à ma mort[1]. »

Devenu historien, il mènera l'enquête pendant vingt ans sur le parcours de Jean Moulin, suivra de près la trajectoire du Général. Il s'intéressera à son retour en 1958.

En revanche, il ne partage rien avec Yvonne :

« Elle n'éprouve qu'indifférence pour les compagnons, totalement en dehors comme si elle n'existait qu'en tant qu'épouse à l'ancienne, sans s'impliquer le moins du monde dans la politique, la France libre, le RPF. Sans aucun jugement politique. Pour nous, les Compagnons, elle ne représentait rien du tout, Mme de Gaulle[2]. »

Yvonne ne suscite pas l'intérêt, ce qui lui laisse la liberté de flâner sans garde du corps. C'est seulement quand elle deviendra Tante Yvonne que le public s'intéressera à elle, ainsi grandira, à tort, ou à raison, sa légende de mère-la-pudeur.

Brigitte Friang, l'une des premières résistantes, attachée au service de presse que dirige André Malraux au RPF, se souvient que Mme de Gaulle, qu'elle appréciait par

1. Entretien avec l'auteur, décembre 2017.
2. Entretien avec l'auteur, décembre 2017.

ailleurs, ne montrait aucune empathie envers les jeunes militants et journalistes qui entouraient le Général.

« Il ne s'agissait pas de plaisanter devant elle ou avec elle. » Lors d'une tournée à Strasbourg, la jeune femme lui a remis par jeu, comme à ses petits copains du service de presse, une copie du discours du Général : « Du bout des lèvres Mme de Gaulle laisse tomber : "Merci, mademoiselle, je connais." Elle opposait un visage indifférent, une barrière, celle de l'âge et des convenances. » Elle n'a pas oublié son sens de l'hospitalité. Elle était en voyage de presse dans l'Est, pas loin de Colombey avec un cadre du RPF : s'apercevant soudain que les bons d'essence sont restés au bureau, il leur a paru simple de s'arrêter à la Boisserie, Claude Guy leur en remettrait discrètement. Pour éviter une remarque, le jeune cadre juge astucieux d'expliquer à Mme de Gaulle qu'ils sont venus voir le Général pour qu'il leur donne des précisions sur son discours.

Un jeune homme et une jeune fille roulant la nuit à des 7 heures du soir, seuls dans une voiture ! Yvonne figée sur le seuil ne fait aucune réflexion mais l'expression de son visage donne une idée de ce qu'elle dira à son mari quand il rentrera. D'après Claude Guy, elle reprochait aux couples non mariés de « vivre dans le péché ». Pruderie ou dérision ? Un intime rapporte qu'elle aimait faire allusion à la chose mais sans le mot. « C'est l'histoire d'un monsieur qui fait hum-hum avec une dame, survient le mari, surpris de les trouver au lit… »

Sur ce, arrive le Général, estomaqué de voir chez lui ce godelureau accompagné de la journaliste, future correspondante de guerre en Indochine : « Alors, Barberot, on emmène ses petites amies passer la nuit à Colombey [1] ! »

Les desseins secrets de Charles

Le 7 mai 1954 sonne le glas de la « sale guerre » qui s'est éternisée huit ans, la guerre d'Indochine. Une guerre de décolonisation, mais aussi une guerre d'usure, une guerre de la piastre, des sectes, des partis, une guerre fratricide. Des soldats sacrifiés au nord, au sud du Vietnam, et au sein du Corps expéditionnaire français.

Lors de la conférence de Brazzaville, en 1944, de Gaulle avait annoncé « une extension des droits politiques, sociaux et économiques des populations coloniales », on est loin encore de la décolonisation même si en 1946, s'amorce la préparation de l'indépendance du Vietnam, qui l'avait proclamée l'année d'avant. Il en va de même pour les pays du Maghreb et de l'Afrique occidentale, de Gaulle sait qu'il n'y a pas d'autre choix à moyen terme que celui de la liberté.

Leclerc, qu'il avait envoyé en Indochine « parce que c'était le plus difficile », a apprécié la situation. Les autres hommes de confiance sont Jean Sainteny, compagnon, commissaire de la République pour l'Annam et le Tonkin Thierry d'Argenlieu et plus tard de Lattre.

---

1. Alain Malraux, entretien avec l'auteur, décembre 2017.

Bien qu'il ait dirigé une action militaire contre le Vietminh en Cochinchine, Leclerc estime qu'entreprendre la reconquête de l'Indochine, et particulièrement du Vietnam, serait « une entreprise sans fin, sans limites et probablement sans résultat » et qu'il vaut mieux négocier avec Hô Chi Minh.

Avec l'accord du 6 mars 1946, la France reconnaît la République du Vietnam comme un État libre faisant partie de la Fédération indochinoise et de l'Union française. Le général Giap, chef de l'armée populaire, se définit comme le général de la paix, prêt à négocier pour éviter les bains de sang.

« Leclerc, envoyé à la tête de l'armée française pour reconquérir l'ancienne colonie, s'est vite rendu compte qu'il ne s'agissait pas d'une promenade militaire, mais, a-t-il dit, du combat de tout un peuple. Leclerc était un réaliste. Avec Sainteny, il faisait partie de ces gens raisonnables qui étaient en faveur de pourparlers, mais du côté du gouvernement français, on ne l'entendait pas ainsi [1]. »

Quant un soldat s'en va-t-en guerre, il a / Simplement eu de la veine, et puis voilà. La chanson de Francis Lemarque, chantée par Yves Montand, est interdite. On se bat.

Sur le terrain, Leclerc et Sainteny ignoraient que de Gaulle avait un « dessein secret ».

L'empereur Bao Dai s'étant compromis avec le Japon, le Général s'est rapproché du prince Vinh San. Détrôné par

1. *L'Humanité*, 7 octobre 2013.

l'Autorité française en 1916, à l'âge de 16 ans, après avoir régné neuf ans, il est exilé à La Réunion, et vit sous le nom de Duy Tân en tant que citoyen lambda jusqu'à ce qu'il s'engage dans la France libre [1].

Spécialiste des transmissions radio, agent de renseignements, il a rencontré le général de Gaulle qui l'a promu au grade de commandant. Duy Tân a un plan intéressant en trois points : la réunion des trois KY, Tonkin, Annam, Cochinchine, l'indépendance absolue sans aucune réserve et l'alliance étroite avec la France. Le Général l'a alors confié à Alain de Boissieu pour qu'il s'implique dans les derniers combats post-Libération.

Les chicanes de l'administration l'en ont empêché. Mais, sachant que Duy Tân n'a pas abdiqué et qu'il vise la liberté pour son pays, le Général travaille discrètement, avec son accord, à le remettre sur le trône… Duy Tân est le dernier empereur d'Annam.

Si on l'ignore à La Réunion et en France, on se souvient de lui en tant que souverain au Vietnam. Et son retour à Hué permettrait d'effectuer en douceur les premiers pas vers l'indépendance et l'unité du pays.

« Aux fins qui pourraient être utiles, je nourris un dessein secret.

« Il s'agit de donner à l'ancien Empereur Duy Tân les moyens de reparaître, si son successeur et parent Bao Dai se montre, en définitive, dépassé par les événements [2]. »

---

1. https://www.indomémoire.org.
2. Charles de Gaulle, *Mémoires de guerre, Le Salut*, Plon, 1954.

De Gaulle résume l'affaire en quelques mots dans ses *Mémoires*, mais elle a une importance essentielle à ses yeux : elle permet de ramener la paix en Indochine. Il a donc donné rendez-vous à Duy Tân « d'homme à homme », le 14 décembre 1945, « dans le plus grand secret, pour parer aux modalités ».

Hanoi se soulève le 19, l'armée de terre française ayant bombardé Hai Phong. Le 24 décembre, l'avion dans lequel le prince a pris place à La Réunion s'écrase en Oubangui Chari. Un mois plus tard, de Gaulle démissionne.

La suite de l'histoire ?

Un enlisement de huit années, des dizaines de milliers de morts, des milliers de prisonniers, de disparus, des cicatrices de part et d'autre. Beaucoup de sang versé et une défaite inéluctable : « Un péril renaît qui est la conséquence logique de l'atonie et de l'inefficacité politique », avait écrit Henri Beuve-Méry dans *Le Monde* du 7 avril 1954.

De Gaulle plaide pour la fin de la guerre, préconise la détente internationale, « la coexistence entre les États-Unis et l'Union soviétique ». La France et son armée continuent de se déchirer jusqu'à l'agonie, après un mois de siège tragique du camp et des hommes de Diên Biên Phu qui prend fin le 7 mai 1954.

Le 9 mai, Charles remonte les Champs-Élysées, il avait annoncé qu'il « irait seul, sans cortège [1] ». La police et les compagnons de la Libération l'entourent, mais pas les Français. Ils lèchent leurs blessures.

1. Archives, Fondation Charles de Gaulle.

Yvonne compatit en silence. Charles s'est donné tant de mal. Sur l'Indochine, elle ne s'est exprimée à aucun moment. Il n'y a aucune trace des événements tragiques dans les lettres qu'elle envoie à ses proches, Cada, sa belle-sœur, ou Jacques, son frère. Rien. Sauf une allusion tardive à la sœur supérieure de Vertcœur, la lettre date de 1956 : « Ce sont ceux pour lesquels on en a fait le plus qui sont les plus prompts à nous trahir [1]. »

Yvonne est conservatrice, les colonies ne la gênent pas. Et le commandement « Tu ne prendras pas le bien d'autrui » ne lui semble-t-il pas indiqué dans ce cas ? L'Indochine française est plus que le territoire qui rassemble le Vietnam, le Laos, le Cambodge, c'est une identité multiple, une culture multiple, un passé, une philosophie. Oui, Yvonne est parfois à des années-lumière de la philosophie, des valeurs et des raisonnements de son grand homme…

Elle n'a rien communiqué. Il n'existe aucun enregistrement d'Yvonne. Jamais elle n'a fait entendre sa voix. On sait que sa foi la fait pencher vers la paix, et que son passé familial et personnel a toujours été confronté aux guerres. Devoirs sacrés.

Pour Charles, la réaction populaire frôle l'indifférence. Mais au moins « la nation a remué ». Et il a un message à transmettre : « Il n'est pas dit que vous tous, Françaises, Français, ayez en vain, voici dix ans, crié votre espérance de la patrie libérée. »

---

1. Frédérique Neau-Dufour, *op. cit.*

Amère pour nombre de militaires, de résidents et une partie de l'opinion, la défaite, restée tabou, a eu néanmoins le mérite de mettre le point final à l'Indochine française et aux hostilités.

Les ressortissants d'Indochine, Vietnamiens du Sud et Eurasiens, s'arrangeront avec ceux qui n'ont pas digéré la défaite. *Silencieux comme des chats*, ils s'adapteront au vivre en France.

Les accords de Genève sont signés le 21 juillet 1954.

Juin 1954-août 1956, la clé sous la porte

L'été 1954, Charles et Yvonne le passent à la Boisserie. Charles se plonge avec avidité dans ses *Mémoires*, Yvonne est au jardin ou sur les routes. Elle aime rouler à travers la verdure, rallier Bar-sur-Aube, faire des achats pour préparer l'arrivée de leurs petits-enfants, les garçons de Philippe.

Quand Charles écrit, s'il a besoin de la sentir présente, elle travaille dans le petit salon à la mise en place de projets médico-pédagogiques pour sa fondation. Le lien qu'elle a eu avec le corps souffrant, à travers Anne, lui a dicté une éthique pour soulager la souffrance morale et physique et favoriser l'écoute des jeunes trisomiques accueillies à Vertcœur. À l'opposé de ce qui se pratique dans les hôpitaux psychiatriques où l'on enferme les jeunes handicapés mentaux.

Yvonne découvre qu'ils sont livrés aux injections de neuroleptiques, à la pestilence, aux mauvais traitements. Couchés sur des matelas éventrés, ou à même le sol, parfois ligotés dans les camisoles de force, enfants, adolescents, adultes sont mêlés aux vieillards séniles, aux malades dangereux pour eux-mêmes et pour autrui, aux délirants qui hurlent la nuit et mangent la paille de leur couche, et ce sur les lieux mêmes où moururent Antonin Artaud, Camille Claudel[1].

Elle a dû apprendre à bannir de son propre langage les termes négatifs dont on gratifie les « incapables », travailler de concert avec les religieuses et les soignantes, gérer les comptes avec la directrice. Charles verse l'intégralité de ses droits d'auteur à la fondation.

Elle a institué des fêtes musicales auxquelles les pensionnaires participent, revêtues de leurs meilleures robes, coiffées de petites couronnes de fleurs qui les ravissent, les plus âgées aident à la préparation. Pour éviter tout risque d'inquisition et de campagne de dénigrement, elle bannit toute communication pour la Fondation Anne de Gaulle[2].

La vie s'allège d'un coup pour elle, et sans doute pour lui. Le de Gaulle des années qui ont suivi sa démission était « malheureux, d'après Paul-Marie de la Gorce, et comme toujours en pareil cas, les jugements se font plus sombres et systématiques, alors comme tous les hommes malheureux, il se durcit[3] ».

---

1. Jocelyne Sauvard, *Jacques et Bernadette, une histoire d'amour*, l'Archipel, 2016.

2. Rapporté par sœur Maria, entretien avec l'auteur, avril 2017.

3. Paul-Marie de la Gorce, *De Gaulle*, *op. cit.*

Le de Gaulle qui travaille au grand œuvre se concentre et se rassemble comme un sportif avant une nouvelle épreuve.

« Le Général met la clé sous la porte du RPF, le 30 juin 1955, il n'y reviendra jamais », Michel Anfrol voit quelques raisons à sa démission : « Blessé par l'échec électoral de 1953, la désertion des députés qui se tournent vers Antoine Pinay, il s'est désintéressé de la vie parlementaire, même si Jacques Chaban-Delmas, Roger Frey et un groupe gaulliste de gauche, résistent, c'est la fin du RPF, et la traversée du désert pour de Gaulle, il se consacre au tome 2 de ses *Mémoires*[1]. »

Le désert, vraiment ? Outre le plaisir d'écrire, Charles découvre *le voyager* avec Yvonne, jamais lassée. Elle a aimé découvrir avec Charles le Sénégal, la Guinée, le Tchad, les îles, Madagascar, La Réunion…

L'été 1956. Après un mois de juillet studieux, ils prennent l'avion pour Fort-de-France. Deux conseillers font partie du voyage, et, bien sûr, Jean Mauriac. Il vit dans l'intimité du couple durant le mois d'août.

Naviguant à bord du *Calédonien*, depuis la Martinique jusqu'aux îles du Pacifique, ils partagent l'espace restreint du navire, où l'on finit toujours par se rencontrer. Si ce n'est sur le pont, c'est au bar ou à la salle à manger, de quoi avoir les nerfs en boule et devenir misanthropes, même si l'on est moins jaloux de son entre-soi que Charles et Yvonne.

---

1. Entretien avec l'auteur, juin 2017.

Tous les après-midi, en tenue de ville, ils restent sur le pont.

Yvonne se repaît des bleus ondoyants du Pacifique et bombarde la parentèle de descriptions, Charles médite.

La traversée serait le dernier cadeau qu'il offre à Yvonne avant le retour au pouvoir ? À chaque escale, la délégation officielle et la population les accueillent en musique.

« Mauriac, dites-moi, on ne vous voit guère. » Le Général a hélé le journaliste au pot du commandant. Comment poursuivre l'échange dans le style décontracté qui sied à une croisière, lui demander s'il ne va pas finir par se sentir prisonnier à bord ? Ce n'est pas la bonne question. « Je ne suis jamais prisonnier ! rétorque de Gaulle, je passe mes après-midi sur le pont du commandant. Venez me voir, je vous attends [1]. »

Jean Mauriac se rend à l'invitation, le Général parle géopolitique et lui enjoint de venir dîner à sa table avec Bonneval et Olivier Guichard. Le vin aidant, ils se mettent à discourir et plaisanter. « Avec Olivier nous comprenons très vite qu'il est risqué de faire un aparté, ou même de rire. Le Général avait une façon de le souligner qui m'a laissé plus d'un souvenir cuisant. » Délicat aussi de le questionner sans motif professionnel. « Bavarder ne l'intéressait pas. Mme de Gaulle, elle, ne perdait pas un mot de nos propos mais restait muette. Ses impressions étaient réservées à son mari, portes closes. »

---

1. Entretien avec l'auteur, juin 2018.

Au fil des jours, l'espace rétrécit. Il faut de l'imagination pour ne pas se sentir en trop. Jean Mauriac côtoie les de Gaulle à toute heure.

« Le matin ils sont assis côte à côte sur des fauteuils de toile, Mme de Gaulle brode ou regarde la mer, le Général lit. Au bout d'une demi-heure, elle lui prend le livre des mains. Non parce que l'attention de son mari lui est due, mais pour qu'il repose ses yeux brouillés par la cataracte. »

Après le café, Jean espère que le Général va se mêler à eux, les regarder jouer au ping-pong, il compte aussi nager un peu. À peine a-t-il effleuré l'eau que Bonneval vient le chercher. Il n'a plus qu'à enfiler son costume et accourir, carnet en main.

Une certaine discipline règne à bord. Il vient de remettre le dernier roman de Pierre-Jean Jouve à la jeune femme, aussi férue de littérature que ravissante, dont il a fait la connaissance. On frappe à la porte de sa cabine.

« Le commandant de bord exige que les accompagnateurs du Général aient une tenue correcte », déclare le second. Or donc, les visiteuses sont proscrites. Seul, le Général a le privilège de dormir en tenant une femme dans ses bras, la sienne.

Décret d'Yvonne, toujours frileuse quant aux rapports non sacralisés par les liens du mariage ?

Elle a la réputation de veiller aux fréquentations de son mari, par conséquent, à celles de ses hôtes. Il lui arrive d'intervenir. On raconte dans les rédactions l'histoire que M. Le ministre des PTT et sa femme partent avec les de Gaulle à la montagne. Yvonne aime les sports alpins qui lui rappellent ses exploits à Samoëns, Mme M. aussi.

Plus exactement, ce n'est pas tant le ski qu'elle apprécie que le moniteur. Elle est même si amoureuse de l'homme des neiges qu'elle troque ses Rossignol contre des escarpins, dès qu'il lui propose de mettre les voiles.

Désarroi du ministre.

Yvonne, on le sait, n'aime pas les intrigues à la Feydeau, et encore moins les chassés-croisés conjugaux à la *Boeing Boeing*, la comédie qui fait salle comble. Pas de maîtresses ni d'amants dans le dressing, et il n'est pas question que le ministre des PTT s'affiche avec une consolatrice.

Apitoyés par son sort, ministres et chefs de cabinet se mettent en quatre pour lui faire obtenir, sans délai, visa et passeport. Le but de la manœuvre ? Que M. ait sa revanche, une âme sœur, hors de France. Ni vu ni connu. On en parle à mots pas très couverts.

Au prochain Conseil des ministres, M. sent une main s'abattre sur son épaule. C'est le Général qui compatit, l'air averti. « Alors M., une de perdue, dix de retrouvées [1] ? »

Les jours passent lentement à bord du *Calédonien* pour Jean Mauriac.

« Le risque, c'est de heurter l'opinion, pire de froisser le Général ou Mme de Gaulle, qui ne se montre pas plus bavarde. Avoir un moment privilégié avec elle, ou un rapport amical ? Sûrement pas. Mais les liens de confiance se

1. Rapporté par Ivan Levaï, entretien avec l'auteur, mai 2017.

sont affirmés. Le Général a pris l'habitude de dire le fond de sa pensée, il pouvait se laisser aller, sachant que je n'en dirais rien. Je faisais le tri avant d'envoyer ma dépêche sans qu'il ait besoin de faire un briefing[1]. »

Après le dîner, que faire d'autre que regarder les étoiles ? Emballé par la clarté de la nuit polynésienne, le journaliste en oublie les usages qu'il a pourtant répertoriés :

« Mon Général, venez voir la lune ! » propose-t-il enthousiaste.

La réponse ne l'est pas :

« J'en ai rien à foutre de votre lune, Mauriac ! »

Yvonne apprécie de plus en plus le Pacifique. Les oiseaux volent au-dessus de la masse verte des îles Sous-le-Vent.

« Le Général est détendu, l'accueil des populations a été enthousiaste. Une espèce d'énergie le prend, et nous tous à bord de même. Le *Calédonien* arrive à Tahiti, tout corail et vert. Mme de Gaulle regarde son mari. Il a un sourire ? Elle est heureuse[2]. »

Escale à Papeete. Les danseuses tahitiennes couvrent le Général de colliers de fleurs de tiaré, d'hibiscus et de coquillages. Elles dansent pour lui. Grand bouleversement des hanches, des fesses et des seins. Le tamouré est une danse d'amour, a expliqué le commandant. Paréos, longues chevelures, peaux fleurant l'huile de coco et le monoï,

1. Jean Mauriac, entretien avec l'auteur, *ibid.*
2. *Ibid.*

hommes et femmes s'offrent et miment l'accouplement. L'invitation non déguisée d'une vahiné complète le tableau, les danseurs ne sont pas en reste.

Yvonne, quant à elle, impassible devant les corps ambrés et dodus des Polynésiens, garde dans son champ de vision son incorruptible Général.

Les aviateurs, les marins de l'Aéronavale connaissent les vieilles coutumes polynésiennes, l'un d'eux, le Premier Maître S., en mission de soutien sur l'atoll de Hao, a raconté. « Le visiteur est le bienvenu dans une famille élargie, le plus souvent – on élève volontiers l'enfant d'une parente, et on lui confie l'un des siens –, la notion de couple est variable, la liberté règne, la séduction a droit de cité, d'une façon inusitée en Occident [1]. »

Combien de marins, combien d'officiers, de sous-offs, qui sont partis aider la population des îles, ont été honorés d'un « présent » de leur hôte, sa fille, à peine nubile. Il leur a fallu déployer des trésors de diplomatie pour refuser le cadeau sans le froisser. Yvonne et Charles lèvent les yeux au ciel. Ces coutumes n'appartiennent-elles pas au temps de Gauguin et Victor Ségalen ?

Elles sont encore vivaces au moment où le Général visite les îles Sous-le-Vent, quand il assiste au lancement de la bombe atomique française et encourage le nucléaire. Ce curieux sens de l'hospitalité perdurera quand les essais nucléaires seront effectués, avant que ne soit signée par Jacques Chirac, après six essais, la fin de ces expériences

1. Entretien avec l'auteur, février 2018.

mortifères pour la faune, la flore et les habitants, natifs et militaires.

Avoir vécu ces moments d'intimité avec Charles et Yvonne de Gaulle est inoubliable pour Jean Mauriac.

« Ah ! Il me traitait durement, le Général, j'étais jeune, il me rembarrait. Je continuais de parler librement, ça le changeait des courtisans. Être engueulé par de Gaulle, c'est merveilleux [1]. »

---

1. *Ibid.*

IV

PARIS-ALGER…

1954, penser l'impensable indépendance

Le 1er novembre 1954, moins de trois mois après la signature des accords de Genève avalisant la paix, commence officiellement la guerre d'Algérie. 200 000 jeunes appelés du contingent embarquent à Marseille et Toulon pour Alger ou Oran.

Neuf ans plus tôt, le 8 mai 1945, il y avait eu les affrontements de Sétif et Guelma, violemment réprimés par l'armée, dans le grand silence médiatique. Cependant, en mai 1943, le Général confiait à André Philip[1] : « L'autonomie interne… tout cela finira par l'indépendance » : la publication par Ferhat Abbas du *Manifeste du peuple algérien*, l'avait alerté. Et sans doute, convaincu.

Et pourtant, en 1955, Guy Mollet obtient des pouvoirs spéciaux et double les effectifs. Les contingents partent. « L'Algérie depuis un siècle est devenue partie intégrante de la métropole », déclare-t-il à l'Assemblée nationale. Pas une seule famille qui n'ait un fils, un frère, un amoureux, un père mobilisé pour vingt-quatre ou trente mois et pour

1. Résistant, politologue.

une guerre qui ne le concerne pas, qu'il réprouve souvent, un grand nombre d'appelés étant pour l'indépendance, d'autant que leurs compagnons de combat, les « supplétifs », sont des harkis.

Les tenants de l'Algérie française sont nombreux, Français d'Algérie et Français de France.

« Les Européens venaient de tout le bassin méditerranéen, Espagnols, Italiens, Maltais. L'Algérie avait aussi sa population juive, qui était arrivée bien avant la conquête musulmane, puis après celle-ci, avec ces juifs chassés de l'Espagne après la Reconquista et le règne de l'Inquisition catholique », rappelle Leïla Sebbar [1].

Selon Guy Pervillé, malgré les revirements, le général de Gaulle « fut le premier homme d'État français à penser l'impensable indépendance de l'Algérie ». Dès 1953, s'était instaurée une détente, qui entraîna « une révision générale de la politique gaullienne » : il n'était plus nécessaire de « conserver l'Union française pour affronter la troisième guerre mondiale », redoutée. Chiffon rouge agité par les gouvernants de tout bord [2].

« La séparation de l'Algérie de la France est inévitable », affirme alors le Général. Il est plus urgent de sortir de l'affrontement entre les deux blocs et de construire une Europe nouvelle avec l'Allemagne. Même quand il fait sa réussite dans la bibliothèque de la Boisserie, il est soucieux.

---

1. *Le Point*, 31 juillet 2016.

2. « Indépendance et dépendance » de Guy Pervillé, Centre d'études des relations internationales, 8 mai 1976.

L'Algérie lui a donné à connaître sa population, ses djebels, la mer, ses ressources, ses carences, voilà vingt ans. Et maintenant ?

Ce qu'il pense de la guerre d'Algérie, Yvonne ne le sait pas. Elle sait qu'il ne montre pas ses cartes, mais remarque, à bas bruit : « la seule solution s'appelle l'indépendance, si j'en crois le droit des peuples à disposer d'eux-mêmes ». Il l'a dit maintes fois. Élisabeth, qui retranscrit son dernier manuscrit, doit avoir compris l'analyse qu'il fait : cette guerre qui restera comme une blessure jamais cicatrisée. Elle ne commente pas. Elle a intégré la discrétion de ses parents à laquelle s'ajoute la sienne.

Yvonne regarde Charles.

Il ajoute une bûche dans la cheminée, tisonne, de petites braises éclatent.

En cet hiver glacial, l'Abbé Pierre demande des matelas, des couvertures, des lainages pour les sans-abri. *Quand y en a pour un, y en a pour deux, vas-y mon vieux*, l'indicatif de son appel, passe quatre fois par jour à la radio.

Un bébé est mort de froid dans un bidonville.

Yvonne tricote.

L'Algérie ? Yvonne a en elle la connaissance des journées chaudes, de la mer d'un bleu indigo par endroits, du ravitaillement difficile, du parfum des glycines ; des femmes. Certaines portaient un léger voile blanc, leurs filles les accompagnaient au marché. Les garçons droits et maigres, elle les croisait sur le chemin de l'école – le même qu'empruntaient les collégiens des quartiers européens ; en mai ils faisaient leur communion et posaient pour la photo. Elle voyait aussi les petits marchands, et les petites vendeuses qui rassemblaient les mégots pour les vendre. Les enfants maigres des mechtas, elle ne les a pas rencontrés.

Elle a senti les tensions politiques. Elle se souvient de Charles, sombre quand il partait. Sombre quand il rentrait. Ce pays les a tenus.

Les forces au pouvoir de la IVe République, les principaux responsables politiques, les cadres de l'armée et la majeure partie des Européens, installés depuis des générations sur cette terre – Français d'Algérie, pieds-noirs ou juifs berbères –, sont pour la plupart d'accord avec cette idée, vieille de cent trente ans, que l'Algérie est française. Ils oublient les violences de la colonisation du siècle passé et les séquelles qui perdurent. Quant à ceux qui, en France, en Algérie, en Tunisie, au Maroc, en Chine ou en Russie, envisagent l'indépendance du pays, ils leur paraissent hostiles.

Sur l'atlas et les cartes de l'empire, la terre algérienne figure comme un département français. Et sur cette terre, la mort frappe à l'aveugle. Les attentats du FLN se multiplient, la répression punit.

Alain Vircondelet : « C'est en 1956, au moment de la rentrée scolaire, que la guerre civile se déploie. Des bombes sont déposées dans les brasseries emblématiques d'Alger, le Milkbar et la Cafétéria fréquentés par les étudiants, les Algérois des classes moyennes, plutôt branchés. Quatre morts, une cinquantaine de blessés. La tactique de la terreur fait basculer l'opinion. La répression s'instaure. C'est un gâchis [1]. »

Petit soldat deviendra grand / Pourvu que Dieu lui prête vie…

La chanson de Léo Ferré est interdite d'antenne. De l'autre côté de la Méditerranée, on se bat. Les chefs militaires, les soldats du contingent et les supplétifs contre les combattants de l'ALN, les rebelles du FLN. C'est la guerre.

Mais une guerre complexe. Fratricide, même si ceux qui s'affrontent ne sont pas obligatoirement du même sang, de la même culture ni de la même confession religieuse, ils sont de la même terre. Mais ils sont aussi frères et sœurs de sang : innombrables combats entre MNA-FLN, combattants et populations civiles. Et très vite, on assiste à une escalade de la violence, attaques, interrogatoires et répressions se succèdent entre les rebelles et les unités spéciales.

De Gaulle est sombre, tant de haine. Un gâchis humain. « Tout l'ensemble, Algérie, Suez etc. suscite dans d'assez larges milieux une émotion et des réactions que je n'avais pas constatées depuis dix ans, écrit-il à Philippe. On va voir. Je verrai [2]. »

À Edmond Michelet il déclare : « L'Algérie n'est plus à perdre, elle est perdue ! L'Algérie sera indépendante. »

Parmi ceux qui subissent aussi les violences de cette guerre d'embuscade, de terrorisme : les villageois, et les habitants

1. Alain Vircondelet, entretien avec l'auteur : émission « Parlez-moi la vie », IDFM.fr, 8 janvier 2010.

2. Cité par Max Gallo, *op. cit.*

des villes, Européens, Français d'Algérie, ou pieds-noirs, fonctionnaires, petits fermiers, employés, artisans, femmes de ménage, sont les frères et sœurs de sang de Camus :

« Les Français d'Algérie, écrit-il, sont, eux aussi et au sens fort du thème, des indigènes... »

Malgré leurs divergences, on trouvera certaines convergences dans la pensée de De Gaulle et Camus. L'écrivain demandera à être reçu à Colombey. En 1940, il avait tenté, en vain, de prendre un bateau pour aller se battre. Où ? En France libre... À la Libération, il avait rendu hommage à de Gaulle dans *Combat*, avant de préciser « Il ne faut pas toujours donner raison au Général ».

De Gaulle en a la certitude dès le début : *l'Algérie sera émancipée.* « Ce sera long, confie-t-il à Jean Amrouche, en 1957. Vous aurez beaucoup à souffrir. Quant à moi, je ne parlerai que le jour où je serai en situation de faire ce que j'aurai dit. »

Et chacun de s'interroger. Quelles sont les intentions du Général ? Qui le sait ? Yvonne, Philippe et Élisabeth le savent-ils ?

Algérie 1957, le chemin de l'honneur

Eh bien, la guerre...

En février 1957, de Gaulle reçoit Jacques Pâris de Bollardière, l'un des chefs le plus estimés de l'armée. « Le

Général avait lui-même distingué mon père pour son courage et sa rectitude, rappelle Florence de Bollardière. Il était très jeune alors, au temps de la France libre, parmi les premiers à s'engager. Tout jeune capitaine, il s'était illustré. Devenu général de brigade, comme de Gaulle, en Algérie, il exigeait de ses hommes le respect absolu de la population [1]. »

Mis aux arrêts de rigueur, sanctionné, il va être muté. Motif ? Au vu des opérations sanglantes lancées sur le secteur, Jacques de Bollardière a dénoncé la torture et transmis à ses hommes une directive assortie d'une circulaire explosive : « La tentation à laquelle n'ont pas résisté les pays totalitaires de considérer certains procédés comme une méthode normale doit être rejetée sans équivoque, et ces procédés condamnés formellement [2]. » Il a prévenu le général Massu de son refus d'obéissance ; l'entrevue tournant mal, il lui a déclaré qu'il méprisait son action.

De Gaulle le félicite :

« Vous avez montré le chemin de l'honneur. »

Si « le visage terroriste de la guerre d'Algérie a cependant amené certains chefs militaires et politiques à considérer la torture comme le moindre mal, elle est interdite et tenue secrète depuis les accords de Genève. Les policiers et les militaires qui la pratiquent sont passibles de condamnation [3]. » Mais les ordres donnés par les chefs sont oraux, et les méthodes préconisées aux exécutants, les hommes

1. Entretien avec l'auteur, février 2012.

2. J. Pâris de Bollardière, « Lettre ouverte », *L'Express*, 29 mars 1957.

3. Sylvie Thébaud, Raphaëlle Blanche, *Le secret de la torture en Algérie*, Cairn, 4, 2000.

de Bigeard ou de Massu, entre autres, sont appelées « interrogatoires sous la contrainte » ou « interrogatoires contraints », lesquels sont censés ne pas laisser de traces.

L'un des premiers à dénoncer la torture dans *L'Express*, c'est « le plus grand écrivain contemporain vivant » selon de Gaulle, François Mauriac : « Coups de nerf de bœuf... baignoire, où la tête est maintenue jusqu'à l'étouffement, écrit-il, le 15 janvier 1955, courant électrique sous les aisselles et entre les jambes, jusqu'à ce que le patient s'évanouisse. » Il y avait aussi « les goulots de bouteille... le désespoir et la honte ». *France Obervateur, Le Monde, Témoignage chrétien, Esprit, Les Temps modernes* touchent l'opinion.

« L'Algérie devrait être indépendante », lâche le Général devant Christian Pineau, alors ministre des Affaires étrangères, et il en parle dans les mêmes termes à Germaine Tillion, Roger Stéphane, Paul-Marie de la Gorce. Au futur Hassan II et à Robert Neumann, conseiller diplomatique du vice-président Nixon, il dit que les Algériens devront se prononcer librement ; à son beau-frère, Jacques Vendroux, il confie : « Le drame de l'Algérie sera la cause d'un sursaut des meilleurs des Français... Il ne se passera plus longtemps avant qu'ils ne soient obligés de revenir me chercher. »

À Jean Lacouture, il a tenu le même langage, le journaliste n'est pas tout à fait convaincu :

« De Gaulle était sans doute partagé par rapport à l'Algérie, et même si les partisans de l'Algérie française ont cru en lui, on pouvait penser en l'écoutant, dès 1957, qu'il avait une intime conviction : l'Algérie serait indépendante

– il ne croyait pas en l'intégration qu'il jugeait inappropriée pour les Arabes, en revanche, les membres influents du FLN lui semblaient sûrs d'atteindre leur but, ce qui ne présageait en rien la paix, ils rencontraient par la suite d'inévitables difficultés. On en a beaucoup parlé, notamment mon ami Jean Daniel, qui le voyait engagé dans l'indépendance. Mais de Gaulle était aussi insaisissable que François Mitterrand, il a pu être fluctuant à plusieurs reprises, non parce qu'il avait double voire triple langage, mais il avait différents angles de vue. Et l'on ne peut oublier qu'il était un lecteur amoureux de Retz. Le cardinal aimait le secret, mettait en scène les propos des autres et les siens propres, et chacun, au sein de la République gaullienne, savait que le Général aimait alterner. Il avait une hauteur de vue. Il fallait oser aller le chercher parmi les astres. Devant cette Algérie multiple il y avait un de Gaulle pluriel. De Gaulle se plaçait par rapport à l'Histoire [1]. »

Michel Debré et Jacques Soustelle, défenseurs ardents de l'Algérie française, s'ils cherchent à avoir son sentiment, n'obtiennent que des réponses vagues. Avec Rémy Roure, il s'épanche : « Le drame, voyez-vous en Algérie, c'est qu'il n'y a pas de solution satisfaisante, et pourtant il faut en trouver une. »

L'année précédente, en 1956, il avait confié à André-Louis Dubois, dernier Résident général de France au Maroc : « L'Algérie, nous allons être obligés d'en partir.

1. Entretien avec l'auteur, octobre, novembre 2012.

Mais ne croyez pas que je l'ai décidé. Ce sont les événements. » Ce qui serait souhaitable au fond, serait de « nous retirer des affaires algériennes, doucement, dans la paix et la tranquillité »...

Albert Camus lançait alors un « Appel pour une trêve civile en Algérie » : « Je souhaite que les militants arabes, pour préserver la justice de leur cause, choisissent aussi de condamner les massacres des civils, comme les Français, pour sauver leurs droits et leur avenir, doivent condamner ouvertement les massacres répressifs [1]. »

Mais en 1957, l'idée de conserver l'Algérie s'amenuise encore pour nombre de Français de France, au fur et à mesure que les contingents continuent de partir et que la guerre, en sa troisième année, ébranle cette Algérie plurielle où se pratiquent les trois religions monothéistes, et où l'athéisme n'est pas un délit.

« Nous sommes en présence d'un mouvement général dans le monde, d'une vague qui emporte tous les peuples vers l'émancipation, confie de Gaulle à Louis Terrenoire [2]. Or, ce n'est pas ce régime qui peut le faire. Moi-même, je ne serai pas sûr de réussir... mais bien sûr, je tenterai la chose. »

Dans les postes, les appelés et les supplétifs sont chargés de la « pacification », du « maintien de l'ordre » et des gardes de nuit. Jacques André se rappelle : « On se disait mais que faisons-nous à fouiller les mechtas de gens

---

1. Albert Camus, *Chroniques algériennes*, 1939-1958, Folio, 2002.

2. Directeur des informations à l'ORTF, porte-parole du Général. Propos cité par Paul-Marie de la Gorce *in De Gaulle*, *op. cit.*

qui ne possèdent rien ? Les femmes, les enfants nous regardaient… Quel dégoût ! On ne touchait à rien. On repartait tête basse. La nuit, on la passait dans un mirador, armés d'un fusil, reliés par téléphone avec le copain kabyle, qui défendait le drapeau français. Perdus au milieu des vignes, on comptait les étoiles. Guy Mollet avait mobilisé plus de 500 000 jeunes appelés pour défendre le raisin des gros récoltants[1] ! »

D'autres soldats dans d'autres postes, avec d'autres chefs, obéissaient aux ordres quels qu'ils fussent. Certains exigeaient de leurs hommes l'emploi de la violence, les interrogatoires dits musclés, et dirigeaient les rebelles ou soupçonnés comme tels vers les centres de détention.

Cette « sale guerre » a laissé des séquelles chez nombre d'appelés qu'on retrouve dans une grande souffrance psychique à l'hôpital Percy. Les objecteurs de conscience ne bénéficient d'aucun statut et sont recherchés. *Le Déserteur* de Boris Vian, adapté par Mouloudji, est interdit.

Le Général souligne en privé que les jeunes gens qui font leur service militaire payent un lourd tribut. Yvonne ne s'exprime pas sur l'Algérie. Des familles sont touchées en Haute-Marne comme à Paris, elle compatit à leur douleur, mais évite d'en dire trop, moins par crainte d'irriter Charles et s'entendre dire : « Mais laissez Yvonne, vous n'y connaissez rien » que pour ne pas l'inquiéter davantage. Son point de vue sur les familles, les enfants n'est pas politique, il est humain, et Charles y est sensible.

---

1. Entretien avec l'auteur, mai 2017.

Dans le courrier qui subsiste, Yvonne n'évoque pas cette guerre qui préoccupe toute la société, ou très peu : elle a éliminé une grande partie des archives de la Fondation Anne de Gaulle. Elle y fait allusion dans la lettre de 1956, qu'elle adresse à sa correspondante préférée, la sœur supérieure de Vertcœur. Évoquant de manière implicite l'indépendance du Vietnam, elle déplore l'ingratitude « de ceux pour qui on a fait beaucoup », c'est-à-dire, les Vietnamiens – et ajoute : « Et maintenant l'Algérie », avant de revenir sur la guerre d'indépendance :

« Ce qui se passe au Maroc et en Algérie est extrêmement grave.

« Beaucoup plus que de tel et tel sultan, il s'agit d'une violente poussée d'islamisme. Voilà, il s'agit d'une guerre de religion [1]. »

Quid des soldats, des populations, des Français d'Algérie ?

Yvonne ressent la même inquiétude qu'au temps de la France libre ou du RPF, une hantise qui efface tout le reste, qu'elle laisse échapper en privé : « Ils vont finir par me le tuer. »

1957, J'ai dix ans de trop et la France a un cancer

« Quand le général de Gaulle croit utile de faire connaître à l'opinion ce qu'il pense, on sait qu'il le fait lui-même et publiquement. Cela s'applique notamment au sujet de

1. Cité par Frédérique Neau-Dufour, *op. cit.*

l'Algérie. » Charles a fait publier ce communiqué. Yvonne l'aurait-elle influencé ? Il livre sa pensée à Jacques Sallebert :

« J'ai dix ans de trop et la France a un cancer, l'Algérie. Mais pour le guérir, il faut du temps. Si nous avions une génération devant nous, le problème serait soluble, mais les gens sont pressés [...] Il faut trouver le remède qui guérisse instantanément[1]. »

Camus, bien qu'il vive à Paris, est toujours relié à son pays natal par un attachement physique. « Je souhaite que les militants arabes, pour préserver la justice de leur cause, choisissent aussi de condamner les massacres des civils, comme les Français, pour sauver leurs droits et leur avenir, doivent condamner ouvertement les massacres répressifs. »

Il demande à être reçu par le général de Gaulle à Colombey.

Le rendez-vous a lieu le 5 mars, à Paris. Cette rencontre, non commentée par le Général, non officielle, n'a pas eu de témoin. Pas de compte rendu de Camus, ni d'allusion dans les lettres qu'il écrit à Maria Casarès. Juste une notule griffonnée sur un coin de son carnet, annoncée par ces deux mots : vu de Gaulle[2]. Une fois assis devant le Général, Camus endosse le costume du journaliste plus que celui du philosophe ou de l'auteur de *Noces*. Évoquant « les risques de troubles si l'Algérie est perdue », il s'inquiète de « la fureur des Français d'Algérie ».

De Gaulle hausse les sourcils.

---

1. Cité par Jean Lacouture, entretien avec l'auteur, 2012.
2. Albert Camus, *Carnets*, t. III, Gallimard, 2013.

— La fureur française ?

Camus approuve en silence.

— J'ai 67 ans et je n'ai jamais vu un Français tirer sur d'autres Français, sauf moi.

Il ne reste aucun enregistrement de leur entretien, juste une notation elliptique : « comparer la France au reste ». De Gaulle envisage quelques exemples et lance :

— Après tout, on n'a rien inventé de mieux que la France.

Camus est déçu. Et de Gaulle ? Lequel a manqué d'élan ?

Pas de commentaire, mais Francine Camus rappelle qu'il a posé une dernière question au Général. Il l'a interrogé sur son désir de revenir au pouvoir.

— Je ne reviendrai que si je peux le faire par des moyens légaux… ce qui me semble exclu, lance de Gaulle, soudain sérieux.

« Je choisis l'Algérie de la justice, où Français et Arabes s'associeront librement [1] », professe Camus publiquement. Ils ont donc certaines accointances ? De Gaulle est, semble-t-il, plus loin dans le chemin qui mène à l'indépendance. Mais Camus tient à ce concept de la justice qu'il a exposé aux étudiants de Stockholm le lendemain de la remise du prix Nobel :

« En ce moment, on lance des bombes dans les tramways d'Alger. Ma mère peut se trouver dans un de ces tramways. Si c'est cela la justice, je préfère ma mère [2]. »

1. Cité par Christiane Chaulet-Achour, *Albert Camus et l'Algérie*, Barzatch, 2004.

2. *Libération*, 2 janvier 2010.

Coupée de son contexte, mal interprétée, la phrase de Camus déclenche un tel scandale qu'il décide de garder le silence désormais. « Camus, comme Saint-Exupéry en son temps, ne veut pas prendre parti pour un clan seulement. Ce qu'il condamne, c'est la violence des deux côtés[1]. » Son nom ne figurera dans aucun appel, de droite ou de gauche, jusqu'à ce que se dessine une détente, en juin 1958, après le retour du Général au pouvoir.

À proximité de Djidjelli, un garage transformé en caserne, au milieu des vignes. Peu d'opérations. Des gardes de nuit. Au matin, Jacques André, Yacine et deux nouveaux doivent prendre la jeep pour aller chercher le ravitaillement. Rossin, un ancien de l'Indochine, propose à Jacques de prendre sa place, il accepte. Le soir, on ramène la jeep avec trois corps criblés de balles. Rossin, Yacine et l'un des nouveaux. Le plus jeune n'a pas été retrouvé.

Jacques : « Rossin n'a connu que la guerre. On l'appelait le vieux Rossin, il avait 28 ans, nous 23. Le plus jeune a été porté disparu. On les a enterrés dans le petit cimetière, le capitaine pleurait. J'aurais dû être dans la jeep, Rossin m'avait dit : "Ça te gêne pas, Jacques, que je prenne ta place ?" J'ai répondu "comme tu veux". Il est monté dans la jeep… La guerre ? Une affaire de hasard[2]. »

1. Alain Vircondelet, *Albert Camus, fils d'Alger*, Fayard, 2010.
2. Entretien avec l'auteur, juin 2017.

Le général Massu a reçu les pleins pouvoirs de police pendant la bataille d'Alger. Les attentats se multiplient, répression et torture s'accentuent. Des voix s'élèvent en Algérie et en France, la presse s'enflamme, *Alger républicain, l'Écho d'Alger, El Moudjahidin, France observateur, L'Express*, bientôt censurés. Paraissent des témoignages. Germaine Tillion s'entretient avec des membres du FLN [1], Henri Alleg, arrêté par les parachutistes de la 10e DP, dénonce la torture dans *La Question* [2] et s'adresse aux Français : « Qu'ils sachent que les Algériens ne confondent pas leurs tortionnaires avec le grand peuple de France auprès duquel ils ont tant appris et dont l'amitié leur est si chère. »

Mai 1958, de Gaulle au pouvoir, bis repetita

« Moi, général Massu, je viens de former un comité de salut public pour qu'en France soit formé un gouvernement de salut public présidé par le général de Gaulle. »

C'est depuis le balcon du gouvernement français d'Alger que Massu lance cet appel au Général.

Un climat d'insurrection règne sur la ville, les Algérois, encouragés par les gaullistes, ont mis à sac le Palais du gouvernement, et appellent à manifester contre le FLN.

---

1. *L'Algérie 1957*, Éditions de Minuit, 1957.
2. Éditions de Minuit, 1957.

La foule enfiévrée scande « Algérie française ! » et « de Gaulle au pouvoir ! ». On redoute une guerre civile.

Yvonne peut se tordre les mains, comme pour la tournée au Sahara, l'année d'avant. « Ma chère petite femme chérie, j'ai du chagrin d'être loin de toi pour la première fois depuis pas mal de temps [1] », lui écrivait Charles en plein désert. Mais c'était un voyage d'étude, il voulait tâter le terrain, sans contrainte. Cette fois, retiré dans son bureau, il ne dit rien. Il attend.

Ce qui est sa façon de s'échauffer avant de se lancer dans l'action. Yvonne en a la certitude, Charles repart.

Lutter ? Elle a essayé. Et puis elle l'a vu faire ses tours de jardin, concentré, inatteignable. Il est rentré, et s'est mis à rédiger un texte, à raturer, reprendre. Maintenant, il se tait.

Yvonne connaît ce silence. « Je tire l'échelle », dit-elle à Philippe.

Elle a épousé un soldat, une fois pour toutes, trente-sept ans plus tôt. Elle sait ce qui l'attend.

« Vieil homme recru d'épreuves, détaché des entreprises, sentant venir le froid éternel, mais jamais las de guetter, dans l'ombre, la lueur de l'espérance. »

C'est ce que Charles a écrit onze ans plut tôt : les derniers mots des *Mémoires de guerre* [2]. Il avait 56 ans.

Vieil homme détaché des affaires ? Pas du tout, Charles est bouillonnant d'énergie. Il a 67 ans ? La belle affaire !

1. *LNC, op. cit.*
2. *Le Salut*, Plon, 1959.

D'ailleurs, il a le teint frais, l'œil alerte. En quatre jours, il a rajeuni de dix ans : « Je me tiens prêt à assumer les pouvoirs de la République. » Yvonne sait ce que ça donne quand Charles écrit le brouillon d'un appel. Il le publie le 15 mai. Sa déclaration est reprise par la presse française et algérienne. À nouveau la fièvre gagne l'opinion et les salles de rédaction. Ceux qui en ont fait leur héros à la Libération retrouvent avec le Grand Charles cette intimité chaleureuse, qui derechef imprègne articles, commentaires, imitations. Et caricatures. Elles le popularisent.

La Boisserie ne désemplit pas. Yvonne s'enferme à l'étage. Elle n'ose pas parodier son mari en lançant : « Tout est foutu », ce ne serait pas convenable, mais leur tête-à-tête est bel et bien fichu. Il rempile pour combien de temps ?

Le 19 mai, Charles convoque les journalistes au palais d'Orsay.

Toute la profession s'y bouscule. Tétanisé par l'Homme providentiel, un journaliste mâchonne une première question sur les futures libertés publiques. De Gaulle d'ironiser :

« Pourquoi voulez-vous qu'à 67 ans je commence une carrière de dictateur ? »

La salle s'esclaffe. Yvonne ne rit pas. Elle le connaît trop. Finie la vie à deux.

Charles a gagné. Les unes se multiplient, des milliers de photos montrent le Grand Charles sous toutes les coutures. On imite sa gouaille, ses maximes. Yvonne ne dit pas, comme pour le RPF : « Qu'il descende dans cette boue pour former ce Rassemblement, moi, ça me dégoûte, car de cette boue, il sera inévitablement éclaboussé[1]. »

Elle se tait. Elle sait qu'il faut partir, évalue les bagages à emporter. Les gaullistes ont gagné.

Douze ans après sa démission, le retour du Général alimente le mythe.

Ivan Levaï : « De Gaulle devant les micros s'accompagne pour moi d'une image solaire, une image magnifique, de Gaulle descendant les Champs-Élysées à la Libération. Une autre image vient la brouiller : les troupes allemandes descendant de l'Arc de triomphe, les gens sur le trottoir qui pleurent. Le soleil d'un côté, de l'autre l'humiliation. J'aurais dû être gaulliste de la première heure, gaulliste de l'école élémentaire, et je ne l'étais pas. Le jour de son retour au pouvoir en 1958, l'image de De Gaulle descendant les Champs-Élysées est gâtée par celle de De Gaulle en militaire. Mon histoire d'amour avec le Général commence comme une détestation, j'étais anticolonialiste, j'ai considéré que j'appartenais au courant antigaulliste. Malgré son humour formidable, j'étais contre de Gaulle. Mais son courage, sa hauteur de vue, son talent à mener le pays plus haut, m'ont convaincu. L'histoire d'amour a pris. Elle est loin d'être finie[2]. »

Pour Alain Malraux, alors lycéen, très au fait des affaires de son oncle et du Général : « Chaque Français fut, est ou

1. Claude Guy, *op. cit.*
2. Entretien avec l'auteur, mai 2017.

sera gaulliste, comme l'a dit Malraux à la suite du Général, et je l'ai constaté. L'importance du gaullisme allait plus loin que ne pouvaient l'exprimer les sondages électoraux. C'est l'un des aspects du mythe de Gaulle créé par André Malraux et le Général dès la Libération, qui a perduré et se renouvelle aujourd'hui [1]. »

De Gaulle et Malraux, admirateurs l'un de l'autre, lisent leurs livres respectifs et sont aux affaires ensemble. De Gaulle, parfois, lui rend visite dans son grand atelier de Boulogne-Billancourt où les livres et l'engagement prennent place entre un masque rapporté d'Angkor et un Derain. C'est au cours d'un tête-à-tête, sous le contrôle des chats, qu'il lui confie :

« Si de mon vivant, je voyais la jeunesse de France tenir toutes les promesses que je mets en elle, je considérerais que cela est plus important pour le pays que la Libération. Alors, le jour où en 1944 j'ai descendu les Champs-Élysées ne compterait plus pour moi. »

Le 1er juin, appelé par le président Coty au Palais-Bourbon, le général de Gaulle est investi président du Conseil par 329 contre 224 voix qui regroupent les communistes, la moitié des socialistes et les mendésistes.

Il a six mois de pleins pouvoirs. Yvonne a perdu. Sa vie est désertifiée. Encore un exil, la Boisserie s'éloigne. Encore des visites, des cérémonies, des guerres. Charles ne s'appartiendra plus. Elle ne l'aura plus tout à elle.

---

1. *Ibid.*

Encore la solitude ? Jamais plus. Yvonne va accompagner Charles. L'ennui, c'est qu'on va s'intéresser à elle, la suivre, l'interviewer, la photographier et Yvonne veut aller acheter sa baguette de pain tranquille. Sortir quand bon lui semble. Sans chaperon. L'envers du décor, c'est la vie de famille qui réduit.

Rémi de Gaulle, le fils de Bernard de Gaulle, lui-même fils de Jacques [1], est encore à l'école primaire quand le Général prend les rênes.

« Oncle Charles avait toujours eu pour mon père une affection particulière et il appréciait beaucoup Maman. Je ne me rappelle pas combien de fois j'ai eu le privilège de déjeuner à l'Élysée, mais à chaque fois c'était une fête extraordinaire, et je dois dire qu'elle se déroulait selon un certain protocole. Si je m'attardais à saucer mon assiette, tante Yvonne me jetait un long regard qui voulait dire que je faisais attendre. Nous étions nombreux, sept enfants, ce qui explique en partie que nous n'allions pas très souvent à Colombey, mais pas seulement. Il ne faut pas croire que c'était une maison ouverte, il y avait du passage mais régulé. J'y suis allé environ deux fois dans ma vie. Je me souviens que c'était austère. Pour mes yeux d'enfant, l'oncle Charles ressemblait à un vieux monsieur, il n'avait en fait que 68 ans. Le séjour qui m'a le plus frappé, c'était durant les fêtes de Pâques. Nous avons cherché des œufs en chocolat sous le regard amusé de tante Yvonne et tante

1. Jacques de Gaulle, Cadet de Charles, ingénieur des mines, victime à 33 ans d'une encéphalite qui le laissa paralysé.

Henriette, avant d'organiser des courses mémorables dans le jardin. Il y avait à la fois le côté officiel et la simplicité d'une réunion familiale sans témoin [1]. »

Juin 1958, la raison, le cœur, la politique

Le 4 juin, devant des milliers d'Européens et de musulmans massés sur le forum d'Alger, de Gaulle prononce le célèbre discours qui a déclenché l'enthousiasme de la population et d'une grande partie de ceux qui écoutent la retransmission en métropole. Mais aussi une confusion certaine.

« Je vous ai compris !... Je vois que la route que vous avez ouverte en Algérie est celle de la rénovation et de la fraternité [2]. »

Qui de Gaulle a-t-il compris ?

« Jamais dans son discours de Gaulle ne fait référence à l'Algérie française, observe Émile Malet, il ne le fera qu'une fois à Mostaganem, le problème c'est qu'il n'a pas révélé sa position. Avec les gosses des écoles, massés le long de la route, on l'a vu traverser Tlemcen. Il est passé sans s'arrêter. On s'est souvent demandé par la suite si de Gaulle n'éprouvait pas de mépris pour le peuple, pas seulement les pieds-noirs, le peuple. Mais, en France comme en

1. Entretien avec l'auteur, mai 2018.
2. Fondation Charles de Gaulle.

Algérie et dans toute « l'Afrique, il était très loin des préoccupations quotidiennes, porté uniquement par le destin de la France. À l'hôtel de ville de Tlemcen, il a prononcé un discours. "Vous autres Algériens, de quelque communauté que vous soyez, c'est à vous de faire l'Algérie." Ces mots ont marqué l'opinion [1]. »

Les Africains devront « participer chez eux à la gestion de leurs propres affaires. » C'est ce qu'avait dit de Gaulle pour ouvrir la conférence de Brazzaville en 1944, laquelle contribua à l'abolition du code de l'indigénat et ouvrit ainsi la voie à l'autodétermination des colonies.

Émile-Derlin Zinsou, médecin démocrate, anticolonialiste, éprouve « une *grande admiration pour de Gaulle* » et son discours lui parle d'or. Proche de Sékou Touré et de Léopold Sédar Senghor, dont il partage les convictions panafricanistes, il œuvre pacifiquement pour l'indépendance du Dahomey. Nommé vice-président de l'Assemblée de l'Union française à Paris, il se rapproche du Général, avec lequel il entretiendra tout au long de sa carrière des rapports amicaux. Actant pour le continent noir, il reste indépendant, il ne veut pas dépendre *« de l'étranger, fût-il un ami, comme la France »* [2]. Pas de doute, une réelle correspondance d'idées lie les deux hommes. Le chemin sera long mais l'indépendance s'annonce. (En 1968, Émile Zinzou sera élu démocratiquement président du Dahomey, et destitué en 1969.)

1. Entretien avec l'auteur, juillet 2017.
2. *Afrique émergente, News Magazine*, septembre 2016.

D'où la surprise de De Gaulle, quand deux ans plus tard il relit ses déclarations passées : a-t-il vraiment prononcé « Algérie française » à Mostaganem ? Réponse affirmative de son Cabinet. « J'ai vu un élan de fraternité réelle provoqué par l'armée ; dirigé d'ailleurs contre les pieds-noirs, contre le statu quo, je n'ai voulu épargner aucune chance. C'était superficiel », conclut-il[1].

Émile Malet : « Les pieds-noirs, français de souche comme on disait en Algérie, ou juifs français, dont la citoyenneté datait du décret Crémieux, avaient un rêve : le rêve d'une société fraternelle. Mais ce n'était pas la réalité. Il existait des clivages terribles en Algérie, c'était une société morcelée. Les mêmes clivages que les émigrés de Marseille habitant le Panier avant-guerre. Nous étions semblables aux émigrés du monde. Les employés, les petits commerçants pieds-noirs n'existaient pas pour les pieds-noirs riches, les nababs. C'est une réalité qui perdure. Ce jour-là à Tlemcen de Gaulle s'est adressé aux deux communautés, musulmans et Français d'Algérie, et les a invités à coopérer pour construire l'Algérie de demain[2]. »

Mais le passé reste inscrit dans les mémoires, Kateb Yacine en témoigne :

« La violence de cette guerre est un arrachement pour tous, j'ai été pris en 1945. Emprisonné à 16 ans, j'apprends que quatorze membres de ma famille ont été abattus, ma mère, me croyant mort, est devenue folle. La

---

1. Alain Peyrefitte, *C'était de Gaulle 1*, Plon, 1994.
2. Entretien avec l'auteur, janvier 2018.

violence et la mort, d'une époque à l'autre, se perpétuent bel et bien [1]. »

Dix ans plus tard, comme Mouloud Ferraoun, Mohamed Dib, ou Assia Djebar, il découvre une possibilité d'action sous le couvert de la littérature : « La France nous apporta le choc des temps modernes. Elle déversa en Algérie et dans tout le Maghreb des troupes, des colons, des capitaux… les réfugiés de ses provinces perdues, comme l'Alsace et la Lorraine, tout comme les compagnons du général de Gaulle, au temps où ils luttaient contre Vichy [2]. »

Les choses étant ce qu'elles sont, selon la formule du Général, elles ne peuvent s'éterniser, que ce soit la raison qui les guide, le cœur ou la politique. À Jean-Raymond Tournoux, il livre cette conclusion dès 1959. « L'Algérie a un destin, elle a une vocation. Si on fait voter les Algériens, ils voteront tous en faveur de l'indépendance. Je ne connais pas un seul Algérien qui croie que l'avenir de l'Algérie soit la France [3]. »

---

1. www.ina.fr, 10 août 1987.
2. *Le Monde diplomatique*, mai 1961.
3. Cité par Guy Pervillé, guy.perville.free.fr.

V

L'ÉLYSÉE

28.8.1958 – 8.1.1959, les chiffres de la République

Le référendum posant les fondements de la Ve République est approuvé le 28 septembre 1958, la République est proclamée une semaine plus tard, et le 21 décembre 1958, Charles de Gaulle est élu président de la République par un collège de 80 000 grands électeurs. La remise des pouvoirs a lieu dans le grand salon de l'Élysée, sous le signe du chiffre magique : le 8 janvier.

Charles porte l'habit et toutes ses décorations, Yvonne a présidé à son habillage. Elle lui trouve grande allure mais ne l'accompagne pas. Charles l'a déjà présentée au président Coty, il n'était pas souhaitable qu'elle apparaisse tant que Charles était président du Conseil. Ni à l'heure de l'investiture. Charles, président de la République, s'engage à faire vivre « cette institution magnifique » qui unit « la métropole française, les départements et les territoires d'outre-mer, les Républiques nées dans les contrées d'Afrique » et où « une place de choix est destinée à l'Algérie de demain » [1].

1. www.ina.fr

Une ferveur populaire l'accueille en même temps qu'une vague de critiques. Ravie d'avoir échappé aux caméras, Yvonne n'échappera pas aux appareils photo, on ne parle pas alors de première dame. Elle récusera ce terme, comme toutes ses consœurs qui en seront affublées. Mais elle ne peut échapper au petit nom qu'on lui octroie : Tante Yvonne.

Chacun de revendiquer l'attribution, de Carmen Tessier, la chroniqueuse des *Potins de la commère*, jusqu'à l'équipe du *Canard enchaîné* qui la portraiturera. Chaque mercredi avant de déplier l'hebdomadaire satirique Charles s'exclame : « Voyons ce que le volatile dit de moi ! » Mais qu'on brocarde Yvonne, et il devient mordant. Tante Yvonne, elle est, Tante Yvonne elle sera, accompagnée de l'éternelle panoplie, aiguilles à tricoter, pelotes de laine, fil à broder. Danielle Mitterrand, femme d'action, aura droit à la même parure, les aiguilles étant remplacées par un crochet. Ces accessoires, sortis des armoires de la mémoire, seraient-ils les emblèmes de la féminité pour une poignée de magazines d'opinion et une brochette d'humoristes jusqu'en 1996 ? Pas seulement. Bernadette Chirac, femme de terrain s'il en fut, sera dotée d'une choucroute et *du* sac à main jusqu'en mai 2007 et plus, pour nombre de médias et de réseaux sociaux.

Le visage paisible de Tante Yvonne, son allure de « dame bien » et sa réputation de probité la rendront aimable aux Français – moins que le Grand Charles qui rafle tous les mots d'affection possibles – mais si aimable tout de même qu'elle recevra 600 lettres par mois.

Secondée par le secrétariat et l'assistante sociale de l'Élysée, elle le lira et il y sera répondu, par elle-même, très souvent. Aux nombreuses demandes, un fils en Algérie, une enfant malade, un problème de logement ou d'isolement, elle joindra souvent à la réponse un chèque sur ses biens propres. En toute discrétion.

Le président et la première dame au Palais

Yvonne organise leur emménagement dans ce palais de l'Élysée qui ne leur plaît pas. Elle aime à dire qu'elle habite un meublé et se plaint de l'exiguïté, Charles n'est pas enthousiaste : « Je ne suis guère enchanté de m'installer sous les lambris de la République. » Le bureau présidentiel du rez-de-chaussée étant « ouvert à tous les vents », pas intime pour un sou, et loin des arbres, il fait aménager son bureau dans le Salon doré du premier étage, à proximité des bureaux du secrétaire général, du directeur du Cabinet, des aides de camp et de son secrétariat particulier.

Il a rêvé du château de Vincennes, mais son passé monarchique, l'épaisseur des murs et l'absence de confort ont eu raison de son enthousiasme à la grande satisfaction d'Yvonne, peu soucieuse de vivre dans l'ancienne geôle de Fouchet et du marquis de Sade.

L'Élysée est modeste par rapport aux résidences du président du Sénat et du président de l'Assemblée nationale, le palais Médicis et l'hôtel de Lassay, qu'importe. Charles et Yvonne ne toucheront pas au décor. Leur maison, c'est cette bâtisse austère, battue par les vents, la Boisserie.

Ils n'en bougeront pas durant les vacances. Charles a le poids de la guerre d'Algérie à porter. À l'ombre de ses frênes, si hauts, si robustes, que de ses deux bras joints il n'en fait pas le tour, il réfléchit. En semaine, ils sont les locataires de l'Élysée.

Yvonne tient son rôle sans se faire remarquer. Aux grandes réceptions, on la voit porter une robe du soir noire, droite, rebrodée de paillettes. Un décolleté sage, une poitrine avantageuse et des bras nus, potelés et blancs, qui semblent nés sous la plume de Balzac ventant le teint de lait. Au reste, sa peau claire absorbe la lumière des lustres.

À la Nuit de Saint-Cyr de mai 1960, encore une robe noire pailletée et ces bras nus ronds et frais qui ne peuvent être que ceux d'une mère. Charles est en habit. La robe sert plusieurs fois, le modèle ravit Charles, et les bras ronds d'Yvonne lui rappellent la chanson que lui chanta le jeune Cordier : *La laitière. Elle était belle / Et le savait…* « Je n'oublierai pas *La laitière*, Cordier », lui avait dit le Général.

On verra Yvonne serrer la main de Bokassa, vêtue d'une même robe noire pailletée, bras nus : le chef d'État appelle le Général papa, on est en famille. Houphouët-Boigny, Léopold Sedar Senghor, Émile Zinzou, Léon Mba partagent des liens d'amitié, des affinités littéraires et l'amour de la langue française avec Charles de Gaulle. Certes, des intérêts économiques sont en jeu de part et d'autre – Jacques Foccart, *l'Africain*, est aux affaires – mais ce n'est pas la seule raison qui les rapproche. Les présidents d'Afrique sont souvent des poètes.

En soirée, à l'Élysée, le 25 juin 1959, Yvonne, bras nus, sous une étole de mousseline étrenne une robe de dentelle noire. Aux côtés d'Henriette et Philippe, elle retrouve, pour regarder Charles en habit, l'expression paisible de la rêveuse au chignon, jouant du piano en Angleterre[1].

Quand Yvonne reçoit, c'est toujours avec élégance et sans faire de manières. Accueillant la jeune Bernadette Chirac, elle la voit, rougissante, qui n'ose répondre à la question du Général sur ses activités. Femme au foyer ? Mère de famille ? Yvonne sait que les autres femmes font des études, embrassent une profession, assurent leur avenir. Pour la mettre à l'aise, elle l'interroge sur ses filles. Bernadette se dépouille de sa rigidité, s'anime, éclate de rire. L'admiration qu'elle éprouve pour Mme de Gaulle l'incite à suivre son exemple, veiller à la carrière de son mari, puis mener la sienne. Yvonne, elle, n'entreprendra aucune démarche pour assurer ses arrières, c'est une tête brûlée. Elle se consacre à Charles uniquement.

Le même jour, Charles reçoit son nouvel aide de camp, François Flohic.

— Mes respects, mon Général.

— Bonjour, Flohic. Nous nous sommes déjà rencontrés ?

1. Les photographies de ces moments d'intimité proviennent de la collection de Philippe de Gaulle *in Mémoires accessoires*, Plon, 2000.

— Oui, mon Général, je me suis engagé le 18 juin, vous êtes venu nous inspecter les corvettes à Greenock le 24 juin 1942.

— Eh bien, vous avez laissé la mer, depuis. Nous allons nous revoir prochainement.

« Le lendemain, je déjeune en tête à tête avec le Général et Mme de Gaulle, raconte François Flohic, un guéridon est dressé dans le couloir de leur appartement, la salle à manger privée n'étant pas encore prête. J'étais un peu gêné. J'avais toujours navigué, pas seulement à bord des corvettes, j'avais commandé aussi un dragueur de mine en Indochine, je revenais de l'étranger et ne connaissais pas vraiment la vie en ville, ni les usages en cours à l'Élysée. Mais être l'aide de camp du Général de Gaulle, cela ne se refuse pas [1]. »

Il existe un modus vivendi à l'Élysée, trois aides de camp sont au service du Général ; un par armée.

François Flohic : « Notre mission consiste à gérer le déroulement du travail du Général, de sa vie privée, matérielle, sociale. Nous sommes un peu *la chose* du président de la République, et les gardiens de sa sécurité. L'après-midi, le Général m'a expliqué ma fonction, et il s'est investi dans la sienne, les affaires, le positionnement de la France, le marché commun. En 1958, les problèmes économiques étaient réglés par la dévaluation, il était là pour apporter des transformations nécessaires à la France. Le problème principal étant l'Algérie. »

1. Entretien avec l'auteur, avril 2017.

Le vendredi, une semaine sur deux, François Flohic accompagne le Général et Yvonne à Colombey :

« Nous prenons la DS 19, je monte à côté du chauffeur. La chose à signaler, c'est qu'on voulait assassiner le Général et que j'avais obtenu de Roger Frey d'être le seul à assurer la sécurité, je gardais le secret. La voiture du Général passait devant. Derrière suivait une seconde voiture avec le chef de la sécurité, un gorille, un médecin équipé d'une valise de réanimation.

« Le matin, je me promène avec lui – ça lui arrivait de m'interroger sur ce que pensaient les gens – à 1 heure, nous déjeunons avec Mme de Gaulle. On n'aborde pas la politique, le Général y tenait, c'était une règle à ne pas enfreindre [1]. »

Charles, Yvonne et François Flohic ont formé un trio pendant une décennie. Grandes responsabilités pour l'intendant : la sécurité. « Mme de Gaulle ne semblait pas inquiète, elle s'occupait de son mari en permanence, de ce qu'il mangeait, de ce qu'il portait, assez couvert, assez confortable, pas inquiété par des événements.

« Le Général me servait un apéritif et du vin au repas. J'étais un peu gêné qu'il me traite comme le fils de la maison, je lui tendais tout de même ma tasse de café et chacun restait sur son quant à soi.

« Je ne savais pas encore que j'étais embarqué pour un long voyage avec le Général. Il était ouvert, très accueillant. L'après-midi dans la forêt des Dhuis, on parlait. Il

1. Entretien avec l'auteur, juin 2017.

était très préoccupé par l'Algérie. Le dimanche, après la messe et le déjeuner, c'était la promenade en famille, le chien Rase-mottes sur nos talons [1]. »

Yvonne était parfaitement au courant des menaces qui pesaient sur Charles. Elle l'accompagnait partout.

« Mme de Gaulle était souriante et assez silencieuse, à la Boisserie. Pendant les trajets en voiture, elle était pareille à elle-même, elle ne donnait pas l'impression d'être stressée par un danger quelconque. À l'époque où le Général a été opéré de la cataracte, on disait qu'il voyait mal sans ses verres, et qu'il ne voyait rien en latéral, mais en voiture, il faisait remarquer des détails à Mme De Gaulle : "Yvonne avez-vous vu, la devanture du café a changé." Mme de Gaulle regardait, approuvait. La plupart du temps, elle était absorbée par la Fondation Anne de Gaulle, qu'elle dirigeait sans en référer à qui que ce soit. Pompidou en était l'administrateur, mais c'était son affaire, à Mme de Gaulle. Elle parlait à son mari, porte close [2]. »

16 septembre 1959, l'autodétermination

C'est à la télévision que de Gaulle parle pour la première fois d'autodétermination, le 16 septembre 1959 [3].

1. Entretien avec l'auteur, mai 2017.
2. Entretien avec l'auteur, juin 2017.
3. INA, RTF, Discours du général de Gaulle, 16 septembre 1959.

Les yeux dans les yeux de ceux qui sont devant leur téléviseur, en France comme en Algérie, il proclame : « Les femmes et les hommes qui habitent l'Algérie seront en mesure de décider de leur destin une fois pour toutes, librement, en connaissance de cause. »

Quel choc. Le mot n'est pas prononcé mais la voie qu'il ouvre serait donc celle de l'indépendance ! Et il enfonce le clou : « Je considère comme nécessaire que ce recours à l'autodétermination soit proclamé aujourd'hui. » Un tournant dans l'histoire de cette guerre douloureuse. Il a intégré le fait que le FLN a refusé un an plus tôt « la paix des braves », le cessez-le-feu ou drapeau blanc n'a pas été agréé ? Il s'est adapté et annonce un référendum : « La seule voie qui vaille est celle du libre choix que les Algériens voudront bien faire de leur avenir. »

Il faudra donc que les populations, laminées par les divisions, se gouvernent librement ?

Auto-dé-ter-mi-na-tion, le mot va faire couler encore plus d'encre que la petite phrase : « Je vous ai compris. » Et créer des ruptures en cascade. Certaines irréparables, d'autres demanderont du temps pour être assimilées, d'autres encore apporteront un nouvel horizon.

Les soldats du contingent, les appelés qui vont partir, leurs familles et une grande partie de l'opinion française, brisés par cette guerre qui n'en finit pas, suivent le Général. « On rapatrie chaque jour le corps des militaires français », a-t-il souligné.

Reste que le problème des tenants de l'Algérie française, y compris dans les rangs des gaullistes, dans ceux de l'armée, dans ceux des Français d'Algérie et de la métropole, est crucial. Déchirés par la rupture qui s'annonce, ils se sentent abandonnés.

De Gaulle en convient. Le mercredi suivant, après le Conseil, il en parle à Alain Peyrefitte. Depuis le début, de Gaulle déplore que la colonisation ait été fondée, cent trente ans plus tôt, sur « le principe de l'assimilation » des populations d'Afrique :

« On leur a fait réciter nos ancêtres les Gaulois ; ce n'était pas très malin [...] Les Anglais ont toujours reconnu les différences de race et de culture. Nous, nous avons nié les différences. [...] Voilà pourquoi les Français vivent la décolonisation comme un déchirement [1]. »

Il retourne sans fin le problème. Il a déjà exprimé des critiques à propos de l'intégration, selon lui « une entourloupe pour permettre que les musulmans qui sont "majoritaires" en Algérie, se retrouvent "minoritaires" dans la République française [...] on s'imagine qu'on pourra prendre les Algériens avec cet attrape-couillons ? ».

Dans l'intimité du Salon doré, il lance à son ministre de la Communication : « L'autodétermination piège à cons [2]. »

Une fois de plus, il est violemment contesté, à droite comme à gauche. On l'accuse de duplicité, de trahison,

1. 20 octobre 1959, *in C'était de Gaulle*, A. Peyrefitte, Fayard, 1994.
2. *Ibid.*

d'indifférence à l'égard des pieds-noirs qui seront arrachés à leur terre natale, d'orgueil. Il veut incarner seul le Décolonisateur. Il est aussi reconnu comme le président qui travaille à la paix et à la liberté de choix.

Dans *L'Express*, François Mauriac revient sur l'autodétermination et s'interroge sur le choix de la France « entre cette politique et une autre, et laquelle, et s'il dépend d'un million d'Européens de dominer une race dix fois plus nombreuse [...] résolue à l'indépendance, soutenue par les Soviets et par la Chine, et par le monde arabe, et par une complicité universelle » [1].

L'autodétermination fera long feu. Quarante ans plus tard : en septembre 2009, Benjamin Stora analyse les mêmes questions et tente d'éclaircir *Le Mystère de Gaulle* [2]. Interviewé par *L'Express* [3], il propose quelques réponses. « De Gaulle n'a pas mis en œuvre de double jeu : dès le début, il a exprimé la nécessité de sortir du statu quo colonial [...] De Gaulle n'est pas un tiers-mondiste ; pétri de culture maurrassienne, il défend d'abord les intérêts de la France. [...] De Gaulle est un tacticien ; un stratège au dessein clair ; désengager la France du Sud, la repositionner en Europe, à l'écart de l'antagonisme des deux blocs. »

Yvonne est choquée : Charles est contesté, dépeint comme un être froid, aveugle à la souffrance de ceux qui

1. « Bloc-Notes », *L'Express*, 17 septembre 1959.
2. Benjamin Stora, *Le Mystère de Gaulle*, Laffont, 2009.
3. *L'Express*, 17 septembre 2009.

se sentent abandonnés, alors qu'elle le voit se démener depuis des mois, outrepasser ses forces, risquer sa vie. Elle a conscience des menaces qui planent, on en parle ouvertement en famille. Philippe lit l'angoisse sur les traits de son père quand il lui lance : « Je pense aux Français d'Algérie, je souhaiterais tellement qu'ils comprennent qu'il faut partager le pouvoir dans une Algérie différente […] Une page est tournée. Les Européens d'Algérie l'ont écrite avec leur courage et leur savoir-faire, et grâce au soutien de la Métropole. Ils doivent maintenant en écrire une autre [1]. »

De son poste d'observation, François Flohic analyse l'évolution du projet :

« Dès 1958, le Général voulait qu'on en finisse, il y avait eu la déclaration de Guy Mollet, celle de Mitterrand, sous le couvert de Mendès France : « L'Algérie c'est la France ». « Je vous ai compris » s'adressait plus aux musulmans qu'aux Européens, le Général était obligé d'avancer masqué. Il avait sondé l'opinion, établi la Communauté, mûri sa politique d'autodétermination. Il était concentré sur son objectif, réfléchissant sur le maintien en Algérie des Européens, il évaluait les intérêts de chaque couche de la population, les tendances politiques.

« Je lui demande : "Et l'armée ?" Du tac au tac, il répond : "L'armée ne peut rien contre moi. Elle pouvait quelque chose contre un Mollet !" Il voulait faire cesser la guerre [2]. »

---

1. Philippe de Gaulle, I, *ibid.*
2. Entretien avec l'auteur, juin 2017.

En trente ans, François Flohic a noté une évolution dans l'état d'esprit de l'armée.

« L'opinion était divisée entre ceux qui voulaient la paix, le retour des appelés, l'extrême gauche et la gauche qui voulaient le départ pur et simple des Français d'Algérie, et ceux qui voulaient garder l'Algérie française. L'Algérie pesait très lourd, mais le Général pensait que s'il réussissait à ramener la paix entre les peuples africains et européens, une République algérienne pourrait exister. C'était le fond de sa pensée. Mais les Algériens voulaient installer un pouvoir islamique.

« Quant à l'armée, depuis la guerre d'Indochine, elle avait subi tant de revers, dus à l'instabilité des gouvernements, à l'influence des partis, dont le parti communiste, qu'elle se sentait déclassée, elle avait des objectifs politiques et comptait sur ses colonels tacticiens, formés à la guerre psychologique. Le général Jouhaud y croyait. Bref, l'armée se sentait assez forte pour se passer de De Gaulle, et appliquer la politique des colonels de la guerre révolutionnaire pour la victoire de l'Algérie française [1]. »

Charles n'a jamais aimé l'argent, le sujet ne l'intéresse pas, et bien que les revenus de la famille Vendroux fussent très confortables, Yvonne a reçu la même éducation. On ne parle pas d'argent. Elle gérait le train de maison, Charles couvrait les dépenses importantes, pas de commentaires. Enfants, Élisabeth et Philippe n'entendaient jamais parler d'argent. En pension, ils en recevaient peu.

---

1. Entretien avec l'auteur, juin 2017.

« Ma mère m'envoyait une pièce pour aller au cinéma une fois par semaine, se rappelle Philippe, et de quoi payer mes tickets de transport[1]. » La famille de Gaulle se contentait de ce qu'elle avait. Charles ne s'est jamais soucié de retraite ou de placement, il touchera une retraite de colonel, n'ayant jamais voulu faire la moindre réclamation pour percevoir son dû.

En revanche, en ce qui concerne les affaires de la France, il est très attentif à la balance économique, aux budgets. Il connaît ses dossiers : « La colonisation a toujours entraîné des dépenses de souveraineté. Mais aujourd'hui, en plus, elle entraîne de gigantesques dépenses de mise à niveau économique et social. » Il n'est pas dupe du rôle civilisateur présenté « comme un noble devoir », il sait combien le pétrole a pesé dans la balance, il sait aussi qu'une partie du problème algérien vient en partie des « bénéfices qui ne sont pas venus[2] ».

Anticipant sur le long terme, il envisage l'avenir sous un jour qui annonce les mutations du dernier tiers du siècle et l'aube du prochain : « Les empires s'écrouleront les uns après les autres. Les plus malins sont ceux qui s'y prendront le plus vite. Les Anglais puis les Hollandais se sont retirés les premiers[3]. »

En prenant le café, après un déjeuner intime à l'Élysée, le Général, détendu, laisse remonter un épisode historique qui l'a fasciné dans sa jeunesse : en voyage officiel

1. *C'était de Gaulle*, *op. cit.*
2. *Op. cit.*
3. *Op. cit.*

en Algérie avec Eugénie, Napoléon III rêvait d'assurer le bonheur des trois millions d'Arabes qui y vivaient et faire respecter l'égalité entre les autochtones et les Européens. De Gaulle raconte : « L'empereur voulait faire un royaume arabe, il admirait la noblesse des chefs arabes, Abd el Kader s'était conduit de façon chevaleresque. La France aurait assuré la protection jusqu'à ce que ce royaume ait la capacité de s'émanciper. Les Européens auraient été non les dominateurs, mais le levain de la pâte. »

Charles avait lu la lettre d'instructions que le neveu de Napoléon avait adressée à l'arrière-grand-père d'Élisabeth de Miribel, le président Mac Mahon. Document peu connu. Sauf d'Élisabeth de Miribel. Il revient à l'actualité, le problème algérien :

« Les populations sont prises en masse dans l'ensemble arabe en Afrique du Nord, dans l'ensemble noir au sud du Sahara ; comment voulez-vous que les unes se gouvernent librement et les autres pas [1] ? »

Ces arguments choquent ceux qui regrettent l'Empire français.

Yvonne a encore l'atlas qui en reproduisait les contours, mais puisque Charles, détaché de l'Empire, vise la France, puissante nation moderne, elle adhère à son projet. Le nouveau franc en circulation depuis le 1er janvier 1960 devrait combler le déficit budgétaire, aggravé par la guerre d'Algérie, rétablir les grands équilibres et ouvrir la voie à une meilleure économie.

1. France 3, *ibid.*

Vendredi soir, Inisse in femina quid divinum

Quand vient le vendredi soir, Charles et Yvonne ne dérogent pas aux habitudes. Elle a préparé les bagages et les courses, et dès 19 h 30 ils sont prêts à partir. Marroux a garé la DS au bas du perron.

Ils montent à l'arrière, Yvonne à droite, Charles à gauche, François Flohic prend place près du chauffeur, Marroux met le contact, la DS se lève en douceur et s'ébranle doucement jusqu'au porche. Par prudence, on change d'itinéraire chaque semaine.

Yvonne ajuste son chapeau, coule un regard à Charles, stoïque à son côté. C'est toujours un plaisir de partir tous les deux, épaule à épaule, et filer vers Colombey à 180 km/heure.

Charles et Yvonne, sur la route, encore. Après trente-huit ans de mariage.

Elle aime cette idée. S'ils étaient seuls, elle effleurerait sa main.

Dans son cabinet de travail, face au jardin, Charles va travailler tout le week-end au dossier qui le hante, l'Algérie. Edmond Michelet lui a parlé du rapport de Simone Veil sur les conditions de détention des jeunes filles, agents du FLN, et des condamnés à mort[1]. Charles estime la rigueur et la détermination de la magistrate, mais il ne veut pas de femmes au gouvernement. Non parce qu'il doute de leur compétence ou par conservatisme – il n'a jamais partagé les arguments de Pétain pour les maintenir

1. *Simone Veil, la force de la conviction,* Archipoche, 2018.

à la maison –, il éprouve même une fascination pour les femmes. Leur pouvoir de donner la vie, leur intelligence, leur finesse de jugement, et il cite Tacite à leur propos : *Inisse in femina quid divinum*[1]. Leur intuition divine le conquiert, mais ne ramène-t-elle pas les femmes au niveau de l'idole intouchable, vissée sur son socle ?

Il croit à un futur féminin : « Il y aura toujours assez d'hommes. Une seule giclée suffirait à féconder des milliers de femmes. C'est sur les femmes que repose le destin de la nation[2]. »

Il admire les souveraines, Catherine de Médicis, Marie-Thérèse d'Autriche, la reine Élisabeth, et les grandes politiques, Indira Gandhi et Golda Meir, en dépit des divergences qui les opposent.

Quant à la chère *maman*, Jeanne, il l'admirait et il respecte la bravoure d'Yvonne, de sa fille, de sa sœur, de sa nièce, Geneviève, alias Alia, son *soldat de la France libre*, le récit qu'elle lui a fait de la réalité des camps au retour de Ravensbrück l'a fait pleurer. Il ne lésine pas sur l'estime qu'il porte aux résistantes, Germaine Tillion, Élisabeth de Miribel, Joséphine Baker, il a mis les femmes en uniforme, leur a donné des grades et les plus hautes récompenses, mais il n'en a pas mis une à la tête d'un ministère, hormis Nafissa Sid Cara, qu'il nomme secrétaire d'État aux Affaires sociales. La raison qu'il invoque ? La peur que leur grande sensibilité induise trop de subjectivité dans les rapports avec leurs homologues masculins.

---

1. L'intuition des femmes est divine.
2. *C'était de Gaulle*, t. I, *op. cit.*

Avec les intellectuelles, les romancières, Charles a peu d'échanges. Lui qui a donné le droit de vote aux femmes, il ne s'implique pas dans les causes que Simone de Beauvoir aborde dans *Le Deuxième sexe*, la liberté, le choix, la contraception. C'est grâce à l'influence d'Yvonne, très attentive à l'engagement de Lucien Neuwirth, médecin et député gaulliste, qu'il y viendra.

Yvonne est tout à fait favorable au contrôle des naissances. Cela limitera les grossesses non désirées, les voyages clandestins des femmes en Suisse et les visites furtives chez les faiseuses d'ange pour avorter dans des conditions à haut risque. Charles, réservé, considère cette libération des femmes (mise en avant par François Mitterrand) davantage sur un plan politique que sur un plan personnel.

Et pourtant leur vie privée les a amenés, Charles et Yvonne, à se pencher sur ce problème et à en souffrir après la naissance d'Anne.

L'actualité oblige néanmoins le Général à s'intéresser à la cause féminine. Dans *Le Monde* du 2 juin 1960, Simone de Beauvoir signe une tribune : *Pour Djamila Boupacha* restitue la plainte de cette jeune militante du FLN, suspectée d'avoir déposé une bombe dans une brasserie Facultés d'Alger. Emprisonnée, mise au secret, torturée par les parachutistes de Massu, elle est défendue par Gisèle Halimi et soutenue par un comité réunissant Sartre, Geneviève de Gaulle, Aimé Césaire, Aragon, Elsa Triolet, et l'aval implicite de Picasso.

Le Monde est interdit par Michel Debré, dit-on, mais l'opinion se mobilise. Pour la protéger de l'OAS, Simone Veil fait transférer Djamila Boupacha à la Centrale de Rennes. Le Général la graciera la veille du cessez-le feu[1].

Dans *Le Monde* du 5 septembre, paraît le Manifeste des 121 en faveur de l'insoumission, signé par des universitaires et des artistes, parmi lesquels Beauvoir, Sartre, André Breton, Simone Signoret, Claude Lanzmann, Robert Antelme, Marguerite Duras…

Florence Malraux a signé, au grand dam de son père, qui vient d'écrire un brillant article : « Terrorisme et espoir ». Le problème, c'est que dans ce numéro du *Monde*, le Général annonce que « l'Algérie algérienne est en marche » et doute que la France puisse « traiter avec les seuls insurgés (…) de l'avenir de l'Algérie. Ce serait admettre que le droit à la mitraillette l'emporte sur celui du suffrage ». En une, on peut lire la retranscription de sa conférence de presse contre l'ingérence des Nations unies dans les affaires de la France.

Agenda 1960-1961, déjeuner intime et lettre de menaces

Le 19 décembre 1960, Alain Peyrefitte commente dans son journal le rapport sur une tournée que le Général vient de faire en Algérie qui s'est *très mal passée* : « Les pieds-noirs

1. *Simone Veil, la force de la conviction*, *op. cit.*

l'ont conspué et l'ont même menacé physiquement à Aïn-Témouchent. L'aide de camp explique que l'entourage a vu le moment où on allait le lyncher. Il avait plongé dans la foule des Arabes, amenée par les pieds-noirs pour crier "Algérie française!", et qui, stupéfaite de son intrépidité, s'est mise à crier "Vive de Gaulle[1]!" ».

Charles n'en parle pas. Il s'assure que les épouses des ministres entourant Yvonne ont bien chacune leur tasse de café et se dirige vers Monique Peyrefitte, assise à l'écart. Il s'enquiert de sa famille, et l'emmène manu militari jusqu'à Yvonne qui tient salon autour du canapé : « Yvonne, cette jeune femme vient d'avoir un bébé, occupez-vous donc d'elle. »

Il revient vers le cercle d'hommes :

« Ces pauvres Français d'Algérie sont en train de se suicider... Ils sont en train de ruiner les dernières chances qui leur restaient de pouvoir s'entendre avec les musulmans et cohabiter avec eux dans l'Algérie algérienne[2]. »

Vue à hauteur d'enfant, la guerre est sanglante, Daniel Mesguich se souvient :

« Les civils et les militaires mouraient dans les djebels, les villages et les campagnes. Les pires horreurs ont été commises de tous les côtés. De l'armée française sur les villageois, de certains villages affiliés au FLN contre des Français, des laitiers, des garagistes ; les Algérois étaient comme Camus les a décrits, des gens qui aiment sauter

1. *Op. cit.*
2. « Le Temps des épreuves », France 3, *op. cit.*

du rocher, jouent au ballon, vont au bureau. En allant à l'école, en 58-60, je voyais un mort dans la rue, avec un CRS qui attendait devant que quelqu'un vienne le ramasser. À la fin on ne les ramassait même plus. Il y avait aussi les bombes au plastic. La guerre d'Algérie, c'était le pain quotidien [1]. »

8 janvier 1961 : les Français approuvent par référendum le principe de l'autodétermination des Algériens de toutes conditions.

De Gaulle proclame l'Algérie État souverain. Cette guerre reste une blessure qui ne cicatrisera pas. Il a pensé beaucoup à cette jeunesse condamnée, les appelés.

Jacques André :

« Jusqu'en 1962, il y a eu encore des victimes parmi les derniers arrivants et les derniers partants, tués devant la passerelle du bateau qui les ramenait chez eux. Puni pour insoumission, je suis rentré une semaine plus tard. En avion. Les bateaux étaient complets. Après, il y a eu le problème des harkis, et les exécutions sauvages. De Gaulle n'avait pas prévu ? Un crève-cœur. Plus de 15 000 morts au combat, 8 000 victimes d'accidents, tant d'autres disparus, et combien d'amputés [2]. »

Des garçons qu'on verra, une décennie plus tard, actionner leur fauteuil roulant au printemps, entre les Invalides, du côté de la cour des Gueules cassées, et les terrasses des grands cafés de l'École militaire. Blond, brun,

1. Entretien avec l'auteur, mai 2011.
2. Entretien avec l'auteur, avril 2015.

une chemise bleue, un jean roulé aux genoux et rien au bout. Et des yeux pleins de cette ombre qui demande à la fille qui passe, avec sa robe dansant sur ses jambes, un regard qui ne soit pas de pitié.

Un traumatisme pour plusieurs générations. Plusieurs dizaines de milliers d'hommes stigmatisés dans leur chair, et tant qui ne pourront effacer les images des corps mutilés. D'autres ont été irrémédiablement choqués par la torture, la honte [1]. Qu'ils soient nés d'un côté de la Méditerranée ou de l'autre, beaucoup d'entre eux ont tenté d'en parler. Mais les mots, tapis au fond de la poitrine, sont tus.

21 avril 1961, *un quarteron de généraux en retraite*, les généraux Challe, Salan, Jouhaud, Zeller, essayant de soulever l'armée et les Français d'Algérie, font le putsch d'Alger. «Au nom de la France, clame de Gaulle à la télévision, j'ordonne que tous les moyens, je dis tous les moyens, soient employés pour barrer la route de ces hommes-là [2].»

Le putsch a fait plouf. Commentaire du Général à François Flohic:

«"Ce pauvre Challe qui croyait pouvoir conserver l'Algérie française à la France!... Moi aussi, j'ai désobéi en 1940, mais j'ai réussi à ramener la France à la table des vainqueurs", m'a dit le Général, après un silence, il

1. Ceux qui ont fait la guerre d'Algérie pendant deux ans et demi reçoivent une pension d'Anciens combattants d'une pincée d'euros mensuels. Jacques Chirac a fait cesser l'injustice dont souffraient les Anciens Combattants d'Afrique du Nord, ils la touchent également.

2. ORTF, 21 avril 1961.

a ajouté : “lorsque je disparaîtrai, il n’y aura personne qui s’imposera au pays. Il faut que le président de la République soit élu au suffrage universel, ainsi élu, il aura quand même un semblant d’autorité et de pouvoir durant son mandat. Il sera responsable [1].” »

Les attentats de l’OAS se multiplient en Algérie comme en France. Ses membres, menant la politique du pire, mitraillent les cibles qu’il se sont fixées et liquident à l’aveugle la population dans la rue, les hôpitaux, les douars. Explosions, traques, lettres de menaces.

Une condamnation émanant des *Forces clandestines armées* parvient le 21 juin 1961 à André Malraux. Il est condamné à « *la peine de MORT* ». Le 7 février, un pain de plastic est déposé sur le rebord de la fenêtre qui jouxte son atelier, à la barbe de deux agents censés surveiller son domicile : c’est l’une des fenêtres d’un jeune couple, les Renard. Leur fille voit le paquet et le prend. Explosion.

Alain Malraux : « L’OAS ne chômait pas dans les années 60, ils menaient la politique du pire, essayaient chaque jour de tuer un maximum de gens, des enfants aux malades, qu’ils allaient travailler sur leur lit d’hôpital. Ce jeune couple, les Renard, habitait le rez-de-jardin de l’hôtel particulier que nous louions, et tout à coup le pain de plastic a explosé. Il était destiné à Malraux. À défaut du grand Charles… La petite Delphine restera aveugle [2]. »

---

1. Entretien avec l’auteur, septembre 2017.
2. Entretien avec l’auteur, novembre 2017.

Les attentats continuent. À l'heure de la messe, un dimanche matin, une autre petite fille se rend à Notre-Dame-du-Rosaire. Rue Raymond Losserand, elle fait une halte à la confiserie pour acheter deux carambars. Le long du mur de l'hôpital Saint-Joseph, un homme court, maigre, teint bis, visage émacié, un petit bonnet de fil multicolore. Il a peur. Un autre le poursuit, enrobé, brun, moustaches, pistolet en main. Une déflagration. L'homme maigre court plus vite, disparaît brusquement. Tombé? Tué? Personne n'a cru au récit de la petite fille. Comment croire l'enfant qui parle de guerre dans une ville en paix?

31 mai 1961, John et Jackie chez le dernier géant

Charles et Yvonne de Gaulle reçoivent John et Jackie Kennedy à l'Élysée.

Il fait doux les derniers jours de mai, les effluves des roses poivrées montent jusqu'au Salon doré, leurs pétales s'effeuillent sur le gazon de la cour, le président de la République les accueille sur le perron. Il s'incline vers Jackie, radieuse, elle lui tend une main gantée de chevreau, il la prend délicatement et lui sourit. John Kennedy observe du coin de l'œil le général de Gaulle, sa haute taille, son allure altière. C'est le dernier géant de l'Occident qui règne sur un petit pays dont l'image est énorme. Devant cet ancien allié capricieux, complexe et génial, tout autant que Churchill, qu'il admire éperdument, le président des États-unis se sent inexpérimenté.

Qu'a-t-il derrière la tête, ce de Gaulle qui a encore une fois une guerre à régler, l'Algérie, alors qu'il vient d'agir en sous-main pour l'indépendance de l'Indochine, particulièrement du Vietnam, où plusieurs compagnies de GI's sont installées avec l'intention d'en découdre ?

Est-ce bien le même homme qui a réussi à imposer la France libre à Roosevelt, malgré tous les pièges que celui-ci lui a tendus pendant cinq ans ?

Président depuis quatre mois, seulement, JFK est curieux, souriant, en attente comme s'il rencontrait l'une des stars d'Hollywood qui a ébloui sa jeunesse, une sorte de John Wayne surdimensionné.

De Gaulle jauge le golden boy. Fils des richissimes Kennedy, dont une légende, sortie d'on ne sait où, a fait un glorieux combattant de la dernière guerre, il est brillant. Jeunot, entouré d'un brouillard de dollars, sur fond de mafia et de sexe, il est le héros et le symbole d'une série populaire.

« Le Général donnait le sentiment de recevoir un neveu qui a réussi », remarque André Malraux. Michel Debré se contente d'accorder au chef d'État venu du Nouveau Monde un coup d'œil de côté qui en dit long sur son appréciation.

Souriante, aimable, vêtue d'un tailleur Jacques Heim gris tourterelle, Yvonne les regarde. Elle est restée un pas en arrière, comme il se doit, une première dame n'a pas à prendre la vedette sur le président. Elle attend de voir.

En blanc et rose, tailleur et tambourin, Jackie est d'une délicieuse élégance à la française.

Accusée par le directeur du *Women's Wear Dealy* de ne porter que du Paris-Haute couture, elle a demandé à Oleg Cassini, un compatriote, d'adapter le style des grands, les Dior, les Chanel, les Lanvin… Sa grâce, son huitième de sang français et le tour de main de son couturier ont imprégné sa silhouette du mystérieux chic parisien. On dirait du Saint Laurent.

La foule l'acclame. John Kennedy a un mot : « Je suis le gars qui accompagne Jackie et j'adore ça. » Les Français, eux, adorent cet humour décontracté, et ce couple au sommet du pouvoir.

Jackie a la trentaine, John 44 ans, les adolescentes les considèrent à l'égal des idoles yé-yé. Ce jeune président n'est-il pas l'image même de la santé, du sport et du bonheur conjugal ?

Jeune mari comblé, jeune père de famille, jeune Gatsby de la politique, il séduit les Françaises et leurs alter ego. Qu'il porte un corset de plâtre, qu'il ait été donné pour mort quatre fois au point de recevoir l'extrême-onction, qu'il souffre mille maux dont ces terribles douleurs lombaires que le clan a cachées à Jackie, enfin qu'il soit atteint d'une boulimie sexuelle et mêlé à des scandales, si un seul journaliste avait le mauvais goût de leur faire savoir, ils jetteraient sa feuille de chou et tourneraient le bouton du poste.

De lui de Gaulle dit simplement :

« Kennedy ? Il a surtout une coupe de cheveux. » Une coupe, un look, une aura que les politiques et les parents

Kennedy vendent à la presse, comme ils exploitent sa vie de famille. Ce serait encore plus vendeur s'il avait une enfance malheureuse à la clé, comme les idoles du Top 50.

La France achète les magazines mais elle n'est pas encore prête à voir le couple présidentiel en maillot de bain. Mêmes leurs enfants n'ont jamais vu de Gaulle en boxer short ni Yvonne en maillot une pièce : quand ils vont tâter la Méditerranée, dans l'Estérel, c'est avant le lever des estivants. Treize ans plus tard, avec Giscard d'Estaing, ce sera chose faite, il sera mis en scène dans le numéro de *Paris Match* qui célèbre en une la naissance du string, avec les fesses bronzées de deux sirènes jouant sur le sable de Saint-Tropez [1].

Quant à Jackie, elle est impressionnée par la classe du grand homme. Charles de Gaulle n'est pas dépourvu de charme, il porte bien l'habit, manie joliment le compliment et l'humour. Ces Latins aiment les femmes, elle le sent. Pas une once en eux de puritanisme, comme chez ses compatriotes. C'est une esthétique qui va de pair avec l'amour de l'art et elle aime bien.

Le Général apprécie son français, sa voix suave, son intérêt pour l'histoire de France, le rôle qu'elle tient auprès de son mari, à la fois soutien, comme Yvonne, et ambassadrice. Le charme de la ravissante first lady aux yeux brillants, un rien provocants, le séduit. Et ce côté brune, éternelle jeune épouse, jeune maman glamour de John-John et Carolin, son ascendance française, qui lui a donné

1. *Paris Match*, 12 juillet 1974.

Bouvier pour nom de jeune fille, ajoute de la douceur à son piquant.

Jackie Kennedy parle quatre langues, discourt avec les chefs d'État, met en scène sa vie de famille et ses entretiens.

Mme de Gaulle, elle, discrète, peu glamour, évolue à l'ombre du grand homme. A-t-elle une voix chantante, posée, paisible ?

Nul n'a défini son timbre, et il n'existe pas de documentaire. Enfin cette voix a la capacité de calmer les chagrins de Charles. Elle seule le rassure, elle seule a le pouvoir d'apaiser ses doutes, ses angoisses mortifères.

Qui se douterait que Jackie fait l'infirmière et apaise les douleurs de son poor little boy, dont certaines conquêtes rapportent que s'il a l'allant du lapin, il en a aussi, hélas, l'endurance.

Présentée au Général durant ses fiançailles, alors qu'elle étudiait la littérature française à la Sorbonne, elle a été reçue par Étienne Lalou sur les plateaux de l'ORTF, rue Cognacq-Jay [1].

« Une femme doit avant tout bien élever ses enfants, a-t-elle déclaré comme si elle citait un article de *Bonnes soirées*, elle est la compagne indispensable d'un président. Mon rôle est celui de toutes les femmes : aider son mari, le soigner et l'aider à être le meilleur président possible. »

Yvonne approuve cette déclaration, de même que Charles, mais elle ne manque pas de relever le mot

---

1. « Cinq colonnes à la une », ORTF, mai 1960.

« soigner ». Son mari serait-il malade ? Ou bien la first lady traduit-elle littéralement prendre soin ?

Charles la trouve bien tatillonne ; cette jeune femme est dévouée et voilà tout.

D'après Mr Hill, le garde du corps de Jackie Kennedy, le regard du général de Gaulle durant ces deux jours exprimait plus que de l'estime. Lors du dîner d'État dans la Galerie des Glaces à Versailles, alors que les Ricains épatés contemplaient les dorures à l'or fin et les miroirs si anciens qu'ils semblaient d'argent fourbi, assis entre Mr et Mrs Kennedy, le général de Gaulle « n'avait d'yeux que pour elle » et lui lançait « des regards fascinés ».

D'après Philippe, le Général a trouvé de l'élégance à Jackie, du charme, dont elle « usait un peu trop » et un solide appétit pour le pouvoir. « Souvent les femmes, c'est normal, sont amoureuses à la fois de l'homme en tant qu'être humain, remarque-t-il, mais aussi de ce qu'il représente dans le combat que se livrent les mâles entre eux. Elles n'aiment que le vainqueur [1]. » Yvonne, qui brodait, s'est piqué le doigt à la banderille que Charles venait de planter. Charmeur !

La vieille Rose Kennedy insinuera que le président français a été amoureux de sa belle-fille pendant quarante-huit heures. Peut-être mais, en affaire avec l'Amérique, il avait aussi quelques réponses à apporter à JFK.

« Je ne viens pas ici pour régler nos différends, car ce sont des différends d'amis, déclare, en préambule,

1. *Op. cit.*

Kennedy à de Gaulle, mais pour rechercher les conseils de l'un des hommes les plus sages et les plus héroïques de notre temps. Et pour expliquer à l'Europe ce qu'est l'Amérique d'aujourd'hui [1]. »

Ils passent en revue les tensions entre l'Est et l'Ouest, la guerre d'Algérie, vue à travers le prisme de la guerre froide, les relations avec Cuba, où bientôt l'embargo va être effectif, enfin le sujet crucial, l'arme nucléaire. De Gaulle veut la bombe et réfute les arguments de Kennedy qui tente de l'en dissuader. Il rejette également l'idée d'une coopération nucléaire avec l'Amérique :

« Nous n'avons pas l'ambition de faire une force aussi puissante que celle des Américains ou des Soviétiques, mais une force proportionnée à nos moyens, à nos besoins, à notre taille. La France est souveraine ou elle le redeviendra, ce qui n'est pas arrivé depuis la Première Guerre [2]. »

Et Yvonne ? Élégante, sobre, souriante, elle est parfaite.

Ce qui l'est moins, ce sont les commentaires de Jackie après coup. Les entretiens entre l'ex-first lady et Arthur Schlesinger, enregistrés sur bandes, étaient restés au placard, jusqu'à ce que sa fille, Carolin, les exhume quarante ans plus tard, sous la forme d'un livre et d'un CD [3].

Dans le prologue, elle explique combien sa mère était intelligente et cultivée… Jackie avoue ne pas aimer le général de Gaulle, auquel elle avait pourtant écrit avant d'épouser John : « Vous êtes mon héros. » Elle le trouve « méchant »

1. *Le Parisien*, 4 juin 2016.

2. Paul-Marie de la Gorce, *op. cit.*

3. Jacqueline Kennedy, « Historic conversation on life with John Kennedy », interview Arthur Schlesinger, Michael Beschloss Editor, 2011.

et « rancunier ». Avec ses façons de dire non à John Kennedy et à l'Amérique, pour le nucléaire et autres collaborations, il l'a « vraiment déçue ». Pas vraiment étonnant, « les Français, sont tous des égoïstes ». Quant à Yvonne, ce n'est qu'une « pauvre femme, paraissant fatiguée ».

Un grand destin, des mots qui le sont moins. Yvonne la discrète, également détentrice d'un grand destin, a-t-elle jamais montré de côté mesquin ? Pas le genre de la maison.

Évian, 18 mars 1962, cessez-le-feu

La France cède ses pouvoirs à l'Algérie le 18 mars 1962, le 19 les accords d'Évian sont signés. À midi, prend effet le cessez-le-feu.

Les appelés montent dans les camions militaires, l'*El Djazira* est à quai, ils vont embarquer pour Marseille. Les camarades « supplétifs » s'accrochent au hayon, commencent à grimper, le chef fait un signe, le chauffeur accélère, ils lâchent. Yacine s'agrippe, il court derrière le camion en criant « Attendez-nous, nous sommes français aussi ! », le hayon se relève, Jacques André vomit par au-dessus, les appelés crient, pleurent. « On crache, on vomit cette saloperie de guerre. Yacine sera tué d'une balle dans la nuque par un frère de sang ; d'autres seront capturés ; on ne les reverra jamais [1]. » C'est le cessez-le-feu.

1. Entretien avec l'auteur, janvier 2018.

Pour les harkis, Pierre Messmer, ministre des Armées, a prévu un reclassement à trois vitesses. Nombre d'entre eux ne réunissaient pas les conditions pour s'engager dans l'Armée française et craignaient les représailles du FLN sur leur famille, avec l'autre option, un contrat de six mois non renouvelable, ils se retrouvaient sans armes au milieu des justiciers. La plupart ont alors opté pour le licenciement avec prime, qui comportait les mêmes dangers.

« Le FLN ne fait pas grand mystère du sort qu'il réserve aux anciens alliés de la France. Le commandant de la wilaya 5, qui est la structure administrative des rebelles pour l'Oranie, annonce que le *jugement final* des harkis aura bientôt lieu et recommande d'inscrire leurs noms sur "une liste noire qu'il faudra conserver minutieusement". Ces ordres, interceptés par l'armée française, figurent aujourd'hui dans les archives militaires[1] ».

En avril, Louis Joxe, ministre d'État aux Affaires algériennes, fera recenser les supplétifs menacés voulant rallier la France, une commission sera créée et un plan de rapatriement sans grand effet.

Tandis qu'ils sont pourchassés, il y aura des rapatriements clandestins, diligentés par des militaires et des associations.

Alors que le général Ailleret, résistant, ancien déporté, chef d'état-major des armées, reconnaît l'efficacité des forces supplétives « extrêmement utiles dans des opérations

1. *Le Point*, 8 février 2002.

où la découverte de l'adversaire constitue le problème principal», il s'inquiète qu'ils aient à «subir le contrecoup d'une haine féroce»[1].

Le silence quasi total du Général sur les harkis dérange. Il n'a jamais cessé de questionner. Misait-il vraiment sur le respect des accords d'Évian pour lesquels il s'était investi? Craignait-il de prolonger la guerre civile en laissant transférer en France les proies et les recrues de l'OAS? Ou bien se taisait-il parce que chaque peuple «incomparable, inaltérable... doit rester lui-même» et apprendre à vivre avec une autre nation, sans qu'on cherche à l'intégrer «comme on intègre des marrons dans une purée de marrons»?

Pour Jean Touchard, politologue, les conséquences des accords d'Évian – l'exode massif des Français d'Algérie, le massacre d'Algériens fidèles à la France – laisseront un malaise, une inquiétude, des réserves, autant à l'opinion qu'aux proches collaborateurs, tel Michel Debré pour qui les *Mémoires d'espoir* donnent une vue «idéalisée» du cheminement de De Gaulle, qui a envisagé «des solutions auxquelles il a dû renoncer. Il a connu la déception, l'échec, peut-être le doute» ...

Un autre Français que le général de Gaulle aurait-il pu conduire l'Algérie à l'indépendance sans que la France soit déchirée par une guerre civile? Le Général a jugé qu'il était le seul à pouvoir faire face à des situations exceptionnelles, «le seul à pouvoir régler le problème algérien[2]».

---

1. *Ibid.*
2. Jean Touchard, *Le gaullisme, 1940-1969*, Seuil, 1978.

Georges Pompidou autorise l'accueil d'anciens supplétifs, le 19 septembre 1962. Quarante ans plus tard Jacques Chirac reconnaîtra que « la France n'a pas su empêcher » le massacre des harkis par le FLN, et leur rend comme une « dette d'honneur et un devoir de vérité et de reconnaissance » un hommage aux Invalides [1].

François Broche :

« Ce n'était pas l'intention de De Gaulle, de créer ce malentendu qui a apporté ces rancunes tenaces. Quand il est arrivé en 1958, nous étions plusieurs à croire qu'il y avait une aventure à vivre, en Algérie, dans cette sorte de Far West. Messmer m'a dit : "On a appelé de Gaulle, on ne savait pas comment faire. On s'est aliéné tout le monde." De Gaulle, pour beaucoup, est resté l'homme qui est un dictateur. On n'a pas purgé cette histoire de l'Algérie, c'est encore proche. C'est très compliqué. On arrivera peut-être à ouvrir les archives, on en ouvre tous les jours. Daniel Cordier, historien rigoureux, m'a dit : "On pourra en parler en 2050 quand tout le monde sera mort. Protagonistes, enfants et petits-enfants." Le problème c'est la délation. Que se passera-t-il quand sortiront les archives d'Algérie [2] ? »

Conseil du 4 juillet 1962 : « Il va falloir que les Européens choisissent leur destin, déclare de Gaulle. La nouvelle représentation française a pour tâche d'assurer la mise en place des accords d'Évian. Nous n'avons pas à

1. 26 septembre 2001.
2. Entretien avec l'auteur, septembre 2017.

prendre parti. Nous formons le souhait que les Algériens s'entendent entre eux [1]. »

Les Français d'Algérie ont bouclé une valise, laissé leur passé et leur maison derrière eux, ils se sont rendus par milliers au port d'Alger, d'Oran, ou à l'aéroport, pour prendre la file d'attente devant les bateaux et les caravelles. C'est l'exode.

« L'état d'exil est étrange. On le découvre à cette nudité de soi, à cette absence de biens matériels, à ce vide qui se crée tout autour et que l'on ne parvient pas même à expliquer. La tâche paraît immense : comment refaire sa vie, car il s'agit bien de cela [2] ? »

L'Algérie algérienne est une réalité, les échanges ne sont pas coupés avec le gouvernement, Ben Bella, Premier ministre, déclare vouloir unifier le paupérisme. « Ben Bella n'a que la pauvreté à partager, remarque de Gaulle, enfermé dans sa logique révolutionnaire, il risque d'accroître le chaos économique et d'enlever ses chances à la coopération avec la France [3]. »

Comment assimiler cette dualité, le choc des idées qui se télescopent ? Et retrouver son identité ?

Cette guerre « violente et douloureuse », Leila Sebbar la voit se poursuivre dans « une certaine forme de violence aussi. Les juifs ne pouvaient pas rester, les chrétiens ne sont pas restés non plus. Un certain nombre d'Algériens ont quitté le pays. Il fallait pour le jeune pays que se constitue une nation. Cela impliquait une langue,

---

1. A. Peyrefitte, *op. cit.*
2. A. Vircondelet, *La Traversée*, First, 2012.
3. A. Peyrefitte, *op. cit.*

l'arabe, une religion, l'islam, qui a été érigée en religion d'État[1]… »

Le cessez-le-feu n'a jamais eu lieu. On lèche ses blessures de part et d'autre. Les *rapatriés* d'Algérie portent la terre perdue dans leur chair. Le général de Gaulle n'éprouve pas le grand soulagement prévu mais une immense mélancolie.

L'été 1962, Yvonne et l'homme seul

Yvonne s'inquiète. Charles est très éprouvé par tous les épisodes de la guerre et de cette paix qui n'en finit pas de se conclure. Il est rongé par les exactions de l'OAS, les pourparlers qu'il engage à Évian pour négocier un autre cessez-le-feu, cette fois, entre l'OAS et le Gouvernement provisoire de la République algérienne, le GPRA. Les hommes de main de l'OAS ont tué des policiers, massacré des Algériens, ils ont fait exploser des bâtiments.

Les événements contradictoires, les attaques, les renoncements, ont perturbé Charles. Il est seul, comme l'a écrit Aron dans *Preuves* : « Un seul homme, un homme seul », épuisé, à un point tel qu'il n'a pas la force de le cacher à Yvonne. Son teint blafard, ses yeux cerclés de noir, sa lassitude profonde et la forte chaleur ramènent Yvonne

1. *Le Point Afrique*, 1er août 2016.

à l'Algérie, villa des Oliviers. Et cette fièvre terrible qui consumait Charles… Elle l'avait cru perdu, le docteur Lichtwitz aussi. Il l'avait tiré de cette langueur mortifère.

Yvonne est allée trouver le directeur du Cabinet de Charles. Elle lui a demandé d'alléger le programme de sa tournée dans l'Est. En vain. Yvonne pense à la famille de Charles, on s'effondre d'un coup chez les de Gaulle.

Ce vendredi, la route jusqu'à Colombey l'a affaibli, il est à bout.

S'il avait un accident ? Il s'est écroulé dans le fauteuil en arrivant : « Je suis vidé. »

La fraîcheur de la Boisserie, son pouvoir apaisant ne lui a pas redonné des forces. Le dimanche matin Charles ne se lève pas, ce n'est pas dans ses habitudes, Yvonne va trouver Flohic :

— Le Général n'a pas cessé de tousser de la nuit, il s'est endormi au matin. C'est rare… À force il risque…

— Le Général est d'une puissance physique étonnante, même dans le désert, il l'était. Mais, là, oui, il est très fatigué.

— Il va manquer la messe… ça n'est jamais arrivé.

— Je vais vous accompagner à l'église, madame.

Convaincre le Général de renoncer à la tournée prévue dans l'Est est impossible. Alléger le programme ? François Flohic aimerait y parvenir :

« Le Général n'a renoncé à rien. À la Boisserie, il est resté assis dans son fauteuil, sans force. Il n'a pas quitté la maison une seule fois, il a fait dire la messe chez lui. Il était complètement en lui-même, muré. Après le déjeuner, il s'est confié : "Pendant la guerre, j'ai connu ce même état d'épuisement et je me suis reposé à El-Goléa. Quand j'ai quitté les affaires, en 46, même chose, le trou." J'ai alors alerté le directeur du cabinet, il savait combien le Général souffrait, les membres du comité des Affaires algériennes l'avaient compris : le ton sec, presque hargneux du Général, son impatience ne trompaient personne. Il a pris Louis Joxe à part : "Je ne veux pas que ma maison assiste à ma déchéance physique. Il y a donc deux solutions : ma démission ou ma mort." L'accueil enthousiaste de la population durant sa campagne dans l'Est l'avait regonflé un peu, mais c'est la Boisserie qui le ranimait. Il existait une relation magique entre le Général et sa maison, sa maison et la terre. La Boisserie lui redonnait la force [1]. »

En Algérie, le 1er juillet 1962, le référendum approuve l'indépendance par 99,12 %. Une telle majorité fera forcément douter, et sourire : on évoquera « un vote à la soviétique », en clair une fraude qui sera prouvée par les calculs. Charles relatera ces épisodes dans les *Mémoires d'espoir* :

« Le lendemain du référendum final des Algériens, j'ai reconnu au nom de la France l'indépendance de leur pays, conformément aux engagements pris solennellement par le nôtre. Dès lors, le mandat des parlementaires d'Algérie n'ayant plus d'objet, j'y mets un terme par Ordonnance, en vertu des pouvoirs que la loi référendaire m'avait formellement octroyés [2]. »

---

1. Entretien avec l'auteur, juillet 2017.
2. *Ibid.*

Le 5 juillet de Gaulle proclame l'indépendance. Alors que la foule se réjouit et défile aux cris de « Algérie indépendante », les derniers soldats du contingent, restés une semaine de plus pour insubordination, les Européens, les harkis, les familles partant en exil, les fugitifs n'exultent pas, c'est aussi une journée de deuil et de sang.

Des fusillades éclatent.

Alain Touraine se souvient : « J'ai connu la honte, la honte de moi, et la honte de mon pays : j'ai vécu la capitulation à 14 ans, et la guerre d'Algérie… Le général de Gaulle nous a lavés de la honte [1]. »

Mais la France et l'Algérie souffrent encore, où en est la blessure coloniale qui s'étend sur des générations ? Kamel Daoud est clair : Pas de romantisme ni de pathos : « Il faut juste l'accepter, la construire. Il y a des gens qui sont morts pour que je sois vivant, pas pour que je sois mort. Cultiver le trauma colonial est devenu un fonds de commerce politique et une solution de facilité idéologique [2]. »

Charles doit vivre avec lui aussi, il revient sur cette rupture dans ses *Mémoires* :

« Il me faut surmonter le déchirement qui m'étreint tandis que je mets délibérément fin à une domination coloniale, jadis glorieuse, mais qui serait désormais ruineuse. Il me faut à grand-peine porter ailleurs l'ambition nationale. Cette tâche, je sens que la France m'appelle à l'accomplir. Je crois que le peuple m'écoute. Au jour voulu, je lui

1. France culture, « La grande table », 7 février 2017.
2. *L'Express*, 11 mars 2016.

demanderai s'il me donne raison ou tort. Alors pour moi sa voix sera la voix de Dieu[1]. »

Pierre-Louis Blanc est le premier à lire la dernière version du manuscrit.

« Dans l'un des chapitres du manuscrit des *Mémoires d'espoir*, je lis un passage qui me gêne un peu. C'est à propos de la fin de la guerre d'Algérie et de la souffrance qu'il éprouve, il avait écrit : "Et que Dieu me prenne en pitié." Comme s'il attendait un jugement définitif. J'ai craint que la phrase ne soit mal interprétée ; elle pouvait signifier "je me suis mal conduit", de plus elle abordait de façon frontale le domaine spirituel, le Bien et le Mal. Il se découvrait, se soumettait à un tribunal, lui si pudique laissait entrevoir l'homme qui doute. J'en parle à Emmanuel Desgrées du Loû, son aide de camp, "Je vais en parler à 'Pépère'", me dit-il. J'ai vu en lisant les épreuves que le Général avait changé la phrase initiale pour celle qui figure sur le livre. On s'interrogera encore longtemps sur celui qu'on a dépeint comme un "chef d'État implacable et froid", le général de Gaulle qui mit fin à la guerre d'Algérie[2]. »

Autour de Charles et Yvonne, les Français, les jeunes, surtout, sont pris par ces années 60, période frénétique qui apporte le nouveau franc et les idées innovantes rythmées par *L'Express, Le Nouvel Observateur, Elle, Marie-Claire*, l'enquête sur *Les Françaises et l'amour*, et à l'écran *La*

1. *Op. cit.*
2. Entretien avec l'auteur, juin 2017.

Vérité avec Brigitte Bardot, *La Dolce Vita* avec Marcello Mastroianni, et *West Side Story*.

On s'imprègne des interprétations de Samson François, Barbara, Dalida, Paul Anka, Miles Davis, on découvre *PlayBach* de Jacques Loussier, en attendant les 45 tours des Beatles et de Claude François. L'on se rend en voiture à Saint-Tropez par la nationale 7, on teste l'huile solaire Coppertone et la caméra Super 8 familiale, on danse à L'Esquinade.

Ceux qui fréquentent le Quartier latin, Le Rouquet, Les Deux Magots, La Rhumerie et la Sorbonne, s'initient aux avancées de Freud et Lacan en collection de poche, aux films d'art et essai au Nickel Odéon, au Cujas, au Studio des Acacias.

Hiroshima mon amour, primé à Cannes, ouvre le champ à une pensée qui joue avec la Nouvelle Vague. À l'écran : la bombe qui brûle à 4000 degrés, avec en fond les corps des amants et le flash-back sur la fille de vingt ans, amoureuse d'un soldat allemand. Réminiscences, ceux qui ont vingt ans en ont entendu parler. Les autres sont remués. On connaît mal Alain Resnais, sauf si une après-midi en rentrant de l'école on a vu *Nuit et Brouillard*. Chez soi, soudain, dans la lucarne du récepteur, l'horreur des camps de la mort, alors que *Warum* est le slow de l'été.

Charles et Yvonne voient grandir leurs petits-fils, les enfants de Philippe, et leur petit-neveu, Jacques Vendroux, ces préadolescents, sont prêts à rejoindre ces groupes de jeunes qui écoutent Johnny Hallyday.

François Mauriac, fasciné par la grâce animale du rockeur de 19 ans qui se déhanche pour « Cinépanorama », l'émission de François Chalais, saisit le prétexte. Il emmène ses petits-enfants voir l'incarnation de la jeunesse radieuse, perdue et retrouvée, et lui consacre pas moins de six chroniques dans *Le Figaro littéraire*. Celle du 19 mai 1962 accompagne un portrait en miroir de De Gaulle et Christian Fouchet, « digne en tout » et haut-commissaire en Algérie. « Frais comme l'œil, avec ses cuisses à ressort de grande sauterelle, c'est Johnny Hallyday. Ce chanteur danseur a été comme touché par une baguette magique, écrit l'écrivain contemporain préféré du Général. Tout à coup, il ressemble à tous les garçons de son âge qui ont un reste d'enfance sur leurs traits indécis [1] ».

De Gaulle, lui aussi, l'a vu chanter et danser, Johnny Hallyday, dans son smoking pailleté, le même soir. Il regardait la télévision en famille. Touché par l'âge et la fougue de ce cadet, il a pointé l'écran : « Avec l'énergie qu'il a on va l'employer à construire des autoroutes ! »

Johnny Hallyday le raconte en riant dans le dernier documentaire consacré à sa trajectoire météorique : « Je me suis marré, en l'apprenant [2]. »

Huit ans plus tard, il recevra une carte au nom de Charles de Gaulle, l'invitant au Fouquet's. Surpris, intimidé – à la Fête culturelle de l'Élysée il aurait pu au moins se fondre dans la foule – mais gaulliste depuis l'enfance, il s'y rend, le

1. François Mauriac, *Chronique télévisuelle : Figaro littéraire : Cinépanorama, Cinq colonnes à la une*, ORTF, 19 mai 1962.

2. « Johnny Hallyday, La France rock'n'roll », Michel Drucker, France 2, le 7 décembre 2017.

cœur battant. Un garçon, un peu plus jeune que lui, plus grand que lui, fait un signe et l'invite à venir à sa table. C'est Charles de Gaulle junior, le petit-fils. Ils se serrent la main, sympathisent, un photographe les mitraille.

Le grand-père de Charles junior lui avait déjà expliqué que cet artiste a un « grand talent » mais que le milieu du show-biz est si difficile qu'il « valait mieux l'éviter ». Il n'y a pas eu d'écho dans la presse yé-yé sur les commentaires de Charles et Yvonne, découvrant l'article sur la rencontre de Charles jr avec Johnny Hallyday. Mais de Gaulle *n'était pas enchanté*. Primo, il n'appréciait guère que ses petits-enfants fréquentent les « boîtes », secundo, il ne voulait pas de battage sur sa vie privée, laquelle n'était pas rock'n'roll. Ni sur celle de sa famille. Pour moins que ça, Michel Droit, qu'il estimait beaucoup, avait eu droit à un froncement de sourcils et un blanc à table, parce qu'il avait évoqué la présence du fougueux Charles Junior chez Castel ou Régine, dont les tubes passaient sur toutes les stations [1].

Avec son petit-fils, Yves, il aura un rapport intime et littéraire, ils parleront poésie, roman et philosophie. Yves écrira un livre d'hommage à son grand-père, c'est à l'écrivain et à l'homme des livres qu'il s'adresse.

« Contrairement à ce qu'a prétendu Malraux, vous aviez lu *La Recherche*, vous me l'avez dit, et apprécié un livre de Georges Cattaui que j'ai débusqué dans le grenier, en

1. Charles de Gaulle avait convoqué son petit-fils à l'Élysée. Quand Flohic le fit entrer après une demi-heure d'attente, le Général brandit la une du magazine « De Gaulle - Hallyday ». « Plus jamais ça ! » tonna-t-il. On raconte que le photographe avait été mandé par l'impétueux C. junior.

particulier l'idée que le héros chez Proust (lui-même) soit, je cite l'auteur, "l'homme, l'homme au milieu du chemin de sa vie, l'homme aux portes des enfers et du paradis [l'homme accédant enfin] à la Béatitude" [1] ».

C'est à Yves que le Général demandera en Mai 68 : « À la fin, les jeunes, que voulez-vous ? » « Vivre davantage », répondra Yves, 17 ans et rimbaldien. Comme son grand-père.

22 août 1962, la grande Zohra

« À Alger, de Gaulle, tout le monde l'appelle la grande Zohra. Qu'on soit de gauche, de droite, indépendantiste, pied-noir, algérien, français [2]… »

La grande Zohra, c'est aussi le nom de code de l'OAS pour désigner le général de Gaulle. La grande Zohra. C'est avant tout dans les légendes berbères que Zohra – appellation de la planète Vénus, jadis adorée par les Arabes – est populaire. C'est aussi le deuxième prénom de Fatima, *la fille aimée du Prophète*. Par extension lointaine, Zohra fait référence à Zohra Drif, militante FLN du Réseau Bombes, l'une des jeunes moudjahida, chargées par Yacef Saadi de déposer les bombes dans les cafés.

1. Yves de Gaulle, *Un autre regard sur mon grand-père, Charles de Gaulle*, Plon, 2016.

2. Daniel Mesguich, entretien avec l'auteur, janvier 2018.

Au Milk-Bar l'explosion a fait cinq victimes, trois femmes tuées, deux enfant brûlés. Arrêtée, condamnée aux travaux forcés, elle est graciée par le général de Gaulle en 1962.

Il lui sera reproché, au Général, d'être antiféministe en épargnant systématiquement les femmes, aucune ne sera exécutée durant ses mandats. Même en famille, Yvonne elle-même le lui reproche au nom de l'égalité des femmes : « Elles sont égales en droit des hommes, elles doivent l'être aussi en cas de condamnation. »

La même affirmation que dans les jurys populaires du premier quart du XXIe siècle. Mais rien n'aurait convaincu Charles : on ne tue pas une femme.

Zohra Drif deviendra avocate puis sénatrice, à la fois populaire et contestée – en plus de l'attentat, on l'accuse d'avoir donné Ali la pointe, un caïd d'Alger –, elle présidera le Groupe d'amitié Algérie-France jusqu'en 2016.

Quels que soient les motifs qui inspirèrent ce surnom, les membres de l'OAS ont juré de l'avoir, la Grande Zohra, à Paris, Alger, ou ailleurs. Plasticages en série durant toute l'année 1962.

Pendant ce temps, Dalida chante *Que sont devenues les fleurs du temps qui passe / Que sont devenues les fleurs du temps passé… / Apprendrons-nous un jour / Apprendrons-nous jamais ?* La chanson colle aussi bien à l'actualité que l'originale interprétée par Joan Baez pour les GI's, en partance pour le Vietnam, à la veille de cette guerre qui va durer douze ans.

Dalida chante aussi la chanson du film *Le Jour le plus long* qui sort en septembre à Paris et lui vaudra la première place au hit-parade et un Scopitone, réalisé par un débutant, qui ne convainc pas les *Cahiers du Cinéma*, Claude Lelouch.

Tourné en Normandie sur les lieux du Débarquement, en Corse et dans les studios de Boulogne-Billancourt, le plus long des longs métrages – des kilomètres de pellicule, dix mois de tournage, quatre réalisateurs, une pléiade d'acteurs et une superproduction de 10 millions de dollars – a nécessité d'innombrables collaborations dont celles de milliers de soldats français et américains. Parmi les conseillers techniques le général Koenig et le général Eisenhower.

Le général de Gaulle, lui, sera présent, ainsi qu'Yvonne de Gaulle, à l'avant-première, placée sous le haut patronage du gouvernement français, au Palais de Chaillot. À la tour Eiffel, c'est Edith Piaf qui chantera la chanson du film et la *Marseillaise*, devant un public au coude à coude dans les jardins du Champ-de-Mars.

Le succès immense ranimera à la fois le souvenir des années de lutte, celui des alliés, de la Libération, et la brûlure de la guerre d'Algérie.

Après le Conseil, le 22 août, Charles regagne l'appartement de l'Élysée à pas lents.

Yvonne l'attend.

À 19h30, ils descendent avec les bagages et le panier de courses, Yvonne a acheté des poulets de Bresse. Elle porte une robe d'été, mais elle n'a pu se résigner à remiser son petit chapeau. Charles aime bien, elle a une tête à chapeau.

Ils montent à l'arrière de la DS, Yvonne à droite, Charles à gauche, comme d'habitude. Alain prend place à côté de Marroux, il va faire l'aide de camp. À 19h45, ils franchissent la grille de l'Élysée. La seconde DS qui les accompagne a à son bord le commissaire Puissant, un garde du corps, le docteur Degos, flanqué de la mallette contenant le matériel de réanimation, et au volant, le brigadier Casselin. Deux motards les escortent.

Chaque jour Georges Pompidou serine à Charles qu'il devrait prendre une voiture blindée, deux voitures d'escorte, et tout le train d'un chef d'État. L'OAS veut sa peau. La Grande Z, ils l'ont dans le viseur. Charles s'en bat l'œil.

À Pont-sur-Seine, l'année passée, le 8 septembre 1961, à 8 heures du soir, une explosion a fait dévier la DS 21. L'OAS, toujours.

Ce jour-là, le 8 septembre, Charles et Yvonne avaient quatre voitures d'escorte ; les flammes ont glissé le long des troncs d'arbre et sur la route. Francis Marroux les a traversées. Encore le 8 dans le karma de Charles, qui semble se soucier comme d'une guigne de la *loi* du destin.

Ils sont passés. Pas de dégâts, à part un phare : « Les maladroits ! » a laissé tomber Charles, Yvonne n'a pas cillé.

Elle sait qu'on veut le tuer. On a recensé plus d'un millier de plasticages de l'OAS. Elle ne le quitte pas. Elle veut mourir avec lui. Elle l'a dit, sous forme de plaisanterie. C'est sérieux, l'humour.

Charles lui a pris la main. *Ma petite femme chérie si courageuse…* Ce qui le bouleverse c'est que ces amateurs mettent la vie d'Yvonne en jeu. On n'attente pas à la vie d'une femme.

Il est informé de ce que l'OAS prépare contre lui. Le chef, c'est Salan, un ancien séminariste serait dans le coup, le cerveau est un officier qui cache son identité. Ils sont nombreux à se rallier à cette organisation qui sème la panique et la désolation, il y a Georges Bidault et l'homme à l'œil de verre, Jean-Marie Le Pen, ancien utilisateur de la gégène.

« On me tire à hue et à dia » observe Charles, visiblement pas très inquiet. Jacques Soustelle le vise via la presse étrangère.

Pour la communion de son petit-fils, Jean, Charles n'a pas chipoté sur les précautions, il avait charge d'âmes : Yvonne, les enfants, les petits-enfants et la parentèle. Flohic était à la manœuvre.

Yvonne a une hypothèse. Charles est un risque-tout, un va-t-en guerre. Plutôt que mourir bourgeoisement dans leur lit, il veut mourir sur scène. En pleine action. Et qui sait, racheter le sang qui a coulé en Algérie et pour l'Algérie, à Bir Hakeim et ailleurs dans la France libre. Tous ces innocents. Sa conscience le taraude. Toujours entre deux choix, Charles : être en accord avec la loi humaine, la vie, la mort et défendre la France.

Mais il veut aussi tester son nouveau mode de voyager. Il est resté un impatient, comme les jeunes gens. Tout, tout de suite !

Changement de programme. Ce soir, pour aller à Colombey, ils évitent la route qui passe par Sézanne, l'autoroute qui part de Nemours, ils se rendent à l'aéroport de Villacoublay. Ils vont prendre un hélicoptère pour Saint-Dizier, une voiture les amènera à la Boisserie. Ce n'est pas très sportif, mais c'est tranquille. Ils seront à la maison à l'heure des chouettes. L'itinéraire : c'est porte de Châtillon-Villacoublay.

La nuit tombe encore tard en août, le ciel est bleu fumée, Charles regarde le paysage, Yvonne jette un coup d'œil aux façades qui défilent.

Marroux accélère brusquement. Alain de Boissieu a donné l'alerte : face à eux un homme lourdement armé, près d'une estafette garée au carrefour du Petit-Clamart. Marroux, pied au plancher, arrache la voiture aux rafales. Une Citroën ID les serre, vitres baissées.

« Mon père, baissez-vous ! » crie Alain de Boissieu. Un de Gaulle ne se baisse jamais. Nouvelle salve, Marroux continue à toute allure. Le vent s'engouffre dans l'habitacle. La vitre arrière a explosé, les débris de verre crépitent sur leurs épaules. Marroux fonce et s'arrête pile au pied de l'hélicoptère sur la piste. Charles prend la main d'Yvonne. Marroux ouvre la portière au Général, Alain de Boissieu ouvre à Yvonne. Ils se rejoignent, se regardent. Rien d'autre, ça leur suffit.

Le médecin, le brigadier et le commissaire descendent de la voiture suiveuse. Marroux escorte Yvonne. Elle porte soudain la main à son front :

— Les poulets ! Pourvu qu'ils n'aient rien !

— Mais madame, ils sont dans la voiture d'escorte.

— Fallait les mettre dans le coffre !

Les deux policiers se regardent, Mme de Gaulle parle argot maintenant ? Elle se retourne, repère le sac à provisions :

— Les poulets sont saufs, Dieu soit loué !

Yvonne redresse son chapeau. Il se tient droit comme un pot de fleurs. Tout va bien.

Charles a remarqué le piquet d'honneur : il faut qu'il les passe en revue ces jeunes militaires. Alain de Boissieu vient épousseter ses épaules, Charles chasse les derniers débris de verre :

— Cette fois, c'était tangent…

Il jette un coup d'œil à la DS trouée par les balles, façon râpe à carottes : « Ces gens-là tirent comme des cochons. » Il se dirige à grands pas vers les soldats au garde-à-vous.

Ils ont vu les impacts de balles, la vitre explosée, les pneus crevés, la mine impassible d'Yvonne et du chef de l'État. Ils s'efforcent d'avoir le regard dur pendant qu'il les passe en revue.

Huit pistolets-mitrailleurs, deux fusils-mitrailleurs, des grenades défensives, onze hommes armés commandés par le colonel Jean Marie Bastien-Thiry. Quatre-vingt-sept douilles éparpillées. La DS est criblée de balles en tir groupé du côté de Charles, une seule derrière Yvonne.

« Une des balles est entrée dans une petite mallette dans laquelle ma mère a ses affaires personnelles et un petit portrait d'Anne, raconte Philippe, et cette balle a frappé la mallette qu'elle n'a pas traversée, et cette mallette était derrière la nuque de mon père. Il croyait que sa fille, qui était morte innocente, continuait à protéger la famille et lui depuis l'au-delà [1]. »

Le colonel Bastien-Thiry, polytechnicien, spécialiste des engins téléguidés, marié, trois enfants, attaché à sa famille, chevalier de la Légion d'honneur, a développé pour de Gaulle une véritable haine.

Pour lui, c'est l'homme à abattre. Celui qui mène la France à la catastrophe ; la perte de l'Algérie est aussi grave que l'annexion de l'Alsace-Lorraine après la guerre de 1870.

Il est passé de l'autre côté, il a fomenté l'attentat. Arrêté, Bastien-Thiry déclare qu'il existe des cas « tout à fait exceptionnels où des opérations de ce genre peuvent être justifiées ». Il pense que dans certaines conditions « un acte de force peut être un acte d'amour ».

L'examen médico-psychologique ne révèle chez lui aucune anomalie mentale ou psychique, « il n'est pas désadapté », écrivent les psychiatres dans leurs conclusions. Le jour de sa condamnation à mort, il affirme à son beau-père : « Je tiens à vous donner ma parole d'officier que jamais je n'ai voulu tuer de Gaulle ; je savais qu'il y avait un risque mais j'espérais l'enlever. » Au vu de l'armement, des impacts de balles dans la voiture, six, et du nombre de chargeurs tirés, on doute.

« Ce n'est pas le nouveau CNR – Conseil national de la Résistance – successeur de la direction clandestine de

1. France Inter, le 9 novembre 1990. Rapporté par Martial Goût, entretien avec l'auteur, juin 2017.

l'OAS, qui fut à l'origine de l'attentat, souligne Paul-Marie de la Gorce. Ses membres avaient tous été partisans de mettre à mort de Gaulle, mais, en fait, ils ne dirigeaient effectivement que les débris des anciens réseaux de l'OAS. C'est parmi ceux-ci que Bastien-Thiry recruta ses hommes, anciens légionnaires, réfugiés hongrois, rapatriés d'Algérie, militants d'extrême droite[1]. »

Bastien-Thiry était aussi l'organisateur de l'attentat raté de Pont-sur-Seine. Pour le Petit-Clamart, il avait d'abord pensé abattre de Gaulle sur le perron de l'Élysée, il avait placé un guetteur qui avait prévenu le commando du changement de plan. C'est Bastien-Thiry qui repéra les DS et donna le signal de l'attaque.

« C'est un crétin ! Il s'en tirera avec vingt ans et, dans cinq ans, je le libérerai ! » s'exclame de Gaulle, quand on l'arrête. Le problème, c'est qu'il n'était pas l'unique cible.

Pour Charles, le plus grave, c'est qu'il n'était pas seul. Yvonne était à ses côtés. Une balle a failli la tuer, l'impact a fait exploser la vitre, le cadre l'a sauvée. Marroux et le mari d'Élisabeth auraient pu être touchés.

Bastien-Thiry plaide coupable. Il a interdit à ses avocats d'exhiber le certificat médical prouvant qu'il a fait un séjour dans une maison de santé. « J'ai sacrifié ma famille, je ne sacrifierai pas ma patrie », déclare-t-il. Son avocat, maître Richard Dupuy, reçu par le Général,

1. Charles de Gaulle, *ibid.*

s'interroge : « Je me demande si Bastien-Thiry n'avait pas, depuis longtemps, choisi de mourir de la façon dont il est mort et voulu donner à sa mort la portée d'un sacrifice et la portée d'un message [1]. » On a dit et redit que de Gaulle ne l'avait pas gracié car il avait mis en danger la vie des autres, notamment celle d'Yvonne ; il en parlera à Alain de Boissieu dans ces termes.

Et Yvonne, qu'en dit-elle ? Est-elle trop aguerrie, trop portée au dévouement, trop encline au pardon, à la parole du Christ pour avoir réclamé l'exécution du colonel ?

« Moi, je ne compte pas, affirme Charles. C'eût été une sortie comme une autre, et même une belle sortie ; il faudra bien que j'y passe ; mais il y a l'efficacité de l'État. » Il s'expose [2].

Mourir, cela n'est rien, Mais vieillir, chante Jacques Brel.

Mourir en héros. Ce désir lui fait comprendre l'idéal de Bastien-Thiry. Comme Brasillach, à ses yeux, il est ce qu'il appelle un esprit supérieur, apte à comprendre toutes les conséquences de son acte, et totalement responsable.

Pourquoi, dans ces conditions, le priver de sa mort et de son statut de martyr, telle est, semble-t-il, une part du raisonnement qui l'a empêché de gracier le colonel, lequel récusait la clémence, au même titre que l'écrivain. Il appelait un châtiment. Une façon de respecter son désir profond. Et de ne pas encourager l'OAS à récidiver en lui accordant l'indulgence.

1. Cité par Paul-Marie de la Gorce, *op. cit.*

2. Cité par Jean Lacouture, entretien avec l'auteur, octobre 2012.

« Condamné à mort le 4 mars, par la cour militaire de Justice, Bastien-Thiry est exécuté le 11, le Général ayant refusé de le gracier [1]. »

À l'aube, quand l'aumônier et les autorités sont venus le chercher, Bastien-Thiry a d'abord servi la messe dans sa cellule. Transfiguré, il a partagé l'hostie avec sa femme, Geneviève, avant de marcher vers le poteau d'exécution et de refuser les liens. Il est fusillé à 6 heures, le 11 mars 1963.

Charles, comment passe-t-il cette nuit ? Reste-t-il dans son bureau, à lire, écrire, méditer ? Prier ? À l'heure de l'exécution, est-il dans le jardin, le regard perdu dans les gris-rose du jour qui point ?

Charles est torturé comme il l'a été pour Brasillach, il a exprimé des regrets. Et Yvonne s'est-elle recueillie ? A-t-elle pardonné à l'homme qui a voulu tuer Charles ?

Aucun témoin, aucune note. Il y aura vingt-six autres tentatives d'assassinat. À Paris, à Colombey, à n'importe quelle heure, Yvonne redoute la présence d'un tueur, le canon de son arme braqué vers Charles.

« La mort était à tout moment présente dans l'existence de mon père et il faisait face – Philippe est ému en y repensant –, c'était, je dirais, presque une excitation. En famille, on ne parlait pas des attentats qu'il avait encourus, il a fait quelques réflexions en revenant, après ça il n'en parlait plus. »

1. Éric Roussel, *De Gaulle II*, Perrin, 2002.

Il y a toujours en de Gaulle la figure du héros, de la rédemption, du dépassement de soi.

« Il pensait qu'il pouvait trouver une mort brutale dans un attentat, dit son fils, il y a eu des attentats, dont un, auquel il n'aurait pas dû réchapper [1]… »

De là à se croire invincible…

Yvonne méritait bien un piquet d'honneur, elle avait montré tant de courage. Dans l'avion qui les emmène à Saint-Dizier, Charles le reconnaît, elle en est consciente.

André Malraux lui rendra hommage après la mort du Général, lors du dernier déjeuner qu'il prend à la Boisserie en 1969 :

« Je n'ai plus l'impression d'être le diable pour elle. Parce que j'ai accompagné le Général dans sa retraite, parce que les antennes féminines jouent […], parce qu'elle devine la sympathie qu'elle m'inspire ? (Sympathie née quand on m'a dit qu'après l'attentat du Petit-Clamart, elle avait quitté la voiture sans un mot, en rejetant des morceaux de verre tombés sur son épaule, et en remettant son chapeau en place [2].)

1. France Inter, *ibid.*
2. André Malraux, *Les chênes qu'on abat*, Gallimard, 1971.

VII

L'EUROPE, LES AMÉRIQUES, L'ORIENT, LA CHINE…

Hiver 1962-1963, oncle Kolb, les jeunes filles et les roses

En pleine guerre froide, Charles et Yvonne s'envolent pour Bonn le 4 septembre 1962. C'est son homologue, le président de la République allemande, Heinrich Lübke, qui l'accueille. Le mur de Berlin a un an, la foule l'ovationne, la veille, Konrad Adenauer a chauffé l'opinion en insistant sur *eine dauernde Freundschaft*, une amitié durable. Charles, en bon germaniste qu'il est, lecteur de Goethe, Hölderlin, Rilke et Schiller, ne fera pas moins de quatorze discours, dont six en allemand. Il s'exprime dans la langue de Beethoven pour le plaisir.

On parle marché commun et Europe. Au cours de ce grand tour d'Allemagne, Charles se livre : « Je ressens plus fortement que jamais l'estime et la confiance que j'éprouve pour votre grand peuple, oui, pour le grand peuple allemand ! *Ihr großes Volk – jawohl für das große deutsche Volk.* »

Charles l'a toujours pensé, la poésie, la philosophie, la fréquentation des jeunes Allemands durant ses vacances en Forêt-Noire, ont nourri ce sentiment l'été de ses 18 ans.

De Gaulle et Adenauer symbolisent parfaitement le couple franco-allemand. En juillet, ils ont assisté ensemble à une messe de réconciliation dans la cathédrale de Reims, bombardée et incendiée de triste mémoire. « Je connais les Allemands, Vieux garçon, dit Charles à son fils, un jour, nous marcherons d'un même pas, car nous avons trop de choses en commun. »

Avant son élection, Charles avait invité le chancelier à Colombey, le 14 juillet 1958. Moins de vingt ans après l'armistice, Adenauer était accueilli dans sa maison par Yvonne. Un lieu symbolique, une date emblématique, loin du pouvoir un grand geste pour la réconciliation.

Le Chancelier avait devant lui, en une seule personne, l'homme qui incarnait la résistance française, qui avait signé le traité d'amitié franco-soviétique officialisant le démantèlement de l'Allemagne[1], et celui qui s'était opposé à la Communauté européenne de défense.

Accolade sur le perron, Yvonne fait taire en elle un demi-siècle de griefs, et reçoit le Chancelier avec grâce.

Louise a ronchonné dans la cuisine : « Servir un Allemand, moi, lorraine, jamais ! », Philomène, alsacienne, boude, mais l'entregent du Chancelier et l'amitié qu'il porte au Général l'a fait remonter dans leur estime.

On s'était promis de ne pas évoquer l'Occupation, et les épouses ont éloigné tout sujet qui pourrait remettre la politique ou l'histoire sur le métier. Les deux hommes ont fait le tour du jardin et réservé pour leurs entretiens

1. En décembre 1944.

privés les thèmes qui devraient éroder ce qui fâche : le pacte atlantique et la position de l'Angleterre par rapport à l'Europe.

Treize ans après l'armistice, une poignée de main a scellé leur entente. De Gaulle passe en revue l'armée d'occupation française à Metzingen. Michel Anfrol couvre le voyage.

« En zone d'occupation de Gaulle fait un discours en allemand à l'adresse de la jeunesse, pour la croisade sur la primauté de la culture. Un déjeuner est servi sous la tente de presse. Le Général débarque, me demande si j'ai pu faire mon métier, je lui retourne la question. Satisfait de ce voyage, le Général me confie qu'il se termine au pays de ses aïeux. "Un de mes ancêtres était de Stuttgart, il s'appelait Louis-Philippe Kolb, il est né à Reinach, au XVIIIe siècle, c'est l'histoire de la branche badoise de sa famille qui depuis est devenue célèbre. Kolb aimait beaucoup la France. Il a quitté son pays natal pour s'engager dans la garde suisse de Louis XVI. Vu les événements de 1789, il a alors émigré vers Lille, où j'ai toute une branche de ma famille." Tonton Kolb était en congé le jour du massacre des gardes suisses. Un scoop inespéré. Jamais de Gaulle n'avait ouvert la bouche sur cet épisode. J'avertis le directeur et le directeur de l'information radio : "On s'en fout de ses histoires de famille, rien à foutre !" J'envoie un motard porter le film, et la bande-son. Ils les ont jetés. L'histoire de l'ancêtre de De Gaulle dans les poubelles de l'histoire [1] ? »

1. Entretien avec l'auteur, novembre 2017.

Ces préliminaires entre Konrad Adenauer et Charles de Gaulle ont un effet considérable. À l'académie militaire de Hambourg, de Gaulle salue la grandeur de la nation allemande – sans évoquer les trois dernières guerres – et évoque l'avenir : « La coopération organique de nos armées en vue d'une seule et même défense, essentielle à l'union de nos deux pays. »

Der Spiegel écrit : « De Gaulle est venu en Allemagne en Président des Français et il repart Empereur d'Europe. »

Yvonne est remuée par l'allégresse des foules et le génie qu'elle prête volontiers à son mari. Charles est ému. Ces échanges aboutiront au traité de coopération entre la France et la République fédérale visant la réconciliation et les représentations romantiques couple franco-allemand.

Accompagné de son épouse, Adenauer vient signer le traité à l'Élysée le 22 janvier, l'amitié entre le chancelier et le Général était réelle : « Je n'ai jamais vu de Gaulle à ce point fasciné par un homme, si ce n'est Malraux », remarque Peyrefitte.

La rencontre est si sincère, qu'elle offre à la famille de Gaulle et à l'opinion un vrai grand rire d'Yvonne, serrant la main de la fille du chancelier. C'est une Yvonne inconnue, une femme passionnée, féminine, gaie. Un instant exceptionnel fixé sur papier glacé.

Approuvé en tant que gage de paix par l'opinion publique, en France comme en Allemagne, le traité soulève une vague de critiques féroces dans la classe politique. Il sera ratifié par le Bundestag le 16 mai. Las ! Un préambule est rajouté, qui met en avant la solidarité avec les États-Unis et l'entrée de la Grande-Bretagne au sein de la Communauté. D'autre part Adenauer va quitter le pouvoir et de Gaulle ne s'entend pas avec son successeur, Ludwig Erhard, un atlantiste.

Réaction de Charles ?

« Les traités, voyez-vous, sont comme les jeunes filles et comme les roses : ça dure ce que ça dure ! », lance-t-il à Jean Lacouture qui note : « De Gaulle était dépité mais pas surpris, le couple franco-allemand était un mythe qui appartenait à la littérature, ses successeurs l'ont tous repris[1]. »

25 novembre 1963, l'Amérique et la France en deuil

Le vendredi 22 novembre, John et Jackie Kennedy sourient à la foule qui s'est massée le long de l'artère principale de Dallas pour les regarder. Il fait beau, la limousine décapotable roule lentement. Jackie porte un tailleur rose, le soleil fait des dégradés sur les cheveux du Président.

À 12 h 30, retentit une détonation suivie immédiatement de deux autres. La première balle érafle un passant, la seconde blesse John au cou, la troisième se fiche dans sa boîte crânienne qui éclate.

Il s'effondre sur Jackie. Elle enjambe la banquette arrière, se réfugie sur le coffre de la voiture. En quelques

1. Entretien avec l'auteur, octobre 2012.

minutes, ils sont à l'hôpital. À 13 heures, John Kennedy est déclaré mort.

De Gaulle est informé aussitôt. Bouleversé, il écrit à Jackie Kennedy et règle les modalités de son voyage à Washington avec son aide de camp : « Ce qui est arrivé à Kennedy, c'est ce qui a failli m'arriver, son histoire est la mienne. »

Au même instant, Lyndon Johnson prête serment sur la Bible dans l'avion qui transporte la dépouille du Président, Jackie est à ses côtés, toujours vêtue de son tailleur rose maculé du sang de son mari.

13 h 40, Walter Cronkite de *CBS News* informe les Américains : « Le Président a été assassiné. » L'Amérique sombre dans le chagrin [1].

20 heures, heure française, un flash de France Inter annonce que John Kennedy est dans un état critique, un second précise qu'on lui a fait une transfusion. 20 h 36, on a confirmation de sa mort.

Charles fait savoir qu'il se rendra aux États-Unis et exprime sa tristesse à la famille du Président.

Et Yvonne ? Elle éprouve de la compassion pour les Kennedy et leurs enfants, et se garde bien de couver Charles. Mais elle ne peut s'empêcher de rester à proximité de lui. Elle sait qu'elle pourrait être plongée dans la même affliction que Jackie, aujourd'hui, ou peut-être demain, plus douloureuse encore parce que sa vie à elle, c'est Charles, et rien d'autre.

---

1. Cité par Philippe Labro, Europe 1, 24 novembre 1963.

Les Français qui ont applaudi les Kennedy deux ans plus tôt sont très touchés. Le lendemain matin toutes les stations en parlent, les garçons et les filles arrivent consternés à l'école. Les lycéennes pleurent en classe. Sur Europe 1, Philippe Labro appelle du campus d'Hartford, berceau des Kennedy : « Les étudiantes, les étudiants qui sont de vrais gosses s'agenouillent, prient, sanglotent [1]. »

Pendant trois jours, Jackie concentre ses forces sur les funérailles nationales qu'elle organise de façon grandiose.

Elle n'a aucun temps pour penser à sa propre souffrance, à la « dépression qui suivra le retour à l'anonymat », la solitude, l'exil et l'alcool dans un lieu sans faste [2]. Ni pour adoucir le désarroi de ses enfants.

Le long des larges avenues de Washington, sous l'épais voile noir qui laisse deviner son visage et son corps drapé de sombre, la jeune veuve mène le deuil. Les cloches sonnent, le cortège progresse lentement au son de la musique militaire. Les cadets d'Irlande, les marins qui ont fait la guerre du Pacifique aux côtés de John, les militaires des trois armes, la famille, le clan Kennedy, les conseillers du Pentagone, les chefs d'État, les personnalités du monde entier et les civils suivent le cercueil. Et ce sont douze jeunes Afro-Américains qui le portent jusqu'au chœur de la cathédrale.

Un million d'Américains silencieux contemplent la parade funèbre, captée par toutes les chaînes. Charles dira

1. Jocelyne Sauvard, *Anne Sinclair, une femme libre*, l'Archipel, 2015.
2. *Le Point*, 1er février 2017.

que Jackie a montré au monde entier comment les derniers honneurs sont rendus au Président.

Dans le cimetière d'Arlington, tenant ses deux enfants par la main, Bob Kennedy à ses côtés, elle se tient comme une reine endeuillée. Parmi les chefs d'État et les ministres qu'il dépasse d'une tête ou deux, de Gaulle, très pâle, rend hommage à John Kennedy :

« Le président Kennedy est mort comme un soldat, sous le feu, pour son devoir et au service du pays. Au nom des Français, qui furent toujours amis des Américains, je salue ce grand exemple et cette grande mémoire [1]. »

The Reporters écrit : « Il avait été le premier à venir et on ne voyait que lui, comme s'il n'y avait pas eu d'autres dirigeants étrangers. »

La version officielle de l'assassinat qui comprend un tueur désigné et arrêté, Oswald, aussitôt tué par un *justicier*, Ruby, ne convainc pas les Américains, ni les Français d'ailleurs, et encore moins Bob Kennedy. Songeant au complot d'une organisation puissante, il mène l'enquête tant que faire se peut au sein de la CIA, verrouillée par Hoover. Il mourra trois ans plus tard sous les balles d'un tueur désigné dans des circonstances aussi troubles que son frère.

Pour l'un comme pour l'autre, les experts parleront des tirs croisés de plusieurs tueurs. Des rumeurs folles circulent, d'autres ouvrent des pistes, mettant en cause la mafia, le FBI, La CIA, un coup d'État, les hauts dignitaires, les généraux…

1. *Le Point*, 22 novembre 2013.

Après un demi-siècle, deux commissions, de multiples enquêtes, et d'innombrables ouvrages, les archives, pour la plupart, sont déclassifiées en 2013. Une dernière vague est disponible à partir du 26 octobre 2017. Des millions de documents sont épluchés par les historiens, les journalistes, les politologues. Aucune révélation extraordinaire n'a encore levé le voile sur le mystère qui entoure l'assassinat de JFK, à ceci près : sur ordre de Donald Trump, quelques centaines de pièces sensibles sont restées en attente. Saura-t-on un jour ce qui s'est réellement passé le 22 novembre 1963 ?

De Gaulle avait de l'estime pour Kennedy avec lequel il s'exprimait sans ambages, en homme du « non » qu'il était. Vingt jours plus tôt, il lui avait fait savoir son opinion sur la guerre du Vietnam :

« Je ne crois pas que ce que vous entreprendrez au Vietnam par voie d'interventions directes dans la politique de ce pays puisse réussir [...] Mon sentiment personnel est que la sagesse eût consisté, comme cela avait d'ailleurs été décidé à Genève en 1954, à ne pas se mêler des affaires du Vietnam [...] Je crains que vous ne soyez enlisé dans une entreprise vaine dont il vous sera de plus en plus difficile de vous dégager [1]. »

Le secrétaire d'État adjoint de la Maison Blanche est surpris par le ton catégorique du Général. Il fait un mémorandum à Johnson lui recommandant de ne pas aider de Gaulle dans son effort nucléaire.

1. Paul-Marie de la Gorce, *ibid.*

De Gaulle, aussi, a quelques réserves. Il n'oublie pas les alliés : « L'amitié franco-américaine est une réalité et c'est la seule chose qui compte », mais l'hégémonie américaine reste un danger. La France doit retrouver l'intégralité de son territoire. Il s'en était ouvert au président Eisenhower déjà en 58. Quelque chose le chiffonne : l'Allemagne, ou plutôt la République fédérale, est tout à fait susceptible de vouloir accéder à la force atomique en s'accordant avec Washington.

« Nous nous détachons des Américains tout en restant bons amis, avait-il dit à l'issue du Conseil des ministres du 9 janvier précédent, ils devraient comprendre que le meilleur allié, ce n'est pas celui qui s'aplatit devant eux, c'est celui qui sait dire non [1]. »

Yvonne ne souffle mot quand il en parle en public mais elle est tout à fait d'accord.

Juste après les élections électorales de 1965, le moment sera idéal pour dégager les symboles de la puissance US ; en désengageant la France de l'OTAN, et ce, sans nuire à l'alliance atlantique ni aux rapports amicaux.

L'oncle d'Amérique n'est pas un mythe à Châteauroux, Charles et Yvonne l'ont vérifié. Après avoir patienté derrière un convoi de poids lourds, pilotés par des militaires afro-américains en tenue de camouflage, au grand dam des vaches qui paissent au pied des poiriers en fleur, ils voient soudain la base aérienne de l'US Air Force de La Martinerie surgir de la prairie, aussi blanche qu'un gâteau

1. « Le Temps des épreuves », France 3, *ibid.*

de mariage. Bombardée en 1940 par la Luftwaffe, utilisée par les écoles de chasse allemandes, les « *Jadgeschwader* 103 », re-bombardée par les Alliés en 44, reconstruite par les mêmes, elle est devenue la plaque tournante de la logistique des forces américaines en Europe. Entre la forêt de Châteauroux et Déols, le Centre OTAN se dresse, tel *Le Vol du Phénix* sur l'écran du drive-in castelroussin.

« Bardée d'avions militaires, de jeeps, de hangars et de casernements, la base a aussi un PX qui propose du rêve américain, des cinémas, et s'étire jusqu'aux villas basses du quartier des Ricains. Sur le terrain de base-ball des groupes de jeunes pratiquent l'anglais avec l'accent berrichon [1]. »

Charles, accueilli par les majorettes, les militaires, les notables et le préfet, serre les mains devant l'église Saint-André, qu'on appelle la cathédrale. Yvonne se glisse au dernier rang du public pour l'écouter faire son discours sur la place La Fayette.

Parmi les gamins rassemblés devant le garage de la rue des Américains, le blond qui ne le quitte pas des yeux sera Cyrano de Bergerac, Danton, Balzac et le Comte de Monte Cristo. Gérard Depardieu, le collégien tire-au-flanc, sera l'un des plus grands acteurs français.

Après avoir fait honneur aux rillons, au pâté de Pâques, au canard de Barbarie, à la tarte et au Sancerre gris, Charles et Yvonne remontent en voiture. La DS ne s'arrêtera pas dans la forêt de Châteauroux pour qu'ils cueillent

---

1. Alain Depardieu, entretien avec l'auteur, mai 2016.

du muguet. Trop de 2CV, d'américaines, de scooters, de 404 stationnent sur le bas-côté. Les amoureux du coin sacrifient à cette charmante coutume française : chercher les brins de muguet dans les coins les plus isolés de la forêt, derrière les hautes fougères et au creux des taillis.

Il faut que de Gaulle ait les mains libres pour déployer sa politique étrangère. Il écrit à Lyndon Johnson : « La France se propose de recouvrer sur son territoire l'entier exercice de sa souveraineté, actuellement entamé par la présence permanente d'éléments militaires alliés [...], de cesser sa participation aux commandements intégrés et de ne plus mettre de forces à la disposition de l'OTAN [1]. » Le 7 mars 1966 la France sortira de l'OTAN.

Les Américains déménageront. Les soirées à Châteauroux redeviendront calmes. Très. Plus de drive-in ni de PX. Ceux qui travaillaient à la base regretteront. Les jeunes aussi. Les autres diront avec un soupir d'aise : « Le grand Charles les a foutus dehors ! »

16 mai 1964, la mano en la mano

Le 5 décembre 1965, au premier tour : 44,64 pour cent seulement des voix exprimées vont au Général, les Français ont pris le risque de mettre de Gaulle en ballottage. C'est

1. Archives presse, Fondation Charles de Gaulle.

donc qu'ils n'ont pas besoin de lui. Pourquoi alors ne pas démissionner entre les deux tours ?

Foutre le camp est encore possible.

C'est bien ce que lui suggère Yvonne à mi-voix, et c'est ce que clame son attitude. Il connaît ses regards et sa mine inquiète. Elle veut qu'il se repose. Il connaît aussi ses arguments. Il en a fait assez pour la nation etc. Même Philippe est gagné à cette idée. Charles est agacé, « Vous n'y connaissez rien ! a-t-il ironisé. « Il est tout de même possible de s'exprimer », suggère son fils, l'air furieux. Certes. Au fond, a-t-il envie de se colleter une fois de plus avec le pouvoir ?

Charles s'est réfugié à l'abri de ses frênes pour réfléchir.

Leur écorce gris-vert, rude sous les paumes, sent bon, leurs fleurs en grappe le rassurent. Il marche dans le jardin sans les perdre de vue, les événements marquants de l'année passée défilent dans ses yeux. D'abord l'ombre de la mort. Non que l'affection dont il était atteint fût mortelle, mais elle exigeait une opération, jeu de hasard par excellence.

Il avait caché sa douleur, espérant s'en débarrasser sans qu'aucun observateur ne se préoccupe de ce mal qui, trop souvent, attaque les hommes quand ils atteignent les sept dizaines, l'affection de la prostate. Cet organe auquel on ne pense jamais soudain s'est manifesté l'année de ses soixante-quatorze ans.

Bonne occasion pour déposer le fardeau définitivement, a dit Yvonne, Philippe a approuvé, Élisabeth pensait la même chose.

Mais de Gaulle n'est pas fini. Quoi qu'il advienne, il a toujours une carte à jouer. Cette fois c'est l'Amérique latine. Il faut bien se rendre compte qu'elle éclate « dans ses dictatures militaires, dans son capitalisme où la misère côtoie l'opulence » et qu'elle veut échapper à « l'hégémonie américaine » et à « l'appel de la Russie et de la Chine [1] ».

La France a établi des liens avec Lopez Mateos, le président du Mexique, et Charles s'est rendu à son invitation avec Yvonne le 16, pour l'encourager à résister à l'hégémonie américaine. Quant à la prostate, l'opération étant prévue pour avril, eh bien, il est parti avec une sonde.

Après les premiers mots de bonjour aux milliers de Mexicains qui l'acclamaient sur le Zocalo, de Gaulle a lancé son discours dans la langue de Cervantès :

« Mexicanos ! Traigo a Mexico el saludo de Francia ! Francia saluda Mexico son amistad [2]. » Charles a appelé les deux pays à coopérer pour être en « paix » et « progrès constant ». « Marchemos la mano en la mano y viva Mexico [3] ! »

Dans un même élan, Charles et Yvonne ont célébré la culture aztéco-ibérique et la collaboration franco-mexicaine.

« Le Général et Mme de Gaulle ont assisté à une représentation donnée par les jeunes filles du Colegio francés del Pedregal, raconte Gérard Guasch. Elles ont dansé pour eux le *jarabe tapatío* qui fait froisser les

1. www.ina.fr, 16 mai 1964.

2. J'apporte au Mexique le salut de la France ! la France apporte au Mexique son amitié.

3. Allons ensemble, la main dans la main, et vive le Mexique !

volants de leurs longues jupes sur un ryhme très vif. Ils ont apprécié. De Gaulle a laissé un grand souvenir au Mexique, on en parle un peu moins, mais les Français du Mexique, très nombreux, en ont reparlé aux élections 2017. Chacun de raconter son de Gaulle, citer une de ses répliques célèbres, faire la comparaison avec les candidats, toujours à l'avantage du Général, en dehors de quelques réserves sur l'Algérie, sa probité laisse rêveur. C'est le grand homme, même pour ceux qui se réclament de la gauche[1]. »

Les étudiants et les professeurs de l'université ont rappelé les liens qui unissent les deux pays, depuis que les moutonniers émigrants de la vallée de l'Ubaye, les Barcelonnettes, ont institué des échanges entre les Alpes de Haute-Provence et Mexico, Puebla, Tempico…

Charles n'a pas oublié la douleur qui le vrille au moindre cahot de la route mais sous le regard vigilant d'Yvonne il pense à Baudelaire : *Sois sage, Ô ma douleur, et tiens-toi plus tranquille.*

Il doit aller parler de grandeur et d'amitié aux Antilles, avant d'entrer à l'hôpital Cochin pour y être opéré.

La veille, il a écrit à Philippe.

« Le Général lui avait précisé qu'il ne devait pas lire sa lettre s'il ne lui "arrivait rien", raconte François Flohic. Dans le cas contraire, il fallait la décacheter. Mon camarade Philippe l'a lue beaucoup plus tard : le Général l'invitait à assumer "la charge de conduire la France" au cas où il mourrait. L'opération s'est bien déroulée, au grand

1. Entretien avec l'auteur, mars 2018.

soulagement du destinataire. Pour deux raisons : la bonne santé de son père, et la sienne. Il se voyait très mal dans la peau d'un chef d'État[1]. »

Le second événement marquant est l'entrée au Panthéon de Jean Moulin, orchestrée par André Malraux, qui lui rend hommage à travers une incantation grandiose adressée au Général :

« Entre ici, Jean Moulin, avec ton terrible cortège. Avec ceux qui sont morts dans les caves sans avoir parlé, comme toi ; et même, ce qui est peut-être plus atroce, en ayant parlé ; avec tous les rayés et tous les tondus des camps de concentration… avec les huit mille Françaises qui ne sont pas revenues des bagnes, avec la dernière femme morte à Ravensbrück pour avoir donné asile à l'un des nôtres[2]… »

Au dîner, Charles reste silencieux. Les souvenirs de cet homme d'exception, qu'il considérait comme son ami, affluent. « Nous avions l'un et l'autre, et en toute connaissance de cause, une confiance entière », avait-il écrit après sa mort tragique en 1943.

Leurs « entretiens et leurs travaux communs » étaient « l'expression éclatante » de leur « accord ». Cet accord qui les avaient amenés à créer le Conseil national de la Résistance, Moulin ayant convaincu ses représentants, il en sera l'unificateur et le chef. Tandis que les thèses et les légendes contradictoires s'accumulaient sur les

1. Entretien avec l'auteur, juillet 2017.

2. Archives presse, Fondation Charles de Gaulle. www.ina.fr, 18 mai 2016.

circonstances de sa mort après son arrestation par Klaus Barbie, et sur l'identité de celui qui l'a trahi, Charles de Gaulle lui rendait hommage dans les *Mémoires* : « Homme de foi et de calcul, ne doutant de rien et se défiant de tout, apôtre en même temps que ministre [1]. »

Pour Daniel Cordier, le général de Gaulle et Jean Moulin étaient absolument liés : « Tous les mouvements de résistance, les moins disciplinés comme les plus stricts, Jean Moulin les rattachait tous à l'unique autorité du général de Gaulle. Seul, le Général pouvait faire que la France libre s'identifie à la France. Et sans Jean Moulin, la résistance risquait de n'être qu'une aventure dérivant au gré d'influences contradictoires [2]. »

Sa première mission d'agent secret ? Aller à sa rencontre, en ne connaissant que son nom de code, Rex. « Je m'étais présenté à ce Rex, un type brun, occupé, sympathique, il a souri : "Vous êtes libre ce soir ?" Deux ans que j'attendais de passer à l'action ! Avant d'aller chez de Gaulle, j'étais nationaliste, admirateur de Maurras, camelot du roi et vendeur à la criée de l'Action française. Rex ne m'a pas repoussé pour autant. J'ai pressenti que c'était le patron de la résistance et que j'allais enfin accomplir ce pourquoi j'avais rallié de Gaulle, me battre dans mon pays. Tuer du Boche. Je n'en ai pas tué un seul, j'ai travaillé pour lui dix mois à son secrétariat. Il m'a transformé. Quand il est mort, je n'y ai pas cru. Je l'ai attendu. On l'avait torturé, il n'avait pas parlé. C'est alors que j'ai appris son nom. Jean

1. *Mémoires de guerre, L'Unité, op. cit.*
2. www.charlesdegaulle.org.

Moulin. De Gaulle m'a fait compagnon de la Libération, la plus belle chose qui me soit arrivée de ma vie [1]. »

Charles tourne sa cuillère dans sa tasse à café, il est ému : « Il n'y a eu que l'héroïsme de pauvres garçons comme les soldats de Bir Hakeim, ou Jean Moulin et ses compagnons pour consoler la France [2]. » À le voir si troublé, Yvonne a du mal à retenir ses larmes.

Le 19 décembre 1965, Charles est réélu, avec 54,5 pour cent des voix, ce qui ne le satisfait pas : François Mitterrand totalise 45,4 pour cent des suffrages. Il s'attelle au travail en compagnie de Georges Pompidou, Premier ministre.

Été 1966, Tante Yvonne et Oncle Charles

« Le Général de Gaulle et Yvonne de Gaulle, c'était pour moi Oncle Charles et Tante Yvonne, comme disait mon père, Jacques-Philippe », dit Jacques Vendroux. C'est mon grand-père Jacques, le député de Calais, qui était le plus proche de tante Yvonne, c'était son frère. C'est surtout pendant les vacances qu'on allait les voir. Avec mon grand-père et ma grand-mère. On jouait au tennis sur la terre battue, oncle Charles venait nous voir. On sautait

1. Entretien avec l'auteur, décembre 2017.
2. Cité par Philippe de Gaulle, *De Gaulle, mon père*, I, *op. cit.*

dans la petite piscine en plastique. On ne se rendait pas compte qu'on était chez le président de la République et la célèbre Tante Yvonne. »

« On les voyait à l'heure du déjeuner et du dîner. C'était des vacances d'ados qui vont en famille à la campagne. On faisait de grandes balades dans la forêt de Dhuis, sans remarquer les officiers de sécurité. Il y avait un petit golf à 4 au 5 trous qu'oncle Charles avait fait aménager dans le jardin, on s'amusait. C'était familial [1].

« Il était vachement gentil, oncle Charles, tante Yvonne aussi. Et iI était très fort. ll savait que je n'avais pas de bons résultats à l école, que je n'étais pas tourné vers les études, il y faisait allusion et m'incitait à faire des efforts, sans avoir l'air d'y toucher. J'ai une lettre qu'il m'avait adressée, ma mère me l'a remise longtemps après son départ, j'étais très touché. Je l'ai gardée [2]. »

Quand les garçons de Philippe étaient encore écoliers, Charles et Yvonne les recevaient pendant les vacances, ils les emmenaient en promenade, dans la forêt, Yvonne leur tricotait des pulls, Charles se laissait aller à chanter. Pas le répertoire réservé à Anne, mais des chansons entendues à la radio. Line Renaud se souvient : « Toute ma vie, j'ai été gaulliste et je n'ai jamais osé aller voir le général de Gaulle. Nous avions l'homme qui avait sauvé la France, je chantais *La Marseillaise* lors des galas et des tournées et je n'osais pas lui adresser un hommage… Mais Michel Drucker m'a

1. Coulissemedias.com, mars 2015.
2. Entretien téléphonique avec l'auteur, octobre, novembre 2017.

invitée, dans les années 2000, avec Philippe de Gaulle. Et comme Michel racontait que le Général avait suivi le parcours de cette *jeune chanteuse du Nord* – je chantais à Lille en 47-48, à la radio puis en tournée avec le Tour de France, ensuite dans les music-halls et au Casino de Paris –, Philippe de Gaulle a dit que le Général chantait à ses quatre garçons : « *Combien pour ce chien, Dans la vitrine, Wah, wah* ». Et comme nous étions surpris, il s'est exclamé : « Oui, mon père faisait *Wah wah* à chaque refrain [1] ! »

Charles et Yvonne recevaient aussi leurs neveux et nièces à la Boisserie. Parfois, ils allaient leur rendre visite, à domicile, grimpaient jusqu'à un 5e étage, qui leur rappelait leur petit appartement de La Motte-Piquet.

« Moi, avec mon gros popotin, j'y arrive », disait Yvonne en déballant des cadeaux, des chandails. Ils étaient très famille.

Michel Anfrol : « Tous les neveux s'étaient engagés au temps de la France libre. Après la Libération, son neveu Bernard de Gaulle était un familier de la Boisserie. Le Général le réveillait très tôt – sans faire de bruit pour ne pas déranger Mme de Gaulle – et lui disait : « J'ai fait couler ton bain, tu verras si c'est à la bonne température. » Le lien était fort entre eux [2]. »

Bernard de Gaulle : « En 1940, j'avais 17 ans, et le général de Gaulle, c'était pour moi l'oncle Charles. J'étais

1. Entretien avec l'auteur, mai 2016.
2. Entretien avec l'auteur novembre 2017.

à Grenoble, cette ville avait commencé de résister bien avant la capitulation de Pétain, j'aimais cet esprit. Je n'ai pas entendu l'Appel, mais avec mon nom, je ne pouvais pas faire autrement que devenir résistant. C'était d'ailleurs pour moi un choix réfléchi et assumé. J'ai été très heureux et honoré de porter ce nom. Mais c'était quand même très lourd sur mes épaules. J'aurais parfois voulu être simplement moi. J'ai pris le nom de code Bruno Girard en 43 et j'ai rallié la France libre dans des conditions un peu acrobatiques, en passant par l'Espagne [1] ».

Si acrobatiques que Bernard de Gaulle a été interné en Espagne et, après avoir rejoint l'Angleterre pour y faire l'école militaire de la France libre, est parti combattre en Alsace.

« Plus tard, j'ai mené ma vie familiale et professionnelle souvent à l'étranger. J'ai été, bien sûr, imprégné par l'esprit et l'exemplarité de l'oncle Charles. Charles de Gaulle ? Un homme considérable. On le savait avant même qu'il ne soit l'Homme du 18 Juin. Un géant. Je l'admire… Aujourd'hui, je suis un vieux monsieur très fatigué [2]. »

Bernard de Gaulle n'en dira pas plus sur son engagement d'officier qui l'a mené à combattre en Alsace, ni sur sa trajectoire à la tête de grandes entreprises.

Pionnier des relations d'affaires sino-françaises, vice-président du Comité France-Chine, en 1964, il rencontre Mao-Tsé-Toung. Ce n'était pas prévu, mais il a représenté le général de Gaulle auprès du président de

1. *JSL*, 27 septembre 2013.
2. Entretien avec l'auteur, septembre 2017.

la République populaire de Chine, peu avant que Charles n'envisage le voyage auquel il tenait tant. Bernard de Gaulle l'y encourageait. De son oncle, il a, outre l'élocution et la courtoisie, une certaine réserve.

« Un de Gaulle ne parle pas de soi », dit-il, ce qui est une grâce, à l'heure où s'exposer est un devoir. Bernard de Gaulle n'a pas besoin de se montrer ni de parler haut, il a une voix aux tonalités graves et douces qui retient. Et c'est un conteur. Legs du Général ? « Oh, je suis bien loin du général de Gaulle… J'ai de l'admiration pour lui évidemment. Il a influencé toute ma vie. C'est un géant [1]. »

Son fils, Rémi de Gaulle confirme : « Oui, ce nom est lourd à porter ; ce jour de janvier 1959, à 6 ans, je suis devenu "de Gaulle" moi aussi… et j'ai appris qu'"un de Gaulle ne fait pas n'importe quoi" et ne se vante pas de ses liens avec le Général. »

À tel point que le 12 novembre 1970 il est gêné de montrer un laissez-passer portant son nom pour assister à la messe. « L'église de Colombey n'était pas assez vaste pour contenir toute la famille, mes parents avaient pris le train spécial affrété par la SNCF pour les Compagnons et les proches, et j'ai assisté à la messe à Notre-Dame de Paris. Alors que les chefs d'État du monde entier s'installaient, Nixon, Podgorny, le roi Baudoin, Houphouët-Boigny, Leopold Senghor, Bokassa, Indira Gandy, le shah d'Iran, le président et Mme Pompidou, moi, jeune étudiant sans avenir bien défini, j'étais à proximité. La suite nous l'avons

1. Entretien téléphonique avec l'auteur, mai 2017.

regardée à la télévision. Place de l'Étoile, c'était spectaculaire, une foule immense se recueillait. C'était vraiment une journée historique[1]. »

Rémi de Gaulle s'empresse de contredire des légendes croisées sur les origines du nom, dans le livre de souvenirs qu'il a publié : « Notre famille ne revendique ni titre nobiliaire ni domaine. » La famille de Gaulle, fixée en Champagne depuis le XVIIe siècle, installée à Paris depuis la fin du XVIIIe, est originaire selon toute vraisemblance de Bourgogne, précise-t-il. On a raconté souvent la visite du Général à Cuisery, le 18 avril 1959, manifestation festive autour du blason de la famille « DEGAULLE », datant de 1604, gravé sous le porche de l'église. Il donna lieu à maintes hypothèses sur les origines aristocratiques de ce nom illustre, doté de différentes graphies « remontant au XIIIe : de Gaul, Degaulle… » Il paraît plus simple d'accepter l'idée qu'il s'agit d'un vieux nom français dont l'orthographe a pu varier jusqu'au XVIIIe siècle, mais qui, depuis cette époque, s'écrit invariablement de la façon que nous connaissons », note le petit-neveu du Général dans son récit[2].

Il rappelle que le grand homme, ou simplement l'oncle Charles, ne suscitait pas l'envie de lui taper sur le ventre. « Il avait exigé le meilleur de son fils, en lui donnant une éducation stricte, si bien que Philippe ne s'autorisait pas de faiblesse, il avait d'ailleurs tendance à considérer que

1. Entretien avec l'auteur, avril 2018.
2. Rémi de Gaulle, *De Gaulle comme de Gaulle ?* Plon, 2018.

les femmes n'ont pas à porter la culotte. Très classique, il pouvait paraître rigide mais ne manquait pas d'humour.

« Élisabeth, au caractère bien trempé, était extrêmement sympathique, ses neveux l'aimaient et nous aussi ; épatante, énergique, très intelligente, elle était un peu comme son père. Elle s'était juré de ne rien dire et n'a pas dérogé à cette volonté. Tante Yvonne avait du caractère, ce n'était pas une godiche, c'est une légende [1]. »

On disait qu'elle faisait et défaisait les ministres, que si le Général n'avait pas pris Chaban-Delmas pour ministre, elle y était pour quelque chose. Mais Chaban ne déplaisait pas à l'Assemblée nationale, et le Général n'était pas si malléable. « Il faut dire qu'Oncle Charles faisait preuve d'une bienveillance et d'une attention rare vis-à-vis des enfants, il aimait rire et faire des blagues [2]. » Il appelait l'huissier de l'Élysée pour que celui-ci conduise son petit-neveu au “Cabinet du ministre” après le déjeuner. Impressionné, l'enfant suivait l'huissier qui le dirigeait à grands pas jusqu'à la porte d'un vulgaire water-closet.

Soixante ans plus tard, la famille de Gaulle aime toujours évoquer les traits de l'Oncle Charles et au besoin en inventer.

On se raconte cette histoire : Tante Yvonne entre sans frapper dans la salle de bains où Charles prend sa douche :

« — Mon Dieu ! s'écrie-t-elle.

— Ah ! je vous en prie Yvonne, dans l'intimité, appelez-moi Charles [3] ! »

---

1. Entretien avec l'auteur, mai 2018.
2. Rémi de Gaulle, *De Gaulle comme de Gaulle ?* Plon, 2018.
3. *Ibid.*

Autre histoire, rapportée par l'amiral Flohic : pour un dîner à l'Élysée, une douzaine de personnalités, parmi lesquelles Romain Gary. Le plan de table avait été fait, approuvé par le cabinet et soumis à l'approbation du Général.

Il revient raturé. « Il avait changé la place de Jean Seberg, indiquant par une flèche sa place tout près de lui, alors que les femmes de ministre étaient en bout de table. En outre, Romain Gary n'est pas ministre. Mais il était écrivain ! » Comme les Asiatiques, le Général met la littérature au sommet de la pyramide et les écrivains itou.

Plus important encore, la très jolie Jean Seberg, l'actrice d'*À bout de souffle* et d'*Aimez-vous Brahms*, Mme Gary ! Le Général a expliqué doctement à son cabinet qu'il fallait « honorer les étrangers », a fortiori les ravissantes étrangères [1].

27 novembre 1967, revue de presse

Le conflit du Proche-Orient est loin d'avoir trouvé un terrain d'entente qui amènerait la paix. De Gaulle l'appelle de ses vœux dans les messages qu'il adresse à David Ben Gourion et ses ministres, Abba Eban et Levi Eshkol.

1. Rapporté par F. Flohic, entretien avec l'auteur, mai 2017.

« Ce sont des gens admirables et je suis leur ami, confie-t-il à Albin Chalandon et Jacques Foccart. Les Israéliens ont exagéré car ils se sont lancés dans une guerre coloniale qui ne réglera rien[1]. »

La guerre des Six jours, remportée par Moshe Dayan, le 10 juin, change la géopolitique : le Sinaï, le Golan, la Cisjordanie, Gaza et Jérusalem-Est sont annexés à Israël, un million d'Arabes passent sous son administration.

Paul-Marie de la Gorce : « De Gaulle constate que les États-Unis sont entièrement engagés aux côtés d'Israël et que l'Union soviétique va soutenir systématiquement les états arabes engagés… Par un communiqué, il déclare indispensable un accord : librement négocié et accepté par toutes les parties et consacré par la communauté internationale[2]. » Avec Kossyguine, il évoque : une rectification de frontières en faveur d'Israël et le retour aux pays arabes des territoires occupés. Pour désamorcer l'engrenage des guerres, il en revient à la nécessité impérieuse de mettre un terme à la guerre du Vietnam.

Le 22 novembre, au sommet de Khartoum, les pays arabes « décident de ne pas reconnaître et de ne pas négocier avec Israël ; et le conseil de sécurité de l'ONU adopte la résolution 242 et enjoint à Israël de se retirer des territoires occupés[3] ».

Le 27 novembre, au cours d'une conférence de presse, de Gaulle aborde le conflit israélo-palestinien.

1. Cité par André Nayum, entretien avec l'auteur, mai 2015.
2. *Op. cit.*
3. nouvelobservateur.fr, 5 juin 2007.

En ouverture, il prononce la phrase qui va susciter une immense émotion :

« Les Juifs, jusqu'alors dispersés, mais qui étaient restés ce qu'ils avaient été de tout temps, c'est-à-dire un peuple d'élite, sûr de lui-même et dominateur, n'en viennent, une fois rassemblés dans le site de leur ancienne grandeur, à changer en ambition ardente et conquérante les souhaits très émouvants qu'ils formaient depuis dix-neuf siècles [1]. »

Stupeur, incompréhension et inquiétude pour les Français, juifs de France ou non juifs, qui s'impliquent dans l'évolution de la société du XXe siècle, mais aussi en Israël et à travers le monde. Les mots « sûr de lui et dominateur » ne passent pas.

Pierre Mendès France évoque « les prises de position du général de Gaulle qui ont profondément surpris et choqué beaucoup de Français, parmi lesquels beaucoup de Français de religion israélite [2] ». Aron repousse l'idée qui court que le Général puisse être antisémite, en revanche, il pense que les mots « peuple juif » ouvrent la porte à « l'accusation implicite de double allégeance » pour des Français juifs manifestant un attachement, une solidarité active avec Israël. « Je dirais que le général de Gaulle a sciemment, volontairement, ouvert une nouvelle période de l'histoire juive et peut-être de l'antisémitisme, écrit-il alors dans : *De Gaulle, Israël et les Juifs*, avant de conclure : « Pas le temps du mépris : le temps du soupçon [3]. »

---

1. INA, *Charles de Gaulle*, Paroles publiques, conférence de presse, 27 novembre 1967.

2. Cité par Jean Lacouture, entretien avec l'auteur, septembre 2012.

3. *De Gaulle, Israël et les Juifs*, Plon, 1968.

Pour François Broche, si ces mots ont été maladroits, accuser de Gaulle d'antisémitisme relève du contresens: «Toute son action depuis le 18 juin 1940 n'a cessé de témoigner d'une hostilité absolue à toute forme de racisme, au nom de cette civilisation née dans l'occident de l'Europe, dont il parlait dans son discours d'Oxford, le 25 novembre 1941, et aussi des droits imprescriptibles de tout être humain à la dignité et à l'égalité dont il s'est régulièrement réclamé dans ses discours de guerre[1]... » Il rappelle que c'est à Jérusalem que se regroupaient ceux qui fuyaient le Levant vichyste pour rejoindre de Gaulle, et c'est en luttant contre les troupes de Dentz aux côtés des Free French que Moshe Dayan avait perdu un œil en 1941[2].

Selon Paul-Marie de la Gorce «cette phrase équilibrait éloges et critiques, et, dans son vocabulaire, les adjectifs n'étaient nullement péjoratifs[3]». Encore fallait-il écouter la suite du propos de De Gaulle:

«Un capital considérable d'intérêt et même de sympathie s'était accumulé en leur faveur, surtout, il faut bien le dire dans la Chrétienté; un capital qui était issu de l'immense pouvoir du Testament, nourri par toutes les sources d'une magnifique liturgie, entretenu par la commisération qu'inspirait leur antique malheur et que poétisait, chez nous, la légende du Juif errant, accru par les abominables persécutions qu'ils avaient subies pendant la Deuxième

1. François Broche, *Espoir*, mars 2004, Fondation Charles de Gaulle.
2. *Espoir*, 146, mars 2004, Fondation Charles de Gaulle.
3. *Op. cit.*

Guerre mondiale et grossi, depuis qu'ils avaient retrouvé une patrie, par leurs travaux constructifs et le courage de leurs soldats [1]. »

Selon Pierre-Louis Blanc il y a un malentendu autour de ce « peuple d'élite… », mais à l'exemple de Montaigne, quand une critique lui semblait disproportionnée, de Gaulle préférait ne rien dire [2].

Le Général ne s'est donc pas expliqué publiquement, mais il a assuré le grand rabbin Jacob Kaplan qu'il ne voulait offenser personne :

– Vos propos ont cependant apporté des arguments aux antisémites, lui fait remarquer le grand rabbin, oui ou non, une incompatibilité existe-t-elle, à vos yeux, entre les devoirs des Juifs en tant que citoyens français, et leur sympathie affirmée pour Israël ?

Comme le général assure que la sympathie « des Juifs de France pour le peuple et la terre d'Israël est naturelle », le grand rabbin publie un communiqué rendant compte de leur accord : « il n'y a pas de problème [3] ».

De Gaulle écrit à Ben Gourion qu'il a toujours admiré :

« Il ne saurait y avoir rien de désobligeant à souligner le caractère grâce auquel ce peuple a pu survivre et rester lui-même après dix-neuf siècles passés dans des conditions inouïes. »

Ben Gourion assure de Gaulle qu'il réprouve les critiques dont il est l'objet, même si certains des mots qu'il a employés sont durs.

---

1. INA, conférence de presse, 27 novembre 1967, *op. cit.*
2. Entretien avec l'auteur, octobre 2017.
3. Cairn Info, *Archives juives*, 2007/2, vol. 40.

« De Gaulle est le plus grand homme d'État que j'ai connu, écrit le président d'Israël. On doit juger un homme d'État d'après ce qu'il a fait dans l'intérêt de son pays. Il faut juger de Gaulle en tant que Français faisant passer l'intérêt de son pays en priorité et non pas d'un point de vue trop strictement israélien[1]. »

Jean Lacouture : « Ce message de De Gaulle n'a pas été bien perçu, l'opinion n'a pas compris très bien ce qu'il voulait dire, même si la suite faisait référence à l'Histoire, au Juif errant, au courage d'un peuple reconnu comme énergique, et plein de courage. Il a employé des termes qui ont pu blesser, faire penser à une sorte d'anti-israélisme, et deux ans plus tard il est possible que l'opinion publique s'en soit souvenue[2]… »

« Peuple d'élite, sûr de lui-même et dominateur », ces mots resteront dans les annales comme un rejet, inspireront nombre d'articles et d'études. Le propos sera retourné régulièrement en France comme à l'étranger à travers médias et essais : « L'arrogance de la France paraît non seulement irritante mais paradoxale, compte tenu de l'incroyable soumission des gouvernements français aux autorités allemandes[3]. »

Romain Gary voue depuis l'enfance une admiration inaltérable à de Gaulle, doublée d'une grande affection, une fois de plus il va jouer avec les codes. Il a entendu la phrase, il sait qu'elle a provoqué une vague d'indignation,

1. Archives presse, archives orales, Fondation Charles de Gaulle.
2. Entretien avec l'auteur, octobre 2012.
3. John Laughland. Diploweb.com, 2001.

invité à la radio en décembre de la même année, il le relate dans *Ode à l'homme qui fut la France.*

« J'ai moi-même eu l'occasion de souhaiter une bonne et heureuse année à tous les Français – ce peuple d'élite, sûr de soi et dominateur –, nul n'a songé à protester. Les Français étaient contents. »

Afin que nul n'ignore combien lui est cher le sauveur qu'il a cherché à travers ses rêves depuis l'enfance, il ajoute :

« Je ne connais pas d'homme qui soit aussi peu antisémite que vous, ne serait-ce que parce que tous les hommes vous paraissent tous égaux, vous qui préférez les regarder à votre manière plutôt que de les observer au travers d'un télescope géant[1]. »

La conférence de presse, mille fois commentée, permettra de revenir à travers les médias sur cette éternelle question : de Gaulle a-t-il été influencé par Maurras ? Les jeunes gens de sa condition et de son époque, catholiques de surcroît, lisaient Maurras, sans doute, comme ils avaient la photographie de Pétain dans la maison de famille en 1918, De Gaulle l'a lu et ne s'en cache pas, mais on ne trouve pas une seule note sur Maurras dans ses carnets[2].

Chez Charles, on était dreyfusards de père en fils et réfractaire à l'antisémitisme. Il était à la vérité plus imprégné de Péguy qui lui parlait au cœur avec la terre, les cathédrales et la France telle « la madone aux fresques des

---

1. *Ode à l'homme qui fut la France*, Gallimard, 1997.
2. Alain Larcan, *De Gaulle, l'Inventaire*, Bartillat, 2003.

murs », comme il l'écrit dans les premières lignes du premier tome des *Mémoires de guerre*, mais aussi de Jacques Maritain, Bergson et Bernanos, pourfendus par Maurras.

Son maître à penser était le lieutenant-colonel Émile Mayer, militaire hors des sentiers battus, journaliste visionnaire, intellectuel mis à l'écart, juif. La bête noire de Maurras d'après Alain Larcan[1].

Il allait le retrouver à la brasserie Daumesnil pour l'écouter plus encore que pour lui parler. Il lui a donné ses premiers écrits à lire et corriger. Charles était fasciné par cet homme solitaire, méditatif et avant tout indépendant.

1919-1967, On a dû vous parler de moi à Varsovie…

À l'automne 67, Charles et Yvonne s'envolent pour Varsovie. Le Général y est attendu avec tous les honneurs dus aux combats qu'il a menés sa vie durant pour une Pologne indépendante, et au souvenir qu'a laissé le jeune capitaine, instructeur de l'armée polonaise, confrontée en 1920, à un ennemi redoutable, l'armée soviétique.

Près d'un million d'hommes, alors que les soldats polonais n'étaient que 70 000, les Français 6 000. Le plus incroyable – une telle coïncidence ne s'invente pas dans un scénario, elle semblerait « téléphonée » – le chef de guerre soviétique, Toukhatchevski, particulièrement belliqueux

1. *Op. cit.*

(« *La route de l'incendie mondial passe sur le cadavre de la Pologne !* ») était un camarade de Charles, fin et lettré, alors qu'ils étaient enfermés dans la même cellule à Ingolstadt, rêvant tous les deux d'évasion. Le Russe s'était fait la belle, Charles aussi, mais ce n'est pas pour rien qu'on le surnommait deux mètres, difficile de passer inaperçu, on connaît la suite… Arme à la main, il avait contribué alors à la contre-attaque des troupes de Pilsudski qui avaient débouté les Soviétiques, il avait obtenu une citation Virtuti militari.

S'il « voulait la Grande-Bretagne nue », la Pologne, il l'aimait indépendante. En 1945 et 1966, il avait remis l'ouvrage sur le métier, refusant de reconnaître le régime stalinien, alors que Churchill laissait faire et que l'Amérique regardait ailleurs, quant à l'Europe Charles la voulait grande, allant de l'Atlantique à l'Oural.

Depuis qu'ils ont quitté l'Élysée, Charles arbore un petit sourire, Yvonne le regarde du coin de l'œil. Il a passé dix-huit mois dans la ville de Chopin avant leur mariage.

Arrivé à 28 ans, il louait une chambre 35 rue Nowywiat, fréquentait le club des officiers de la rue Zielna, le restaurant de l'hôtel Polonia, et la fameuse pâtisserie Blikle. Ses paczki, ou beignets à la crème, étaient si réputés qu'on y venait de très loin, et Charles a toujours aimé les douceurs.

Ces pâtisseries polonaises étaient comme les salons de thé de l'Est, des lieux de divertissement, avec de la musique, des mets raffinés, des sirops, du champagne ; les officiers et la bonne société s'y rencontraient. Charles n'a pas passé toutes ses soirées à se gaver de beignets en parlant stratégie. C'était l'époque où dans son carnet il notait : « deux amants ; la brûlante douceur de la complicité ».

Au cours d'un dîner officiel à l'ambassade, Yvonne incite leur l'hôte à évoquer la jeunesse de son mari, plus particulièrement ses succès féminins.

On l'a vu souvent auprès de la comtesse Czetwertynska, une très jolie femme, fine, brillante, sensuelle, portant fourrures et perles, d'après ce qui se raconte. Quant à Charles, sa haute taille, son sourire charmeur et sa connaissance des poètes plaisaient beaucoup ; et puis il était français, avec le côté mélancolique et passionné que cela sous-entend, enfin sa gloire l'auréolait de ce je ne sais quoi dont parle Vladimir Jankélévitch.

Un bruit courait sur un amour de jeunesse du commandant de Gaulle pour une autre jolie comtesse polonaise Agnieszka Korzeniowska, en 1920 à Varsovie, sans autre précision.

On savait que par son action le jeune de Gaulle avait largement contribué à l'indépendance de la Pologne, la paix signée l'on a crié « vive La France » et le commandant de Gaulle a répondu : « La France ! Elle était ici avec nous, ardente, sage et résolue ! »

Le général Zdrojewski en témoigna, Philippe le confirme, dans ses entretiens avec Michel Tauriac[1].

L'hôte assura Yvonne que mais non, que pas du tout, on n'avait jamais vu le Général avec une femme, d'ailleurs, il

1. *LNC, op. cit.*

ignorait tout – ce qui prouve qu'au moins on en a parlé. Peu avant leur mariage, des amis polonais avaient présenté à Charles une jeune femme peu farouche. Il était resté impavide.

Qui sait si ces salons de thé n'abritaient pas des chambres, comme à Paris, pour le moins des portes dérobées permettant une sortie discrète. D'ailleurs, une chambre, Charles en avait une, si elle n'était pas luxueuse, la comtesse roulant carrosse avait les moyens de l'embarquer pour Cythère.

Mais tout cela était loin, et il ne lui déplaisait pas, à Yvonne, qu'il ait plu et qu'il plaise. Elle se rappelait qu'il avait eu un petit sourire, un de ces petits sourires que les hommes laissent échapper, quand il avait dit à Malraux : « On a dû vous parler de moi à Varsovie ? » Les femmes, elles, se gardent bien de le laisser s'épanouir, le sourire intérieur.

Yvonne regardait les regards qui se portaient sur Charles, elle y lisait de l'admiration, Charles venait de remporter cinq accords franco-polonais.

Allons, tout était bien, ils allaient rentrer. « Vive la Pologne ! Notre chère, noble et vaillante Pologne ! » dira Charles. Il était loin des petites histoires.

1918-1968, secrètes amours, chagrin secret

Charles a gardé secret un amour. Un grand amour, éprouvé pendant la Première Guerre mondiale pour une

« jeune fille », sans autre précision. Charles l'aimait tant (et sans doute l'aimait-elle aussi) qu'il était « presque fiancé ». Comment était-elle ? Jolie sans aucun doute, depuis l'adolescence l'adjuvant indispensable à l'amour est la beauté pour Charles. Son premier écrit d'adolescent, qu'il signa Charles de Lugale, racontait les amours de *Zalaïna*, une « jeune sauvage » de Nouvelle-Calédonie, dont la beauté envoûtait un officier de la Coloniale. Ce thème, cher à Pierre Benoît et Pierre Loti, alimentant films, œuvres lyriques, *Madame Butterfly* entre autres, chansons de l'époque, flirtant avec l'érotisme, lui plaisait.

Et la personnalité de la jeune fille ? Lettrée, déterminée, courageuse, comme la plupart des femmes qui l'ont entouré. Elle fut la source d'un « des plus grands chagrins personnels », a-t-il écrit. Où l'a-t-il rencontrée ? à Arras, à Lille ? Paris ? Pas en Allemagne, il était soit enfermé soit en cavale.

Quand l'a-t-il aimée ? Et quelle est la raison de son chagrin ?

« Elle fut tuée à Lille, par un obus anglais en 1917. »

C'est donc avant 1914, ou peu après, qu'il l'a aimée. Et ce n'est pas à un proche qu'il révèle cet amour. La lettre, datée du 9 mars 1942, Charles l'a adressée à J.A. Pagès, un Français de Londres. Assez distant pour qu'il puisse se confier et suffisamment compréhensif pour qu'il n'ait pas à donner de détails. L'homme tenait un restaurant français à Londres [1].

1942… Il est en Angleterre avec Yvonne, mais pas souvent près d'elle ; la France libre l'entraîne au loin. C'est

1. *LNC*, Plon, 1982.

l'année du fameux reportage à Berkhamsted, c'est aussi l'année où elle ne se montre pas souvent à Londres. Triste, songeuse, elle s'enferme chez elle. Charles est en Algérie ou à Londres, où Élisabeth de Miribel le seconde.

Yvonne a-t-elle su ?

Et pourquoi en parle-t-il à cet homme, quinze ans après les faits ?

Cela devait être vraiment un grand amour pour que le chagrin le fasse encore souffrir.

C'est pendant sa détention, en 1918, qu'il écrit à Jeanne, sa mère, juste après sa cinquième évasion. Enfermé à la forteresse de Wülzburg, il s'était glissé dans un panier de linge, on l'avait repris et enfermé trois jours après, et le chagrin de cet amour secret le consume encore.

« Ma bien chère maman,

Je n'ai pas besoin de vous dire que pour moi il ne se passe rien […] je suis un enterré vivant. Lisant l'autre jour dans quelque journal le qualificatif de "revenants" appliqué à des prisonniers français rentrés en France, je l'ai trouvé lamentablement juste […] au point de vue militaire, je ne me fais aucune illusion, je ne serai, moi aussi, qu'un revenant.

Je vous embrasse, ma bien chère maman.

Votre fils aimant.

C. de Gaulle [1] »

---

1. *LNC*, *op. cit*, cité par Max Gallo : *L'Appel du destin*, Robert Laffont, 1998.

C'est aussi l'époque où Charles « bout dans sa peau », comme il écrit à son père. L'année suivante, il est en Pologne. Cette fois, c'est la petite comtesse Strumilla, qui l'invite et le retrouve en ville. On les a vus quitter ensemble la fameuse pâtisserie, il vit à l'hôtel Bristol. Ce qui est très pratique, pas de logeuse pour le guetter, du va-et-vient, et qui s'étonnerait de voir une jeune femme monter l'escalier enveloppée de ses fourrures, les yeux cachés derrière sa voilette ? Il prendra tout de même une garçonnière, dans la paisible rue Wareka.

Elle est belle, la comtesse ; l'ombre au tableau, c'est qu'elle n'est pas seule. C'est ce qu'on dit.

À Arras, avant-guerre, les femmes étaient gaies, charmantes et désirables paraît-il, le jeune sous-lieutenant Charles de Gaulle n'était pas mal de sa personne.

On le remarquait de loin avec son casoar, sa longue redingote, ce regard sombre, et sous la moustache, la bouche bien dessinée, ce qui est bon signe. Il avait des rapport cordiaux avec le colonel Pétain qui le notait bien. On a murmuré qu'ils connaissaient les mêmes jeunes personnes. Beaucoup plus tard, Jean Lacouture a raconté que Mauriac lui avait lancé : « Des femmes, de Gaulle ? les mêmes que Pétain ! »

En 1913, Charles et le colonel Philippe Pétain fréquenteraient les mêmes lieux et les mêmes personnes.

Le Général a fait une confidence à ce sujet à Claude Gui : « [Pétain] avait beau ne se livrer presque jamais, j'ai néanmoins connu le bonhomme dans ses moments de confidences : primo parce qu'il m'avait repéré et deuxièmement parce qu'il aimait les femmes… Il aimait les femmes comme on les aime à cinquante-deux, cinquante-trois ou cinquante-quatre, il nous arrivait de nous "croiser"[1]. »

Pétain portait beau à soixante ans, des yeux bleus, un blond terni, c'est entendu… mais Paul-Marie de la Gorce imagine que le jeune officier ne pouvait que respecter une distance de bon aloi avec son colonel.

« Ne croyez pas cela, lui lance de Gaulle, à l'époque, j'étais très sur les femmes, Pétain aussi, ça nous rapprochait… C'est dire que nous en parlions tout le temps[2]. »

Chaque semaine, ils allaient à Paris et faisaient parfois le voyage ensemble en train. « Bref, à Paris, il nous arrivait de nous croiser. »

La jeunesse et les passions du Général intriguent, et ceux qui l'ont approché dans le creuset effervescent de la politique ont du mal à le croire l'homme d'un seul amour depuis son mariage. Ils préfèrent laisser entendre qu'une « histoire avec une belle » ne pouvait s'arrêter par la magie d'un sacrement mais qu'elle a continué pendant un certain temps.

« Il faut savoir que le jeune de Gaulle a sauté une nuit de la fenêtre de l'hôtel d'une charmante, à Arras, raconte un intime, et qu'il est parti le pantalon sur le bras, un bruit de bottes montant l'escalier. Il était jeune, libre, et fougueux. »

C'était le même homme qui professait : « En amour la seule victoire c'est la fuite. »

1. Claude Guy, *op. cit.*
2. Paul-Marie de la Gorce, *op. cit.*

La contraception ? « Jamais ! (...) On ne peut pas réduire la femme à une machine à faire l'amour ! Si on tolère la pilule, on ne tiendra plus rien. Le sexe va tout envahir[1] ! »

Yvonne lui en a parlé déjà ; d'ailleurs il sait bien que l'angoisse d'une grossesse non désirée hante les femmes, quand il n'y a aucun moyen de contraception, autre que le retrait, ou l'éternelle capote, un nom qui évoque plus l'armée que le plaisir, et ces méthodes peu fiables, docteur Ogino et autres amateurs. Il sait la peur qu'elles éprouvent d'avoir à recourir à l'avortement, et tous les risques médicaux, judiciaires, moraux, psychiques que cela pose. Elle est revenue sur le thème...

Neuwirth est invité à un déjeuner intime à l'Élysée. Yvonne, parfaite maîtresse de maison, compose toujours les listes d'invités, étudie chaque fiche, goûts, loisirs, vie de famille, nombre d'enfants, tous éléments utiles pour préparer un échange. Le député, Charles le connaît : c'est le miraculé. À 16 ans il a entendu l'appel, fondé un groupe de jeunes impétueux, a rejoint la France libre et combattu aux Pays-Bas. Arrêté il a été fusillé, mais un corps tombe sur lui qui le protège.

Quand on vient ramasser les morts, on le voit respirer, on l'arrache au charnier. Il guérit et rejoint Londres,

1. *C'était de Gaulle*, *op. cit.*

rencontre une Irlandaise, noue une idylle. Elle lui fait connaître un contraceptif efficace qui se vend librement en Grande-Bretagne. C'est l'incident déclencheur qui va guider son combat de député, pilule et dépénalisation de l'avortement. Fine mouche, Yvonne n'est pas étrangère à l'invitation à déjeuner.

« Dites donc, Neuwirth, vous viendrez me parler de votre affaire ! » lui lance Charles en ajoutant un ou deux sucres dans son café. Il le reçoit et écoute ses arguments sans mot dire. Lucien Neuwirth joue son ultime carte : « Mon Général, les temps sont venus de donner (aux femmes) le droit de maîtriser leur fécondité, elles ne peuvent pas être des demi-citoyennes[1]. »

Charles opine du chef : « Transmettre la vie, c'est important. Il faut que ce soit un acte lucide. » Le mercredi suivant, dans le salon doré, la stupeur fige Georges Pompidou quand il entend le président demander comme une évidence qu'on débatte de la proposition de loi sur la pilule à l'Assemblée. Il y met un seul bémol : ne pas taxer la Sécurité sociale : « Les Français veulent une plus grande liberté de mœurs. Nous n'allons quand même pas leur rembourser la bagatelle[2] ! »

C'est à cette époque que la minijupe se porte, au grand dam d'Yvonne, paraît-il, qui préférait les jupes aux genoux, et n'appréciait pas les tenues de Brigitte Bardot et Jane Birkin, pas plus que celles des jeunes inconnues

1. Rapporté par Monique Fabre.
2. *C'était de Gaulle*, *op. cit.*

croisées au Bon Marché. Elle avait entendu dire que le ministre de la Communication, marié, père de cinq enfants, réprouvait ce vêtement autant que les diktats de la mode. Au cours d'un déjeuner intime, elle lui demande avec un sourire narquois :

« La minijupe, monsieur Peyrefitte, vous allez l'interdire ? »

On murmure aussi qu'Yvonne ne brûlait pas d'impatience à l'idée de voir Brigitte Bardot à l'Élysée.

Invitée à la fête culturelle annuelle de l'année 1968, présidée par le Général et le ministre de la Culture, André Malraux, l'actrice n'est pas arrivée en minijupe. Après une dizaine de téléphonages fiévreux, émanant du cabinet du président pour s'assurer de sa présence, elle fait son entrée dans la salle des Ambassadeurs, sanglée dans une redingote militaire à brandebourgs, digne de l'armée de Napoléon.

Malraux reste sans voix, la belle actrice s'approche du Général auquel il voue une véritable dévotion. Les deux ensemble, c'est vraiment trop d'émoi. De Gaulle lui donne un coup de coude :

« Chic, un militaire, on va pouvoir parler métier. »

Brigitte Bardot est face au général de Gaulle qui lui sourit : « Madame, je suis militaire et je suis en civil, et vous qui êtes civile, vous êtes en militaire. » Il s'incline et l'invite courtoisement à prendre une coupe de champagne avec lui.

Brigitte Bardot suit le Général jusqu'au buffet, en toute discrétion. C'est lui la star, pas elle.

« Le mari de BB, Gunther Sachs, était un peu moins enthousiaste, commente Michel Anfrol, quant à Mme de

Gaulle, sans paraître rien remarquer, elle est allée bavarder avec l'épouse d'André Malraux, la concertiste Madeleine Malraux[1]. »

Cette fois, Yvonne n'a pas compté le nombre de coupes que Charles a consommées. Mais, quand sa conscience l'exige, elle surveille son régime. Même de loin. La santé de Charles avant tout !

En février 1968, le Général va rendre hommage aux marins disparus en mer. Le sous-marin *La Minerve* a sombré corps et biens avec cinquante-deux hommes à bord, après quatre minutes d'exercices au large de Toulon. Les recherches ont été vaines. On ne s'explique pas les raisons de la catastrophe. L'épave n'a pas été retrouvée, c'est une tragédie sans précédent.

Yvonne est restée à la Boisserie, Charles va présider la cérémonie, revoir les officiers et les marins, perdus de vue depuis longtemps, c'est une réunion de militaires. Elle appelle l'Arsenal. Demande à parler au commandant André Faure.

« Commandant, après la cérémonie, le Général m'a dit que vous aurez une réunion entre militaires, et c'est bien normal, évoquant le souvenir des camarades, vous boirez le verre de l'amitié …

— Madame de Gaulle, je puis vous assurer que nous serons raisonnables…

— Je n'en doute pas, commandant, mais je voulais seulement vous demander de veiller sur mon mari. Il

1. Entretien avec l'auteur, novembre 2017.

aime prendre un whisky, de temps à autre, mais il doit respecter son régime. Il ne lui faut pas d'alcool ou juste un verre.

— J'y veillerai, Mme de Gaulle, je m'y engage », rétorque le commandant de *La Minerve*, très ennuyé.

« Mission difficile, selon François Flohic, comment rationner le Général, sans être indiscret ? Mais mon camarade avait promis à Mme de Gaulle qui s'inquiétait toujours pour le Général. Du temps avait coulé sous les ponts quand il me l'a raconté, le Général n'était plus là, ni Mme de Gaulle. Il avait tenu sa promesse, mon camarade, comme il a pu [1] … »

Le général de Gaulle était la vedette incontestée des grandes soirées.

« Je l'ai accompagné aux obsèques d'Eisenhower à Washington, raconte l'amiral Flohic, c'était incroyable. Il y avait foule à la Maison Blanche, l'hommage au président des États-Unis était planétaire. Eh bien, les personnalités du monde entier faisaient la queue pour venir saluer le général de Gaulle. Rendre hommage à l'ami d'Eisenhower, au chef de la France libre que Roosevelt avait mis à l'épreuve pendant la guerre, au sage qu'admirait Kennedy, de Gaulle !

« C'était un grouillement admiratif autour du Général. N'abdiquez jamais, on ne sait pas de quoi l'Histoire est faite ! » lui a lancé le roi Constantin de Grèce. Mais le

1. *La Minerve* a sombré avec l'équipage le 27 janvier 1968. Entretien avec l'auteur, juin 2017.

Général gardait la tête froide, l'air dubitatif. Il m'a regardé : « Alors Flohic, quel commandement prendrez-vous ? »

Il savait que c'était fini. Un mois plus tard, il partait. Et effectivement, j'étais en mer quand j'ai appris sa mort. Quelle tristesse. Je ne pouvais pas croire que je ne servirais plus le général de Gaulle [1]. »

La même année, pour le cinquantième anniversaire de la bataille de Villers-Côtterêts [2], le général de Gaulle reçoit les descendants des grands chefs militaires, dont la famille du maréchal Foch. Il les salue, serre la main de chaque membre, et une jeune fille, sans doute, l'une des petites-filles de Foch, lui dit son compliment et s'éloigne, timide. Le Général la rattrape : « Mademoiselle, vous êtes très belle. » La jeune fille fait un signe de tête. Les conseillers regardent, médusés, la belle fille, puis le Général qui semble sorti d'un grand bal d'Empire. Il lui a fallu seulement quatre mots pour dire la beauté en toute simplicité. « Vous êtes très belle. »

1er janvier 1968, la cérémonie des vœux

De Gaulle annonce le programme à la télévision :

« Il faudrait concevoir et réaliser au plus tôt quelques grands desseins. J'en vois trois : s'attaquer aux problèmes

1. Le président Eisenhower est mort le 28 mars 1969.
2. Bataille décisive, le 18 juillet 1918.

de la jeunesse, car on ne me fera pas croire qu'un pays comme la France ne peut pas donner à tous ses enfants une éducation et des débouchés ; améliorer les rapports entre le monde du capital et celui du travail ; je suis préoccupé enfin par l'évolution de la démographie française [1]. »

Soixante-huitard avant la lettre, de Gaulle ?

Conscient des raideurs qui s'accumulent dans l'enseignement depuis des décennies, il veut réformer en profondeur l'Éducation nationale, en particulier l'Enseignement supérieur, tandis que Pompidou reste sur les acquis traditionnels.

« Viscéralement conservateur, Pompidou, en mai 68, rouvre la Sorbonne et laisse les manifestants occuper l'Odéon. Mais c'est juste une mesure libérale qu'il applique par démagogie », commente un intime du Général [2].

Par erreur, on lui attribue souvent le renouvellement de l'université l'année suivante. Mais c'est de Gaulle qui, sollicité par Edgar Faure, et en accord avec lui, en est à l'origine. « Il faut créer de nouveaux établissements d'enseignement supérieur », lui répète son ministre de l'Éducation, impatient de mettre en place le projet qu'il a concocté avec des enseignants dissidents de la Sorbonne. Convaincu, de Gaulle accepte. Il veut en finir avec le mandarinat qui sclérose tout le système éducatif. Il veut que chaque Française, chaque Français puisse entreprendre

1. INA, Paroles publiques, 31 novembre 1967.
2. Entretien avec l'auteur, octobre 2017.

des études supérieures, même s'ils n'ont pas papa, maman pour assurer les frais et travaillent.

Le 7 décembre 1968, de Gaulle signe le décret de création du Centre expérimental de Vincennes et montre à Élisabeth et Philippe l'affiche « Vincennes, la fac ouverte à tous », symbolisée par une main tenant une fleur épanouie. Il exulte comme s'il allait y suivre lui-même un cursus littéraire. L'université ouvrira en janvier 69. Il encourage réformes et projets d'avant-garde.

Michel Anfrol :

« Le Général était tourné vers la modernité. Captivé par les prémices du Train à Grande Vitesse, deux ans plus tôt, il avait inauguré le Capitole, mais ce n'était pas assez, il soutenait le projet TGV, les projets scientifiques, il a engagé le vol d'essai de Concorde. Il s'intéressait à tout programme aéronautique, nucléaire et spatial qui mettra la France en avant [1]. »

Le 21 juillet 1969, on marche sur la Lune. Neil Armstrong annonce qu'Eagle, le module lunaire de la mission Apollo XI, vient de se poser. « À 4 heures du matin les téléspectateurs français sont devant leur poste – c'est moi qui fais le commentaire pour l'ORTF –, le Général n'est pas le dernier à scruter l'écran. Il est fasciné par les cosmonautes en marche dans l'espace. En 65, il encourage le programme des fusées Diamant. »

De Gaulle avait balayé d'un revers de main les conseils de prudence de Pierre Messmer qui redoutait qu'en cas

1. *Ibid.*

de problème technique les élections tournent à l'échec. Le 26 novembre 1965, la fusée Diamant, nouveau lanceur de satellite, a décollé de la base d'Hammaguir, au Sahara. Astérix, le premier satellite français, va être lancé dans l'espace. (Le Général n'est pas seulement un lecteur de Tintin, il aime aussi la bande dessinée de Goscinny et Uderzo.) Le vol, suivi par le radar Aquitaine, s'accomplit parfaitement. Astérix est bien sur orbite. Le seul petit problème, c'est que le radar ne le repère plus. Le conseiller de l'ambassade des États-Unis en France affirme pourtant qu'il a été détecté sur son orbite ainsi qu'un objet inconnu.

Un objet non identifié. Panique au cabinet du Général. L'enquête révèle qu'en s'éjectant, la coiffe a simplement arraché les antennes. Quant à l'objet mystérieux satellisé, c'est une clé de 8. On l'aura oubliée sur le terrible engin. De Gaulle exulte. « Vous pouvez faire l'annonce, Peyrefitte, la France est la troisième puissance spatiale mondiale après l'URSS et les États-Unis. »

Toute la presse pousse d'impétueux cocoricos.

10 mai 1968, la nuit des barricades

Le 10 mai, les étudiants sont dans la rue depuis une semaine. Ceux qui ont envahi la Sorbonne, le 3 mai, ont été expulsés par les CRS, l'université est fermée. Ils battent le pavé, accompagnés par des milliers de lycéens, d'étudiants qui réclament plus de réflexion, d'autonomie, la fin du « recrachage » et du mandarinat. Suivent des groupes de gauchistes, de communistes, de trotskistes, des groupes de droitiers, d'anarchistes, des groupes de femmes, de maoïstes, de professeurs, on identifiera des groupes d'extrême droite, des « katangais », des groupes d'autonomes, avec ou sans revendication qui ont pour vademecum l'envie que ça change. Et puis des employés, des artistes, des infirmières, des observateurs…

« Qu'est-ce qui prouve que les communistes ne sont pas de mèche avec les gauchistes ? » s'interroge le Général. Ses ministres toussotent. Mais Alain Geismar y a pensé : « Le pouvoir et la gauche politique et parlementaire ont été pris de court de même. Le PCF, et son bras armé la CGT, ont cherché à saboter puis récupérer le mouvement, le PCF a essayé d'acheter son ralliement contre une place au comité central [1]. »

C'est la nuit des barricades. Les grilles des arbres descellées, elles s'édifient à toute vitesse, les filles les escaladent avec un drapeau, mais *La liberté guidant le peuple* n'a pas voix au chapitre ; d'abord elle n'a pas les seins nus comme le modèle de Delacroix, ensuite le micro est l'emblème de la puissance masculine, les voix fluettes sont couvertes par les tessitures des camarades.

« Ils n'ont qu'un objectif, foutre en l'air le régime et le pays ! » lance de Gaulle, dans l'intimité du Salon doré.

1. Entretien avec l'auteur, mai 2008.

Depuis une semaine les communiqués de l'ORTF sont austères : il a été annoncé que la Sorbonne serait *occupée*, et qu'il y serait tenu des discussions jour et nuit ? Elle reste fermée.

Les reportages de Jean-Pierre Farkas et Patrick Penot sur RTL sont précis, ceux d'Ivan Levaï pour Europe 1, détaillés. « On fait de la radio comme on parle, on parle comme on écrit » est sa devise. Dans la rue Gay-Lussac, c'est Fernand Choisel qui tend le micro à Daniel Cohn-Bendit. Devenu une sorte de pop star, c'est l'invité idéal pour l'auditeur parisien, qu'il fidélise, il communique avec ses troupes :

« Il ne faut pas faire des barricades n'importe où, ou c'est le massacre ! Occupez le Quartier latin ! »

Sa voix sur fond de détonations de bombes lacrymogènes résonne dans les transistors que les enragés ont à l'oreille, ce que réprouvent l'Élysée et le ministre de la Communication. Lassé des audaces de la station, Alain Peyrefitte s'emploie à lui réduire la voilure.

François Mauriac, Jacques Monod, le professeur Jacob et autres Prix Nobel prient respectueusement le Général de faire un geste d'apaisement en rouvrant la mythique université. Il les ignore.

Le ciel est gris, brouillé par les fumées des bombes lacrymogènes. Violents affrontements entre manifestants et policiers. Les CRS tapent fort. Il y a de nombreux blessés. Le cabinet appelle l'Élysée. Le Général est-il allé se coucher ? François Flohic est formel : « Mais oui, à l'heure habituelle. 10 heures du soir. Mme de Gaulle a toujours veillé à ce qu'aucun bruit, aucune proximité n'interrompe son sommeil, à cette heure, il dort[1]. »

Yvonne n'est pas vraiment inquiète, agacée oui. Ces échauffourées ne sont pas des actes de guerre. Cette jeunesse n'a pas connu la tragédie de ce siècle, elle se fait les dents. Charles saura remettre de l'ordre. Il envisage depuis des mois des réformes universitaires.

Elle repense aux heurts violents qui avaient opposé les gaullistes du RPF et les communistes, vingt ans plus tôt, en septembre 48. Il y avait eu mort d'homme. Elle avait fait remarquer à Charles que les Français se souviennent des violences à l'heure des élections. On l'avait vu en 51. Mauvais résultats.

Ce serait une grande tristesse pour Charles, toujours prêt à faire un référendum, s'il n'était pas réélu. D'un autre côté, ce serait une opportunité de retrouver la vie à deux. Mais c'est le désir de Charles qui compte.

« Il faut résister à ceux qui veulent s'attaquer à l'État et la nation.

« C'est une émeute insurrectionnelle ! » martèle Charles à Louis Joxe et Alain Peyrefitte. Il voudrait qu'on fasse une sélection à l'université, idée indémodable. « Pas d'olibrius ! » clame le Général. Plutôt des studieux, des bas-bleus, alors ? « Les gamins excités ont parfois besoin d'une taloche », déclare le chef de l'État. En fait de taloche, il lance à Alain Peyrefitte que les excités pourraient avoir

1. Entretien avec l'auteur, novembre 2017.

droit « à un tir en l'air », puis « dans les jambes »[1]. Propos que conteste Philippe de Gaulle. Est-ce une énorme provocation du Général, au pays de Voltaire et Rousseau ? Une comparaison avec la répression qui se pratique en Asie, au Mexique, aux États-Unis, et qu'il réprouve ? Ou une boutade ?

« Ne tenons pas des boutades pour des confidences », recommande André Malraux dans *Les chênes qu'on abat.*

Il souligne que les paroles du Général « vont de ce à quoi il a réfléchi à ce qu'il improvise pour y réfléchir, enfin à ce qu'il dit pour s'amuser ».

Ils passent avec leurs drapeaux, leurs pancartes « Le rouge pour naître à Barcelone, le noir pour mourir à Paris », ils passent avec leurs tambours, leurs porte-voix. La rue des Écoles vibre, les micros déchirent les tympans : « Contestez vous vous-même, même de Gaulle ! »

À la Mutualité, les affiches couleur bitume recouvrent les murs, on a peint par-dessus en lettres rouges : « Anarchie », une main a ajouté « divine ». Un groupe agitant des drapeaux noirs se précipite dans le hall, pousse les portes de la salle.

Sur scène, droit dans sa tenue noire, les cheveux chiffonnés, la voix claire qui monte jusqu'aux cintres, Léo Ferré. Les porteurs de bannières lui tendent les bras, l'appellent. « Ferré avec nous ! » Il chante. *Y en a pas un sur cent et pourtant ils existent / La plupart fils de rien, ou bien fils de si peu…*

1. A. Peyrefitte, *op. cit.*

Les garçons, vêtus de velours, les filles en robes indiennes se pressent autour de lui. C'est le gala du *Monde libertaire*, il n'a pas pris un sou pour chanter. Cliquetis des bijoux, senteur des parfums. Patchouli, Shalimar.

Et c'est pour ça qu'ils sont toujours debout, les Anarchistes… Les gens sifflent, crient, pleurent, lui lancent des baisers. Un sourire et l'artiste est sorti. Il monte en voiture et file. Il a tout laissé : ses mots et la musique. On les retrouve dans la rue ou jetés aux tribunes : « Cours, cours camarade, le vieux monde est derrière toi. »

La chaussée se dépave, les CRS font face aux agitateurs d'idées, émeutières et lanceurs de pavés. Ils sont 20 000 maintenant.

La police a chargé.

Malgré les exhortations à la clémence de Maurice Grimaud, préfet de police. Il y a des blessés.

Qui se dévoue pour réveiller le Général ? Au risque de troubler le sommeil de Mme de Gaulle, alors que lui-même marche à pas de loup pour se rendre à la salle de bains.

Les insurgés n'ont pas écouté les ordres de leurs leaders. Ils ont harcelé les CRS. 12 000 manifestants répertoriés, 6 000 policiers armés de matraque qui ont frappé, et embarqué des contestataires au dépôt de Beaujon.

Deux filles se plaindront de violences, sexuelles, en particulier. Au commissariat, on s'amusera. « Rentrez chez vous, mesdemoiselles, cessez de traîner avec les enragés, ça vaudra mieux, les policiers n'ont fait que leur devoir ! »

On a osé réveiller de Gaulle à l'aube. « Le Général a convoqué aussitôt, à 6 heures du matin, Joxe, Messmer et Fouchet pour parler du maintien de l'ordre, note Alain Peyrefitte. Il a posé d'emblée la question qui le concernait directement, comme chef des armées : "Faut-il faire venir la troupe ?" »

La troupe, pour une manifestation d'étudiants… « Messmer s'y est opposé avec force ; l'armée d'aujourd'hui n'est plus adaptée au maintien de l'ordre [1]. » Le Général vieillit, remarque Georges Pompidou, ses collaborateurs commencent à le penser.

Pas plus que Pompidou, Valéry Giscard d'Estaing, Jacques Chirac, ou François Mitterrand, le Général n'a pris conscience de l'ampleur du mouvement ni surtout des objectifs de ceux qui les soutiennent.

Il s'en voudra terriblement : « Personne n'a rien vu, mais n'allons pas chercher d'excuses. Le seul responsable, c'est moi », confiera-t-il à Philippe un an plus tard [2].

Le 13 mai, c'est la grande manifestation ouvriers-étudiants entre cacophonie et conflits. S'instaure la grève générale. 9 millions de grévistes. Plus d'essence. On parle de révolution.

Une révolution, vraiment ?

1. A. Peyrefitte, *op. cit.*, III.
2. *De Gaulle mon père*, II, *op. cit.*

Plutôt une révolte d'après Alain Geismar : « Une révolte d'étudiants contre des méthodes d'enseignement académique rétrogrades, les enseignants tout-puissants, une révolte de la classe ouvrière, qui manquait d'autonomie aussi, en particulier, les ouvriers spécialisés, jeunes, femmes, immigrés, une révolte sociale, une révolte contre l'autorité du pouvoir, sourd aux aspirations de la jeunesse, une révolte contre la brutalité de la police. Avant d'être la police de Grimaud, elle avait été celle de Papon. Mais j'ai toujours gardé une grande admiration pour le général de Gaulle – même si j'ai dû passer dix-huit mois à la Santé, avec les joyeusetés que ça suppose – suite aux événements de Mai et à un procès kafkaïen. Le Général reste l'incarnation de la Résistance, il a conclu la paix en Algérie, ramené les appelés du contingent dans leurs familles, et c'est lui qui a écrasé l'OAS. Rien à reprocher à sa politique industrielle, scientifique, internationale. Il a juste oublié la politique sociale. Le gaullisme, malgré sa grandeur, a corseté le pays, le pouvoir était trop autoritaire, le Général n'a pas compris les aspirations de la jeunesse. Il n'était pas le seul, d'ailleurs [1]. »

À la Sorbonne, on parle. De choix, de liberté, de la place des femmes, de féminisme, de déconstruction. Les orateurs sont à la tribune, micro en main, les autres essaient d'en placer une, s'égosillent, en vain. On y dort, on y fait de la musique, on se prend à partie.

1. Entretien avec l'auteur, mai 2008.

Mai, c'est aussi une révolte contre la rigidité, réduisant la liberté et les libertés. Une bonne partie de l'opinion est séduite, l'autre partie craint pour la sécurité et l'ordre.

Antoinette Fouque a pris une salle : « Les femmes peuvent y parler librement, les hommes aussi d'ailleurs, ce qui n'est pas le cas dans les tribunes. Nous parlons de liberté sexuelle, de contraception, de l'avortement, de la dépénalisation de la loi, de l'indépendance, de l'art. Ce monde doit changer. Mai est traversé de courants contradictoires. Il faut que les femmes puissent s'exprimer, nous ferons des réunions non mixtes, car tant qu'il y aura un micro ce sera un mec qui se l'appropriera et la parole des femmes sera refoulée. Tout le monde revendique le féminisme mais pas question qu'une femme ait le moindre pouvoir, pas même celui de parler[1]. »

L'Odéon, le festival de Cannes, les Beaux-Arts et autres sanctuaires sont devenus des lieux où l'on débat, où l'on s'invective, où l'on exclut, où l'on essaie. À l'ORTF, latence, prudence, méfiance. Les journalistes, aux propos jugés trop libres, sont licenciés.

Sur les trains immobilisés, sur les ponts, on lit cette inscription : « Tout pouvoir abuse. Le pouvoir absolu use absolument »

Charles, lui, est désabusé. Usé, sans doute. Yvonne est choquée. Elle a fait des courses aux Magasins Réunis, elle a attendu que le feu passe au rouge. Un homme au volant de sa DS baisse la vitre et l'injurie. Dans un magasin, où

1. Entretien avec l'auteur, *Sitartmag*, mai 2008.

elle passe inaperçue d'habitude, les vendeuses la hèlent, l'accusant de profiter du système. Les voix, les regards se sont inscrits en elle. Quel malentendu, quelle violence ! Elle pense à Charles, à ses enfants. Elle prend Philippe à part, lui demande de prévoir une sécurité, en plus *de l'ange gardien* qui surveille son immeuble. En parler à Charles ne sert à rien, il hoche la tête et ne veut rien changer. Pas de sécurité.

Mais qu'on ait pris Yvonne à partie le rend furieux. Que se passe-t-il à la fin des fins ? À la radio, dans la presse, dans la rue, on ne parle que de révolutionnaires, où sont-ils ?

« J'en venais à me demander si parmi tous ceux-là qui parlaient de révolution, je n'étais pas, en vérité, le seul révolutionnaire [1]. »

24 mai. « La réforme, oui ! La chienlit, non ! » Il jette ces mots sur la table et se lève. Le Conseil a pris fin.

Les archives secrètes de la police, déclassifiées en mai 1998, rendront compte d'affrontements violents, révéleront le point de vue des forces de l'ordre sur « les combats de rue, quasi insurrectionnels, qui ont fait vaciller le général de Gaulle et la Ve République… La police parisienne a souvent été le dernier rempart d'un gouvernement déboussolé [2] ».

De Gaulle, lui, remarque avec lucidité : « Le gouvernement ne suit plus mes directives, j'ai pratiquement perdu le contrôle de l'exécutif ; Pompidou laisse pourrir. »

---

1. A. Peyrefitte, III, *op. cit.*
2. *L'Express*, 9 avril 1998.

Il a recueilli des informations sur les financements provenant de l'étranger : « La Sécurité du territoire l'avait averti que s'étaient infiltrés en France des éléments de la RDA, à l'origine de beaucoup de troubles en Europe et en Afrique [1]. » Pompidou a les siennes.

À la télévision, de Gaulle parle de « la mutation de notre société », d'une « marée de désordres » et des problèmes de l'université… « Notre pays, déclare-t-il, est au bord de la paralysie. » Il réclame un référendum aux Français : « J'ai besoin, oui, j'ai besoin que le peuple français dise qu'il le veut. » Se met à leur merci : « Au cas où votre réponse serait non il va de soi que je n'assumerai pas ma fonction [2]. » L'orgueil n'annule pas le chagrin que lui cause cette *Princesse* France, décidément changeante.

« J'ai mis à côté de la plaque ! » Charles en est sûr. Il s'en veut terriblement. Inutile qu'Yvonne lui répète qu'il était convaincant. Il s'est trouvé mauvais.

Et pourtant, cette université qu'il a dépeinte, « une université en fonction des besoins réels de l'évolution du pays et des débouchés effectifs de la jeunesse », il est en train de la créer, avec la complicité d'Edgar Faure. Les plans sont faits, le projet progresse.

Dans une clairière du bois de Vincennes, va ouvrir l'université expérimentale qui rassemblera universitaires et chercheuses de pointe, philosophes, psychanalystes et

---

1. Philippe de Gaulle, *op. cit.*

2. Rapporté par Pierre-Louis Blanc, entretien avec l'auteur, septembre 2017.

artistes de toutes nationalités. Elle sera ouverte à tous, et fonctionnera jusqu'à la nuit. Une université hors norme, avec des filières américaine, espagnole, arabe, portugaise, russe et un département chinois comme on n'en a pas vu ailleurs. L'université surgie du bois ouvrira ses portes en janvier 1969.

28 mai. Rien. Ou presque rien. L'accord, conclu entre les organisations ouvrières et patronales après vingt-six heures de négociations, est rompu. Les ouvriers de chez Renault continuent la lutte. Charles et Yvonne ont dîné rapidement. Philippe est venu les rejoindre, il voulait parler à son père. Quand il a jugé le moment favorable, il lui a dit : « Papa, il faut bien voir qu'à terme votre règne est fini. »

29 mai 1968, Charles et Yvonne à Baden-Baden

Le général de Gaulle a disparu. Personne ne sait où il est. Au gouvernement l'angoisse monte.

Il est dans la cour de l'Élysée et s'apprête à partir en douce avec Yvonne. La voiture est garée devant le perron. Personne ne sait, à part leurs enfants.

— Rien n'obéit plus, ça fiche le camp ! lance Charles à Alain de Boissieu, qui le conjure de ne pas lâcher.

Yvonne est à son côté comme un rempart. François Flohic a rassemblé les bagages, un hélicoptère les attend à Issy-les-Moulineaux. Charles leur fait signe de monter en voiture, qu'il les rejoint aussitôt. Il téléphone à Georges Pompidou. Après l'avoir assuré qu'il n'a pas de raisons de s'inquiéter, qu'il allait revenir le lendemain à 15 heures, il ajoute : Je vous embrasse. Ces mots inquiètent Pompidou au-delà de tout, attisent sa fureur et son désarroi. Il n'a pas été prévenu !

Quand ils débarquent à Baden-Baden, Charles a repris sa prestance et l'air d'en vouloir. Yvonne est souriante, soulagée d'être loin, Charles l'étonne toujours. Flohic, imperturbable, feint de trouver la situation normale :

« Mme Massu nous sert un en-cas, reste du raout de la veille avec des officiers soviétiques, elle ne s'attendait pas à nous voir, et nous fait remarquer qu'on ne refait pas le 18 juin à 77 ans… Massu faisait sa sieste, je l'ai appelé : "J'étais tout nu dans mon pieu", m'a-t-il fait savoir, il est arrivé sanglé dans son uniforme. »

Débarquent Philippe, Henriette et les enfants. Charles a voulu les mettre à l'abri *en cas de danger*. Il va s'isoler avec le général Massu pour envisager la stratégie à adopter au cas où.

Il n'y a pas eu de fuite, mais le bruit que le Général a disparu fait déjà son effet. Sa trace a été perdue pendant six heures. Une bombe politique. Du jamais vu.

Deux versions, jamais vraiment éclaircies. D'après la générale Massu [1], de Gaulle arrive en s'écriant :

« Massu, tout est foutu… Ils veulent que je m'en aille. Les communistes ont tout bloqué. Qu'ils se débrouillent

1. Suzanne Massu faisait partie des Rochambelles.

sans moi ! » Massu le regonfle, l'incite à tenir coûte que coûte, il serait question de recourir aux forces françaises présentes en Allemagne. « Si vous courez des risques, il vaut mieux les courir à Paris que de donner l'impression de vouloir les éviter. Ce n'est pas le tempérament d'un chef comme vous [1]. » Le général Massu l'assure de sa loyauté.

La version selon laquelle les troupes françaises pourraient marcher sur Paris en cas de désordre est contestée par Philippe qui cite son père : « Jamais cette idée ne m'est venue à l'esprit et jamais Massu ne m'a fait une telle suggestion [2]. » (Pourtant les militaires français en parlaient entre eux, en famille, à Paris et jusqu'en Polynésie.)

François Flohic a vu le Général douter. « Il était hésitant, il m'a demandé, comme s'il attendait un encouragement de ma part ou un conseil de bon sens : "Que va-t-il se passer maintenant ? Je ne suis plus sur le territoire français, le Conseil constitutionnel peut prononcer ma déchéance." [3] »

Il aurait confié à Pompidou qu'il a eu une défaillance. Au cours d'un déjeuner à l'Élysée, en novembre, il remercie Massu : « J'étais bien près de m'en aller » et s'adressant à sa femme : « Il m'a convaincu de rester à un moment où j'étais indécis, et tout a changé. »

Pierre-Louis Blanc : « J'étais inquiet mais je savais qu'il reviendrait à Paris par le communiqué qu'il m'avait donné à transmettre. Il disait qu'il partait à Colombey et serait de retour le lendemain pour présider le Conseil des ministres. Heureusement, il n'a pas eu recours aux forces armées,

---

1. INA, 16 septembre 1996.
2. *Op. cit.*
3. Entretien avec l'auteur, juillet 2017.

mais il a retourné la situation, il savait qu'il avait donné une grande secousse.

« Le gouvernement n'aurait pas de difficultés dans l'immédiat – aux élections, l'opposition avait été balayée –, il pensait réformer les pouvoirs publics, Sénat et régionalisation, ce que les Français ont rejeté. Il était plus réformiste que Pompidou. Avec Edgar Faure, un gaulliste imaginatif, ils ont conçu l'université aux horaires souples qui donnerait la possibilité à tous d'étudier, tout en ayant un emploi. Un programme beaucoup plus ouvert que ce qu'on verra dans les prochaines décennies : universités vouées à la sélection, aux barrières et passe-droits, et retour au passé d'avant 68. De Gaulle était un visionnaire [1]. »

Yvonne a assisté en direct à la brève épopée de Baden, sans marquer de crainte ni d'émotion. Collaboratrice et coach à la fois, elle redonne confiance à son partenaire. Une heure et demie après leur arrivée, ils montent dans l'Alouette III, l'hélicoptère les dépose à Saint-Dizier, ils passent la nuit à Colombey et rentrent à l'Élysée.

30 mai 1968. « Je ne me retirerai pas, j'ai un mandat du peuple, je le remplirai ! » Charles a choisi la radio pour faire cette déclaration.

Une foule immense a défilé sur les Champs-Élysées, plus d'un million de gaullistes. C'était *la mer*, comme à la Libération. Malraux, Mauriac, Debré au premier rang.

Deux jours après ce sont les vacances. Étudiants et manifestants partent au soleil, et tout retombe dans les

1. Entretien avec l'auteur, novembre 2017.

habitudes. Pas toutes les habitudes. Mai a ouvert une brèche qui fait vibrer d'une autre façon l'école, les relations humaines et la conception de la liberté.

27 avril 1969, Quimper, la femme au parapluie

Michèle Cotta est chargée de couvrir pour *L'Express* l'une des dernières tournées que Charles fait cette année-là. L'hebdomadaire d'opinion est très marqué par sa couleur anti-gaulliste, ravivée chaque semaine par Jean-Jacques Servan-Schreiber. Françoise Giroud ne désigne plus de Gaulle que par un surnom qu'elle trouve désopilant : *le vieillard obèse*. Quelques journalistes se font un devoir de l'imiter, Mauriac a quitté le journal, sa position étant antinomique, il donne ses chroniques au *Figaro*.

« On était contre le général de Gaulle, pas farouchement hostiles, précise Michèle Cotta, mais pas favorables. Sauf en ce qui concernait la guerre d'Algérie. Je l'avais vu faire la paix, mettre fin à cette guerre terrible, c'était bien. Son parcours avec les référendums ne me convainquait pas, je pensais qu'il était arrivé avec des factieux en établissant sa main de fer sur la gauche et les partis démocratiques, mais le général de Gaulle, c'était un personnage. Avec une stature[1]. »

1. Entretien avec l'auteur, juin 2017.

L'opinion n'est pas réceptive aux interventions de De Gaulle, sa cote de confiance rabougrit. Georges Pompidou, de façon peu implicite, se porte candidat à la succession du Général, l'opinion critique l'inflation qui ronge la hausse des salaires, revendique une situation sociale moins précaire, une meilleure économie. Grogne des fonctionnaires, des salariés, des agriculteurs…

Michèle Cotta :

« On était dans les derniers jours d'avril 69, Marcel Jeanneney avait dit au général de Gaulle : « N'allez pas au référendum, vous allez être battu », mais il y tenait. Il voulait la suppression du Sénat, ça ne me gênait pas du tout, il faisait bien de supprimer une chambre de vieux qui contestaient tout, et je le suis donc en Bretagne pour sentir le climat. »

La foule se presse à ces rencontres pour écouter Charles, le critiquer, montrer des pancartes de bienvenue et de contestation. Yvonne l'accompagne mais elle reste en dehors, s'installe au dernier rang dans les mairies, ou parmi les inconnus en plein air. Quand ils traversent la foule, il la fait passer devant lui. Il la tient par le col, la protège d'un bras. Discrètement.

« Le Général avait eu la réputation d'être un chaud lapin du temps qu'il était dans la cavalerie, rappelle Michèle Cotta, Mme de Gaulle rassurait les Français. Ils savaient qu'il y avait un couple uni par l'amour à l'Élysée, ils ne le remettaient pas en cause, c'était un repère. »

Des mains se tendent, il les serre, sourit un peu. Il pleut. Son manteau est mouillé, ses cheveux aussi. Yvonne est à l'abri sous son chapeau, tranquille.

Michèle Cotta :

« À Quimper, le Général sort de l'Hôtel de Ville et fonce dans la foule. Il prend un vrai bain de foule, les gardes du corps sont affolés.

« Le Général ne voyait pas. Il serre les mains et il ne voit pas le danger. Une femme avec un parapluie fend les rangs, brandit soudain son parapluie fermé et tape sur le Général. Je la reverrai toute ma vie. Elle était au troisième rang, le parapluie dérape, elle tape à côté. Taper sur le Général. Un personnage de cette stature, j'étais choquée. Il n'a pas besoin de recevoir des coups de parapluie. Ça m'est apparu comme un crime de lèse-majesté. Lui taper dessus, le Général ne méritait pas ça. Et aucun président ne le méritait. Elle a été écartée, il a continué à serrer des mains. Imperturbable. Des gens, me disais-je, sont capables de faire ça au général de Gaulle… un sacrilège [1]. »

On avait touché au corps de De Gaulle. C'était aussi impensable que de toucher au corps sacré du roi.

Yvonne l'a-t-elle su, lui en a-t-il parlé ? Certainement pas, pourquoi l'inquiéter, il n'en est fait mention nulle part. Il est resté impavide, mais cela a dû l'atteindre.

La veille du référendum, il reçoit Jacques Foccart, l'Africain, comme on appelle celui qui connaît l'Afrique dans toutes ses dimensions. « Je ne suis plus rien », lui dit-il en le quittant.

Yvonne lui rappelait parfois qui il était : l'Homme du 18 juin, celui qui avait tiré la France du pétrin, et celui de 1958, le Président, porteur de la paix.

1. Entretien avec l'auteur, mai 2017.

Le lendemain ; le général de Gaulle est à Rennes avec Yvonne.

« Ce qui est marquant, remarque Michèle Cotta, c'est la réunion qui a lieu sur une place majeure de Rennes, le lendemain ; une grande place, couverte de monde, dans les rues adjacentes, défilaient des oppositionnels, j'étais à côté d'un grand gaulliste, Jean Marin, le patron de l'AFP : "Ça ne passera pas, ça ne passera pas, c'est terrible." S'il le disait, on pouvait le croire. Je trouvais pourtant le discours bien construit. Michel Debré m'avait expliqué combien c'était difficile mais nécessaire, il craignait, lui aussi, que ça ne passe pas.

« Le 27, la campagne référendaire est partie. Le Général avait tous les partis contre lui, Alain Poher a fait un foin du tonnerre : "Le Sénat est la seule garantie démocratique contre la dérive monarchiste !" Debré craignait qu'en cas de non le Général parte le jour même. La gauche en doutait. C'est ce qu'il a fait.

« Le lendemain quand je me suis réveillée, je craignais que le monde se soit arrêté, que le service public ne fonctionne plus, qu'il n'y ait plus de métros... Comment allait-on faire sans le Général ? On a fait sans lui. Tout le milieu pompidolien se monopolisait autour de Poher et Pompidou, certains bénéficiaient de l'aura gaulliste, les barons récusaient les pompidoliens. Albin Chalendon et Jacques Chirac s'étaient déjà ralliés à Pompidou. Le mercredi, je vois l'éditorial de JJSS : « Enfin ! » Je l'ai trouvé gonflé, il a été très critiqué.

« Je garde l'image du Général censé admirer de nouvelles habitations à Quimper. J'étais au coude à coude avec lui, je voyais qu'il était à autre chose. Comme le maire l'interviewe fiévreusement, il répond : "Bof, ils seront pas plus mal là qu'ailleurs." Aux pires moments, le Général était fidèle à sa ligne. Jamais là où on l'attend [1]. »

Charles et Yvonne sont restés dignes. Au-dessus de la mêlée, des outrances, des mots déplacés. Des coups de parapluie.

28 avril 1969, le départ

« Je cesse d'exercer mes fonctions de président de la République. À partir de midi. »

Il avait prévenu, ils n'ont pas voulu. Il part.

Ils montent en voiture.

Charles et Yvonne sur la route, encore une fois.

---

1. Entretien avec l'auteur, juin 2017.

VII

COLOMBEY-LES-DEUX-ÉGLISES

12 novembre 1970, les derniers voyages

Il était 22 heures quand les flammes se sont élevées au-dessus du poulailler de la Boisserie. Une heure après, il ne restait dans le jardin que les braises de l'autodafé. Et la nuit à passer.

Yvonne est montée dans cette chambre qu'elle ne reconnaît pas.

Quand il était au lit, Charles prenait tout l'espace. Les meubles autour de lui étaient posés dans un décor, la statue de la Vierge paraissait toute petite.

Yvonne est figée devant la place vide. Elle voit les yeux fixes de Charles qui la regardent. Cette image ne la quitte pas.

Stabat Mater lacrymosa
Qu'elle était triste, anéantie
Dans le chagrin qui la poignait…

Yvonne a jeté les objets intimes de Charles dans les flammes, les mots sur l'âme et le feu entendus en Espagne lui sont revenus.

Ils y sont allés pour la première fois en juin, pour y passer le 18 juin, découvrir le pays qui fascinait Charles, et pour cette raison étrange : les chars de Leclerc portaient les noms de l'Espagne fière et suppliciée, des noms comme Guadalajara. Et ce sont des Espagnols qui sont entrés à Paris avec la 2e DB à la Libération.

C'était un voyage privé, personne ne devait le savoir normalement, Charles n'était plus à la tête de l'État, mais il avait dû tout de même prévenir l'Élysée. Ils étaient seuls, avec Desgrées du Loû, Jean Mauriac les suivait de loin.

Par grande chaleur, ils avaient visité Saint-Jacques de Compostelle et la région désertique d'Avila, La Sierra Blanca, le Prado. Et les mots de sainte Thérèse d'Avila, cette femme ardente de Vieille-Castille, entièrement vouée à l'amour du Christ, comme à une passion de chair, parlaient du feu sortant de l'âme « à la manière d'un feu ardent qui lance des flammes » dont « l'ardeur s'accroît violemment ». Alliance de violence et douceur.

Ses mots s'accordaient avec ceux de Jean de la Croix, son compagnon qui partageait avec elle la Poétique de l'extase. Charles le lisait autant que Pascal, Yvonne le lisait aussi.

« L'âme est comme la bûche assaillie par le feu de l'amour, qui jaillit avec d'autant plus de véhémence que plus intense est le feu de l'union [1]. »

1. Jean de la Croix, *Poésies complètes*, éditions José Corti.

Chacun de ces mots aidait Yvonne à passer la journée sans lui. Le lendemain, il fallait recommencer à vivre dans une routine, une solitude pas trop malheureuse où les rites comptaient mais ne comblaient jamais l'essentiel : l'absence.

Ils étaient allés voir Franco à Madrid, le vieux dictateur avait reçu Charles en audience et les avaient invités à déjeuner, le 20 juin.

On lui a vivement reproché la visite au Caudillo qui avait sur les mains le sang de la guerre d'Espagne et serré la main d'Hitler.

Comment comprendre ?

Charles ne s'en est pas justifié publiquement.

Il a dit à Yvonne : « C'est le seul qui m'ait écrit après mon départ, le 28 avril 1969. »

Un seul message dans sa solitude, et cet abandon qui le faisait souffrir. Et ce n'est pas une excuse. Ni la seule raison d'entreprendre ce voyage. Ce qui comptait, à ses yeux, c'est que Franco n'ait pas donné les juifs pendant la guerre, et c'est par l'Espagne que passaient ceux qui s'échappaient vers la France libre ou l'Amérique.

Yvonne se souvenait que leurs neveux avaient traversé l'Espagne, et combien d'autres Cadets qui cherchaient un bateau et rejoignaient le Portugal. Partir plus loin pour fuir les pogromes et les camps.

L'Espagne savait sans doute ; les gardes qui attrapaient parfois des fugitifs savaient aussi fermer les yeux.

À cette question que tout le monde se pose : « De Gaulle en Espagne : pourquoi ? », le Général a répondu : « Je voulais voir Franco avant de mourir, il a atteint la sérénité historique[1]. » « Oublions le passé », dit le Général, par ailleurs persuadé qu'« on ne peut bâtir l'Europe sans l'Espagne[2] ». On s'interroge sur la foi du Général, est-il catholique par tradition ou profondément croyant ? Un demi-siècle plus tard, son petit-neveu Laurent de Gaulle apporte des éléments de réponse. Pour lui, la foi en Dieu de Charles de Gaulle et en sa propre destinée, celle de sauveur de la France bafouée, sont inséparables[3].

Jean Mauriac n'est pas venu jusqu'à la demeure de Franco, mais il n'a pas jugé le Général.

« J'étais choqué mais il n'y a pas eu d'explications. Nous n'en avons jamais parlé avec le Général ni avec Mme de Gaulle, et je crois au fond qu'elle souffrait de sa mise à l'écart volontaire, la réclusion verbale qu'elle avait choisie.

« Ça déplaisait à mon père, la visite à Franco, c'était choquant pour lui que le Général aille voir ce criminel de guerre. Moi, ça ne m'a pas posé de problème, j'étais toujours d'accord avec le Général quoi qu'il fasse.

« En revanche, j'ai beaucoup souffert que mon père se soit éloigné de De Gaulle et soit devenu pompidolien, j'ai souffert. Et j'étais désolé des critiques de mon père sur la visite à Franco. J'ai toujours souffert de voir mon père critiquer le Général. J'ai vraiment souffert.

« Le Général a entièrement enjôlé ma vie, depuis la Libération jusqu'à sa mort. Il a été le rouage essentiel de mon existence.

---

1. Cité par Raymond Tournoux.
2. *Match*, 19 juin 1970.
3. Laurent de Gaulle, *Une vie sous le regard de Dieu*, éditions du Toucan, 2015.

« J'étais un peu entré en religion en ce qui concerne le Général.

« Et Mme de Gaulle était entrée en religion en l'épousant [1]. »

Comme une sainte est l'épouse du Christ ?

Elle s'est ensuite effacée comme une religieuse au couvent.

« J'ai été blessé en mai 1968. Et maintenant ils m'ont achevé. Je suis mort. »

Charles est gris comme si la vie l'avait quitté. Le voyage en Irlande, c'est dix jours après le référendum, ils partent le 10 mai 1969.

Charles est brisé. Yvonne et François Flohic le perçoivent, de même que les personnalités qui l'approchent. Il ne le cache pas, à quoi bon ? Il veut passer le 18 juin hors de France, ce sera la première fois. Il va rester dans l'île six semaines, il doit écrire. Le temps presse.

Charles et Yvonne ont choisi un hôtel très simple, le Heron Cove à Paknasilla, au sud, ils passeront aussi du temps au nord, à Cashel. Ils ne peuvent échapper à ces landes austères, nettoyées par les vents, évocation lointaine de leur terre, et de leur jeunesse passée dans le Nord, durant les vacances d'été.

Ils marchent dans la lande sans parler. Charles drapé de son grand manteau, Yvonne coiffée de son petit chapeau, Flohic le compagnon qu'on voit près du Général sur les

1. Entretien avec l'auteur, juillet 2018.

photos, comme s'il devait encore le protéger de son corps. Les roches, les méplats de cette lande sont imprégnés d'une grande spiritualité. Quand il rentre, Charles parle parfois des légendes celtiques, qui par association d'idées lui évoquent aussi Odin et les Vikings, il aime l'univers fantasmatique du Nord et de l'Est.

À Killerney, les grands lacs, et tout ce vert qui se perd dans l'eau, le site de Glendaloch, l'apaisent.

Yvonne se ressource dans cette nature romantique. Jean Mauriac suit les événements de ce séjour et en rend compte de loin, il attend que le Général lui fasse signe. Mais Charles a entrepris de nouvelles randonnées, la marche rythme sa pensée.

« Au bout d'un moment, raconte François Flohic, le Général se tourne vers Yvonne, il esquisse un petit sourire : "Alors on est fatiguée…" Elle n'insiste pas, elle rentre à l'hôtel, elle sait qu'il veut me parler.

« C'était exactement la même scène dans la forêt des Dhuis avant les élections de 65. Il me questionnait sur sa forme physique, il voulait savoir s'il pourrait supporter les responsabilités. En Irlande, il est extraordinaire, il se trouve en exil volontaire après tout ce qu'il a fait pour la France, mais un soir il m'annonce : "J'ai fini mon deuxième chapitre." C'est bon signe [1]. »

Jean Mauriac est inconsolable : le jour où le Général lui fait signe, il vient de partir, sa femme arrive au terme de

1. Entretien avec l'auteur, février 2018.

sa grossesse. « Avoir manqué le Général est le plus grand chagrin de ma vie. »

Le 18 juin 1969, de Gaulle est reçu à Dublin par le président De Valera et son gouvernement. Il le remercie : « J'ai trouvé ici ce que je cherchais, être en face de moi-même. » Le Premier ministre lui rend hommage : « Le nom du général de Gaulle est devenu pour toutes les nations un symbole de la France éternelle. »

Yvonne regarde Charles, il est souriant. On peut rentrer.

Il lui reste un peu de temps, près de dix-huit mois à vivre. Yvonne savoure chacun des moments passés en sa compagnie. Il n'y a plus d'à-coups, de retournements de situation, elle est heureuse.

20 octobre 1970, un rêve de Chine

Charles s'est rendu au Cambodge avec Yvonne, en septembre 1966. Ils ont été fêtés, et elle a aimé cette coutume : confier un secret dans le creux d'un mur et le recouvrir d'un peu de terre pour qu'il y demeure scellé à jamais.

La rencontre avec Norodom Sihanouk fut un événement : le soutien de la France à la politique d'indépendance, de paix et de non-alignement, une vraie garantie pour le pays. Le Général a confirmé que la France n'adhérait pas à la politique de domination des deux « Grands ».

Couac avec la politique du Vietnam, vacillant entre le Viet Cong, au nord, et les États-Unis au Sud Vietnam. Les relations qui étaient bonnes entre le Vietnam et la France ont été rompues pour un temps indéterminé : le temps des guerres.

De fait, le général de Gaulle a eu un certain poids durant la guerre d'Indochine, lors des accords précédant l'indépendance, et dans les premières années de la guerre du Vietnam. Sa position favorable à l'indépendance du pays ayant été révélée par les échanges avec Kennedy et Nixon.

Les liens reprendront plus tard et sur le long terme, après la disparition du Général.

La France, présente au Vietnam, sera considérée comme une puissance crédible après l'an 2000. Et l'année 2017 sera marquée par des échanges périodiques entre les deux ministères des Affaires étrangères [1]. »

La communauté vietnamienne en France, l'une des plus anciennes, est importante. Les ressortissants du Sud et les Français d'origine vietnamienne cultiveront une grande estime pour le Général.

Jean Nguyen : « La photo du général de Gaulle en uniforme trônait dans un cadre de nacre chez mes parents depuis les années 60. Pour ma mère, venue du Sud Vietnam, et mon père officier français travaillant pour l'OTAN, il était la référence. Le grand homme qui avait sauvé la France et la maintenait parmi les grandes puissances, par sa hauteur de vue. Il le restera *ad vitam aeternam*.

---

1. *Le Courrier du Vietnam*, 28 février 2017.

« Pas un seul défilé du 14 juillet sur les Champs-Élysées, sans que ma mère ne s'y précipite avec ses amies, vêtues comme elles, de l'*ao dai* de cérémonie – la longue tunique de soie brodée et large pantalon – pour aller lui serrer la main. C'était un grand honneur. Nous, les enfants en chemise blanche nœud papillon, nous étions statufiés devant le Général. Ses discours diffusés à la télévision étaient écoutés religieusement. La voix du Général résonnait dans le silence du salon.

« Il est resté la Figure tutélaire. Quant à Tant'Y Von', elle était extrêmement respectée. Ma mère et ses amies avaient la même mise en plis, et le même genre d'élégance quand elles s'endimanchaient. »

« La disparition du général de Gaulle ? Jour de grand deuil. Offrandes et bâtons d'encens couvrent le petit autel des ancêtres, où un médaillon du Général en uniforme est en bonne place, prêt pour l'éternité. La photo de Mme de Gaulle a rejoint l'autel des ancêtres après son *départ*[1]. »

Charles rêve à la Chine, comme il rêvait, les coudes sur l'atlas, au collège. Immensité, civilisation antique, modernité… Il a reconnu officiellement la République de Chine populaire, en janvier 1964, et aussitôt établi des relations diplomatiques.

L'indépendance de l'Indochine et de l'Algérie le confortent. La Chine ne verra pas la France comme une nation colonisatrice.

---

1. Entretien avec l'auteur, mars 2018.

Il célèbre l'événement par une conférence de presse à la télévision le 31 janvier et annonce simplement : « Nous allons parler de la Chine. » Avant de plaider en faveur de la neutralisation du Sud-Est asiatique et éviter le conflit Nord Sud du Vietnam, il décline un collier de mots, dont il savoure chacun avec un demi-sourire :

« Un grand pays, un État plus ancien que l'Histoire, constamment résolu à l'indépendance, replié d'instinct sur lui-même et dédaigneux des étrangers, mais conscient et orgueilleux d'une immuable pérennité. »

Reconnaître la Chine, c'est donner l'exemple au monde. Mao Tsé-Toung est satisfait de cette reconnaissance.

Mais au Conseil du 27 octobre 1966, Couve de Murville lui avait fait un compte rendu ému sur les excès de la Révolution culturelle et l'hystérie anticapitaliste.

Le général de Gaulle, révéré en Chine, à l'égal d'un Sage populaire, Figure essentielle de l'ambassade de France à Pékin, voilà qu'on le conteste. Les relations entre la France et la Chine se détériorent.

Le lendemain, Couve de Murville a une information des plus inquiétantes. Une foule hurlante s'est rassemblée devant l'ambassade de France à Pékin.

— Un cortège de Gardes rouges, mon général, un cortège de Gardes rouges défile avec des drapeaux. Au lieu de votre nom qu'ils scandent habituellement, sur les drapeaux, une tête de chien est représentée, et ils vocifèrent : « Non à la tête de chien de Gaulle ! »

Le Conseil au complet tremble dans ses souliers anglais.

Sans un froncement de sourcils, le Général laisse tomber ces mots :

— C'est bien la première fois que je suis traité de chien par un Pékinois !

Le rêve de Chine continue. Charles et Yvonne vont y aller bientôt. Yvonne n'a plus de réticence envers l'Asie. Elle a aimé le Cambodge.

C'est loin ? Eh bien, tant mieux.

Le 2 mars 1970, le Général reçoit une lettre de l'ambassadeur de France à Pékin. Étienne Manach lui parle Chine et voyage. Il lui annonce la mort de Hô Chi Minh et lui fait remarquer que Mao Tsé-Toung, lui, est encore vivant. Pourquoi ne pas lui rendre visite ? Le Général reconnaît qu'en effet le temps est compté. Il ne faut pas traîner. Yvonne n'a pas la moindre hésitation. Allons.

Seul bémol, Mao et le communisme : « Je lui dirai, déclare Charles à l'ambassadeur, que, quelle que soit mon admiration pour les réalisations de ce régime, j'ai trop de respect pour l'individu pour endosser les dogmes du communisme. »

L'invitation officielle, c'est Han Suyin qui va la transmettre au Général.

Romancière de talent dont la notoriété a fait le tour du monde avec *Multiple splendeur*, métisse, elle a la beauté d'un masque. Elle est enthousiaste, ce voyage sera grandiose. Le peuple chinois éprouve un grand respect envers le Général. Il l'admire pour son honneur et sa vertu.

« La Chine attend le général de Gaulle », telle est l'invitation officielle de Chou En-Lai. Mais elle n'arrive pas. On murmure qu'il n'y avait d'invitation officielle que dans les rêves de la belle Han Suyin, qu'elle est coutumière du fait. Mais le Général et l'ambassadeur de France savent qu'elle est en cours, les autorités chinoises étaient favorables à cette visite.

Aujourd'hui, les Chinois restent fascinés par de Gaulle.

Ils lui vouent une sorte de vénération, lit-on dans la presse, au lendemain de l'exposition proposée par la Fondation Charles de Gaulle, qui montre la fameuse DS criblée de balles.

Le général de Gaulle s'éclipse avant de recevoir la lettre.

Le 9 novembre 1970, tout Pékin respectera le deuil du Général.

Les drapeaux seront en berne et la multitude sera triste sur la place Tian'anmen.

Le terrible Timonier sera ému. Les lettres afflueront à l'Élysée, à la Boisserie : « Gloire au général de Gaulle, sa mémoire restera comme une lumière », lira-t-on à l'ambassade de France en Chine, et les messages du peuple tracés en caractères chinois parleront aussi de lumière et du courage du général de Gaulle. Le seul a avoir su voir dans la Chine populaire la Chine éternelle et la grande puissance du XXIe siècle.

Quant au nombre 8 qui accompagne tout au long la trajectoire de Charles de Gaulle et Yvonne, les Chinois, qui en ont connaissance, y sont très sensibles. 8 symbolise le bonheur, la richesse, c'est un chiffre porte-bonheur.

Le grand voyage sera celui du 9 novembre 1970. Le 12 novembre toutes les confessions seront réunies dans la nef de Notre-Dame de Paris pour rendre hommage au général de Gaulle, les adversaires du monde entier oublieront leurs griefs pour un instant, les chefs d'États amis seront fidèles au rendez-vous. Richard Nixon, Huan Chen, l'ambassadeur de la Chine populaire, Erhard, Kissinger, Podgornyï, Harold Wilson, Ben Gourion, Mohammed de Jordanie, Indira Gandhi…

Oui, Yvonne voulait partir en Chine avec Charles. Aller avec lui jusqu'à la Grande Muraille.

Pour elle les voyages sont finis. Il ne lui en reste qu'un à accomplir. Et vite !

8 novembre 1979, Yvonne s'en va

Blanche dans sa robe bleue, la Vierge occupe le petit vestibule de L'Immaculée Conception de Notre-Dame de Lourdes, tenue par les religieuses, comme elle occupe la grotte de Lourdes.

Le lustre à girandoles éclaire le visage incliné, adoucit les joues du rose dragée des statues saint-sulpiciennes, de celles que les enfants aiment aller voir dans la crèche à Noël. Elle est belle, la dame.

Yvonne n'est jamais revenue de cet émerveillement de l'enfance, oui, elle est belle la dame, et douce. Sous le drapé son corps est souple et elle tend les bras.

Après s'être vouée à elle, maintenant, Yvonne la prie de lui accorder de s'éteindre. Elle est la patronne et la protectrice de L'Immaculée Conception, la maison de retraite tenue par les religieuses, 73 avenue de la Bourdonnais, près du Champ-de-Mars.

Yvonne vient d'arriver avec sa valise. Philippe l'a déposée. Elle n'a pas voulu qu'il entre. Elle règle ses affaires elle-même.

Elle lui avait téléphoné le matin pour lui demander de venir à la Boisserie. Quand il est arrivé, elle avait le chapeau à poste, le manteau sur le dos, sa valise était prête ; il l'a mise dans le coffre pendant qu'elle fermait la maison.

Ils sont montés en voiture, ils ont roulé en direction de Paris.

À l'embranchement de l'autoroute, Yvonne lui a parlé : « Je me retire dans la maison de retraite de L'Immaculée Conception. Tout est arrangé de longue date, ma chambre est retenue. La Boisserie est bien trop lourde à porter pour moi, et je ne veux pas vous encombrer. »

Surpris, Philippe ? Pas vraiment. Sa mère est la même que celle qui a rallié l'Angleterre avec Élisabeth, Anne et lui, sans aucune sécurité. Elle est Yvonne de Gaulle, l'épouse du général de Gaulle, qui, après l'attentat du Petit-Clamart, redresse son petit chapeau et, sans un seul mot, monte à bord de l'hélicoptère avec lui.

Les protestations de Philippe ne serviraient à rien. Pas plus que les épanchements. Aucun éclat, sa mère est calme, pondérée, mais elle est rude aussi. Déterminée, tel un officier de haut rang, elle qui a toujours refusé qu'on l'appelle la Générale ! Elle décide, elle tranche, ne revient pas sur sa décision ; on n'en discute même pas.

Elle tient à garder son indépendance.

Yvonne n'agit pas sur un coup de tête. Elle a longuement réfléchi à son affaire depuis le départ de Charles. Elle avait pris tous les renseignements.

Philippe est-il inquiet ? Pourquoi le serait-il, il l'a vue s'isoler en Angleterre, pour fuir les bombes et son chagrin. Il sait que, sans son père, l'existence n'a pas d'intérêt pour elle.

Sa vie a pris fin le 9 novembre 1970 à 19 h 30.

Avec Élisabeth, depuis la petite enfance ils ont compris que son amour, sa raison de vivre c'était lui. Le père.

Certes, leur mère est contente de les voir, elle aime ses petits-enfants, s'intéresse à son arrière-petit-fils qui vient de naître, Henri.

Mais le manque de Charles n'a pas cessé un instant. Elle a remis à Philippe les clés de la Boisserie. C'est lui le propriétaire désormais, il s'arrangera pour l'entretenir.

Quand il découvre la chambre de sa mère, Philippe perd son flegme. Trois mètres sur quatre. La taille d'une cellule ou d'une chambre de bonne au sixième étage d'un immeuble bourgeois.

Un divan, une armoire en bois blanc, une chaise, une petite table ; il y a un lavabo dans le placard, eau chaude, eau froide ; les douches et les sanitaires sont à l'étage. La chambre donne sur la cour.

C'est Mme de Gaulle qui habite là, elle qui fut l'épouse du président de la République. Celle-là même qui recevait les chefs d'État du monde entier à l'Élysée et à Versailles.

Il existe un portrait d'Yvonne de cette année-là. Par rapport à l'image de la dame paisible aux joues pleines assise auprès de son mari, le Général, cette ultime photographie qui la montre les joues creuses, le regard fiévreux, la mine lasse éclairée d'un étrange sourire, est beaucoup plus intéressante et plus belle. Comme si Yvonne s'était dépouillée d'une couche de bienséance pour être elle-même, intense. Passionnée.

C'est peut-être la vraie Yvonne. Celle qui aime.

Yvonne a pris possession de la petite chambre. Philippe est atterré. Henriette ira acheter un mobilier convenable au Bon Marché.

Le dénuement, si c'est à quoi sa belle-mère aspire, elle l'accepte, mais pas la misère.

Élisabeth, Cada et ses nièces seront contrariées. Ses petits-enfants seront surpris quand ils viendront la voir. Pourquoi leur grand-mère a-t-elle choisi le dénuement comme saint François d'Assise, Thérèse de Lisieux, ou ces moines errants qui parcourent les films de Kurosawa ?

Yvonne s'est dépouillée de tous ses biens. Huit ans plus tôt, le 12 novembre 1970, elle a allumé un feu, jeté dans les flammes les affaires de Charles et les objets emblématiques de leur intimité.

Les Vikings le faisaient, Charles lui avait expliqué : on brûle tous les biens du défunt. Avec la fumée son esprit monte dans l'éther.

Yvonne s'est délestée du moindre objet comme les bouddhistes : les nonnes se délestent de leurs possession, du souvenir de leur mariage, elles vivent à la pagode, en communauté, se rasent les cheveux, portent la robe safran, prient et chantent des psaumes, de l'aube au soir.

Depuis la fin de la guerre d'Indochine, elles sont nombreuses à vivre dans les sanctuaires de Joinville-le-Pont ou Sainte-Livrade.

Il existe une confrérie de religieuses catholiques qui furent mariées, Yvonne la connaît, l'un des couvents se trouve dans le quartier du Luxembourg.

Les grandes amoureuses de la littérature, Mme de la Fayette, Roxane, faisaient ainsi et finissaient leurs jours au couvent. Les femmes dont le grand amour était interdit ou touché par la mort, prenaient le voile autrefois.

Autrefois ? Elisabeth de Miribel était entrée au Carmel au temps du RPF…

Sœur Rosalie, chargée de l'économat à L'Immaculée Conception, a côtoyé chaque jour Yvonne pendant quatorze mois :

« Rentrée chez nous en septembre 78, Mme de Gaulle avait demandé la petite chambre. La plus simple. Elle s'occupait, tricotait. À Noël, elle préparait des cadeaux. Elle prenait ses repas à la salle à manger avec tout le monde. Chez nous, il y a une grande table au milieu, des petites tables sur les côtés. Elle mangeait à une petite table.

Toutes les dames avaient la même, elles étaient trente, toutes âgées. Elles se parlaient entre elles. Mme de Gaulle ne parlait pas beaucoup, toujours discrète. Elle accompagnait parfois une personne en difficulté. Elle nous donnait la liste des personnes qu'elle voulait recevoir, ses enfants et petits-enfants ; parfois, une religieuse, la supérieure de sa fondation, parfois un prêtre. Elle faisait attention aux journalistes et paparazzi. »

Un photographe l'a saisie dans l'une des avenues du 7ᵉ. Elle marche pensive, la tête inclinée, sous l'immuable chapeau. Déjà *en allée*.

« Elle ne s'ennuyait pas, se rappelle sœur Rosalie, elle lisait, allait se promener au marché de la rue Clerc, faisait un bout de prière à Saint-Pierre du Gros-Caillou, rentrait et allait se recueillir à la chapelle. Elle écoutait les chants liturgiques. Chantait les cantiques avec tout le monde, *Chez nous soyez reine*… Elle vivait simplement, sans gaspiller. De toute façon, ils avaient toujours vécu simplement. Le Général n'avait pas voulu de la retraite de président de la République. Il n'a pas profité de la France. Mme de Gaulle non plus. Jamais [1]. »

Le dénuement, c'est ce qu'Yvonne voulait. Cela faisait longtemps qu'elle était malade. Depuis 1977, elle se rendait régulièrement chez son médecin à Bar-sur-Aube, avec Charlotte – qu'elle appelait sa soubrette, terme à la mode dans les années 70, mais qui était en réalité une intime. Son médecin avait diagnostiqué des problèmes intestinaux

1. Entretien avec l'auteur, mai, juin 2017.

puis une occlusion. C'était un cancer. Yvonne n'en a pas parlé à ses enfants. Ils étaient au courant pour l'hyperthyroïdie, c'était bien suffisant.

Début juillet 79, Yvonne est hospitalisée au Val-de-Grâce. Avant l'intervention, elle demande à recevoir l'extrême-onction. Elle veut partir nette et sans regrets.

Dès qu'elle est un peu remise, elle demande à retourner au couvent. Elle veut revoir ses petits-enfants.

Les métastases ont gagné du terrain. Cancer de l'intestin.

Nouvelle hospitalisation en novembre. Elle veut mourir. Mais elle veut tenir jusqu'au 9 novembre. Mourir le même jour que Charles. À 79 ans, comme lui. Et le rejoindre dans l'au-delà.

Yvonne meurt le 8 novembre.

8, le nombre qui marque l'histoire de Charles et Yvonne de Gaulle, symbole de l'équilibre cosmique, nombre bénéfique dans certaines cultures notamment chinoises.

Le 8, le 8e jour, propose l'ouverture dans l'Ancien Testament des Hébreux. Et la Vie nouvelle chez les catholiques, comme l'octave, les baptistères octogonaux. Il est universellement le symbole de l'infini, il invite à la transcendance et à la mort.

Yvonne est enterrée dans le cimetière de Colombey auprès de Charles et Anne.

Les ministres lui rendent hommage. Elle avait dit « pas d'officiels » et cela a été respecté.

Il y a une messe à Saint-Louis des Invalides pour tous ceux qui veulent honorer la mémoire de Tante Yvonne.

Charles et Yvonne ont eu « une vie de couple » toute leur vie.

C'est ce que disent ceux qui les ont côtoyés, chez eux, à la Boisserie.

Pierre-Louis Blanc : « Le Général et Mme de Gaulle étaient mari et femme, et le sont restés jusqu'à la fin. Un homme et une femme unis, vivant selon l'Évangile, et les habitudes d'un couple. Ils partageaient une affection, un respect, une atmosphère, une harmonie.

« C'était réciproque, le Général aimait son épouse. Mme de Gaulle aimait son mari. Elle a été un peu victime de sa passion pour la France, le Général ne pouvait pas toujours s'occuper de sa vie de famille, mais il était très attentif. Mme de Gaulle, on la présente toujours comme une femme triste, mais c'est faux. Elle pouvait être très gaie, surtout en privé, mais pas uniquement.

« Il est d'usage de présenter les épouses, ma femme le redoutait un peu. Elle est restée une heure et demie avec Mme de Gaulle : "On a bien ri, m'a-t-elle dit ravie, nous nous sommes senties très libres toutes les deux."

« À Colombey, le Général était présent les deux dernières années, enfermé dans son cabinet de travail aux heures de bureau.

« Ils se retrouvaient pour les repas, les grandes promenades. J'ai été souvent auprès d'eux à Colombey. C'était un couple jusqu'à la fin.

« Ce sont des choses que l'on sent quand on vit près des gens [1]. »

Un couple charnel, comme disent les journalistes. Un couple qui depuis longtemps s'aime et vit en communion, au-delà des silences, des secrets, des chagrins, des intérêts divergents.

La foule avançait vers Charles sur la place de l'Hôtel de Ville, à Quimper. Il a serré Yvonne contre lui, comme son amour le plus précieux, il a tendu les mains devant elle pour qu'on ne l'approche pas. Un instant elle a repris un air juvénile, le mouvement de foule l'a surprise, elle écarquille les yeux, un peu perdue. Elle redresse son chapeau, du même geste qu'au Petit-Clamart, après avoir essuyé le tir nourri, elle est dans les bras de Charles. Il la serre contre lui, fort. Il a 78 ans. Il est son mari.

Pierre-Louis Blanc : « On a dit plus tard que Mme de Gaulle avait brûlé les affaires du Général et son lit. Cela ne s'est pas su, c'est après qu'on en a parlé un peu. Ils ont partagé le même lit jusqu'à sa mort. Mauriac pensait de même que moi, et Malraux également : nous étions dans l'admiration. Dans l'affection [2]. »

Jean Mauriac confirme. « J'éprouvais de l'admiration pour l'amour que Mme de Gaulle ressentait pour son mari – l'être le plus extraordinaire que j'aie rencontré. Ils ont ensoleillé ma vie [3]. »

1. Entretien avec l'auteur, février 2018.
2. *Ibid.*
3. Entretien avec l'auteur, décembre 2017.

Quant à la voix d'Yvonne, nul ne l'a enregistrée. Et si elle est restée dans la mémoire d'une ou deux personnes, elle s'exprimait si peu qu'elles n'ont pas pu la décrire.

Hormis Pierre-Louis Blanc :

« La voix d'Yvonne de Gaulle, c'était une voix classique, “normale”, au sens où aucun ton ne la différencie jamais. Elle avait une distinction de voix. »

Que peut recouvrir ce terme ? Une voix un peu snob, comme les duchesses du faubourg Saint-Germain ? Pas du tout. Une voix tranquille. Si le Général n'était pas très sensible à la musique, sauf les grands-messes aux églises, l'*Alléluia* de Haendel, le *Stabat Mater* de Vivaldi, le *Magnificat*, il aimait ces voix de femmes « qui s'élevaient pures ».

Pas très sensible à la chanson, c'est ce qu'on a dit, alors qu'il chantait tous les jours pour Anne, et plus tard citait Édith Piaf : « Je ne peux tout de même pas chanter “Non je ne regrette rien !”. »

C'était une boutade mais il aimait la chanson.

Et la voix d'Yvonne le reposait de ses chagrins.

« Une voix apaisante, précise Pierre-Louis Blanc, une voix qui n'étonnait pas, ni en positif ni en négatif. Une voix harmonieuse et tranquille avec des tonalités douces [1]. »

Cette tonalité douce, Charles l'aimait comme une eau tiède qui efface tous les chagrins. C'était la voix de sa petite femme chérie.

---

1. Entretien avec l'auteur, février 2018.

Charles et Yvonne : elle, l'épouse du Général, celle qui l'accompagne, pressent les écueils et le soutient, lui, de Gaulle, « un fou, (qui) a dit : Moi la France, et personne n'a ri parce que c'était vrai [1] ».

Charles sourit à Yvonne, il lui tend un trèfle à quatre feuilles et semble vouloir l'effeuiller. Je t'aime, un peu, beaucoup, passionnément…

C'est ce que dit ce regard tendre, malicieux. Elle rit en le prenant. Il y a de l'amour dans l'air.

La photo a été prise aux jeux Olympiques de 1968, à Grenoble. Ils ne se savaient pas observés. Ils étaient seuls parmi la foule, ne sachant pas qu'ils seraient séparés moins de deux ans plus tard.

La dernière phrase du dernier volume des *Mémoires d'espoir*, *L'Effort*, 1962… est celle-ci :

« Mais comment n'aurais-je pas appris que ce qui est salutaire à la nation ne va pas sans blâmes dans l'opinion, ni sans perte dans l'élection ? »

Il n'a pas eu le temps d'écrire le dernier chapitre : « un chapitre d'ordre philosophique, où je formulerai mon jugement sur la situation de la France, de l'Europe, du monde ».

Il voulait évoquer les grandes figures de l'histoire de France, en posant cette question :

« Eussent-elles fait mieux que moi, dans les mêmes circonstances et avec les mêmes moyens ? »

Il n'y a pas eu, à ce jour, de réponse.

---

1. François Mauriac.

BIBLIOGRAPHIE

Henri Amouroux, *Le 18 Juin 40*, Fayard, 1964.

Jean Pierre Azéma, *Jean Moulin*, Perrin, 2003.

Gérard Bardy, *Les Femmes du Général*, Plon, 2018.

Pierre-Louis Blanc, *De Gaulle au soir de sa vie*, Fayard, 1990.

Général Alain de Boissieu, *Pour servir le Général*, Plon, 1982.

François Broche, *Le dernier jour du général de Gaulle*, l'Archipel, 2010.

François Broche, *À l'officier des îles*, PGDR, 2014.

— *De Gaulle secret*, Pygmalion, 1996.

Marie-Agnès Cailliau-de Gaulle, *Souvenirs personnels*, Parole et Silence, 2006.

Jean Charbonnel, *Edmond Michelet*, Beauchesne, 1987.

Christine Clerc, *Les de Gaulle, une famille française*, Nil Éditions, 2000.

— *Les Coups de blues du Général*, Albin Michel, 2016.

Daniel Cordier, *Alias Caracalla, Mémoires* 1940-1943, Gallimard, 2009.

Jean-Louis Debré, *« Françaises, Français »*, l'Archipel, 2013.

Les écrivains engagent le débat. De Mirabeau à Malraux, 12 discours d'hommes de lettres à l'Assemblée nationale, Folio, 2017.
Jean d'Escrienne, *Le Général m'a dit, 1966-1970*, Plon, 1973.
Frédéric Ferney, *« Tu seras un raté, mon fils ! » Churchill et son père*, Albin Michel, 2015.
Amiral François Flohic, *Souvenirs d'outre-Gaulle*, Plon, 1979.
Jacques Foccart, *Foccart parle*, Fayard, 1997.
Max Gallo, *De Gaulle*, Robert Laffont, 4 tomes, 1998 : I – *L'Appel du destin* ; II – *La Solitude du combattant* ; III – *Le Premier des Français* ; IV – *La Statue du Commandeur*.
Charles de Gaulle, *Le Fil de l'épée*, Librairie Berger-Levrault, 1942, Plon, 1971.
Vers l'armée de métier, Librairie Berger-Levrault, 1934, Plon, 1971.
Mémoires de guerre, Plon, 4 tomes, 1954 à 1959.
Mémoires d'espoir, Plon, 3 tomes, 1970-1971.
Lettres, notes et carnets, 13 tomes, Plon, 1980 à 1985.
Charles de Gaulle, *Une nouvelle république, Ils ont fait la France, Charles de Gaulle 1920-1940, du militaire au politique*, Fondation Charles de Gaulle/Plon, 2004.
Le Rassemblement du peuple français, Actes du colloque organisé par la Fondation Charles de Gaulle et l'université de Reims, Armand Colin, 1998.
Avec de Gaulle. Témoignages, t. II, *Le Temps du rassemblement*, Fondation Charles de Gaulle/Nouveau Monde éditions, 2005.

Laurent de Gaulle, *Une vie sous le regard de Dieu*, éditions du Toucan, 2015.
Philippe de Gaulle, *Mémoires accessoires*, 2 tomes, Plon, 1997-2000.
— *De Gaulle, mon père,* entretiens avec Michel Tauriac, 2 tomes, Plon, 2003-2004.
Rémi de Gaulle, *De Gaulle comme de Gaulle ?*, Plon, 2018.
Geneviève de Gaulle-Anthonioz, *La Traversée de la nuit*, Le Seuil.
Henry Gidel, *Les de Gaulle, Elle et lui*, Flammarion, 2018.
Claude Guy, *En écoutant de Gaulle*, Grasset, 1996.
Paul-Marie de la Gorce, *Charles de Gaulle*, Perrin, 1999.
Patrick Girard, *De Gaulle, le mystère de Dakar*, Calmann-Lévy, 2010.
Jean-Pierre Guéno, Gérard Lhéritier, *Les Messages secrets du général de Gaulle*, Gallimard, 2011.
Olivier Guichard, *Mon général*, Grasset, 1980.
Marcel Jullian, *Madame de Gaulle*, Stock, 1982.
François Kersaudy, *De Gaulle et Churchill*, Plon, 1981.
— *De Gaulle et Churchill : la mésentente cordiale*, Perrin, 2003.

Jean Lacouture, *De Gaulle*, Le Seuil, 3 tomes : I – *Le Rebelle*, 1984 ; II – *Le Politique*, 1985 ; III – *Le Souverain*, 1986.
Alain Larcan, *De Gaulle inventaire. La culture, l'esprit, la foi*, Bartillat, 2003.
Robert Lassus, *Le mari de Mme de Gaulle*, Lattès, 1990.
Bertrand Le Gendre, *De Gaulle et Mauriac*, Fayard, 2015.

Henri Lerner, *De Gaulle, tel qu'en lui-même*, Autres Temps, 2009.
Dominique Lormier, *Les 100 000 collabos*, Le Cherche Midi, 2017.
Alain Malraux, Philippe Lorin, *Malraux en son temps*, l'Archipel, 2016.
— *L'homme des ruptures*, Écritures, 2016.
André Malraux, *Les chênes qu'on abat*, Gallimard, 1971.
— *Antimémoires*, 1967, Gallimard.
— *Lettres choisies, 1920-1976*, Folio, 2016.
François Mauriac, *De Gaulle*, Grasset, 1964.
— *Bloc-notes* (1965-1967), Le Seuil, 1993.
Claude Mauriac, *Aimer de Gaulle*, Grasset, 1978.
Jean Mauriac, *L'Après de Gaulle. Notes confidentielles 1969-1989*, Fayard, 2006.
— *La Mort du général de Gaulle*, Grasset, 1972.
Geneviève MOLL, *Yvonne de Gaulle*, Ramsay, 1999.
Frédérique Neau-Dufour, Yvonne de Gaulle, Fayard, 2010.
Philippe Oulmont, *De Gaulle,* Le Cavalier Bleu, 2008.
Alain Peyrefitte, *C'était de Gaulle*, De Fallois-Fayard, 3 tomes, 1994, 1997, 2000.
Éric Roussel, *Charles de Gaulle*, Gallimard, 2002.
Benjamin Stora, *La gangrène et l'oubli, La mémoire de la guerre d'Algérie*, la Découverte, 1991.
Michel Tauriac, *Vivre avec de Gaulle*, Plon, 2008.
Jean Touchard, *Le gaullisme 1940-1969*, Points, 1978.
Bernard Tricot, *Mémoires*, Quai Voltaire, 1994.
Jean-Raymond Tournoux, *Jamais dit*, Plon, 1967.

Jean-Raymond Tournoux, *La Tragédie du Général*, Plon, 1967.
Jacques-Philippe Vendroux, *Cette chance que j'ai eue*, Plon, 1974.
— *Yvonne de Gaulle, ma sœur, 1900-1932*, Plon, 1980.
Alain Vircondelet, *La Traversée*, First, 2012.
— *Albert Camus, fils d'Alger*, Fayard, 2010.
Kateb Yacine, *Nedjma*, Seuil, 1956.

REMERCIEMENTS

Grandir à l'ombre du Général et de Mme de Gaulle, incarnations d'une certaine idée d'une France de haute culture industrieuse et contrastée, si populaires, tous deux, qu'on pouvait croire en les voyant à la télévision, qu'ils faisaient partie de la famille, donne envie d'aller au-delà de la légende de ces grandes figures. Référence absolue, ou « Monument », pour les jeunes générations, aussi indissociables que leurs statues marchant vers la mer du Nord, ils n'ont cessé de nous solliciter et de nous échapper, aussi je tiens à exprimer toute ma reconnaissance à celles et ceux qui m'ont aidée à les chercher :

Bernard de Gaulle, Rémi de Gaulle, Jean-Louis Debré, Pierre-Louis Blanc, amiral François Flohic, M. le grand chancelier de la Légion d'honneur, le général Puga, Jacques Godfrain, président de la Fondation Charles de Gaulle, Michel Anfrol, Michèle Cotta, Daniel Cordier, Chancelier des compagnons de la Libération, René Marbot, ancien Cadet de la France libre, Jean Mauriac, François Broche, Florence Paris de Bollardière, Jean-Christophe Mitterrand, Gilbert Mitterrand, Ivan Levaï et Alain Malraux. Ma vive reconnaissance va aussi à Philippe de Gaulle, Yves de Gaulle, et Laurent de Gaulle pour leurs livres, sources d'étude.

Je remercie également pour leurs éclairages Frédérique Neau-Dufour, Claude Marmot, Catherine Trouiller, Martial Gout, le général Jean-Louis Georgelin, Jean Nguyen, Dominique Lormier, Patrick Lempereur, Daniel Mesguich, Olivier Stirn, Marie-France Garaud, Line Renaud, Édith Cresson, Huà Fang, Alain Duhamel, Jane Scott, Jacques Vendroux, Alain Geismar, Samia Messaoudi, Aminata N'Diaye, André Nahum, Anne de La Roulière, Élisabeth Martin, Madeleine Riffaud, Philippe Bas, Pierre Péan, Hugues Lavoix, sœur Rosalie, sœur Maria, Partrick Girard, Jean Orizet, Maya Nahum, Philippe Oulmont, Joël Schmidt, Samia Messaoudi, Marcel Gauchet, René Piot, Monique Fabre, Valérie Trierweiler, Olivier Giesbert, et Alain Vircondelet.

Mes pensées vont à la mémoire de Simone Veil, Antoinette Fouque, Jean Lacouture, Pierre Bergé, Anne-Lise Stern, Jacques André, Jacques Sauvard. Je pense au aussi à mes parents, témoins infatigables des années de Gaulle.

Que soient remerciés également celles et ceux qui ont bien voulu m'aider dans mes recherches dont le nom ne figure pas ici.

Merci en particulier à la Fondation Charles de Gaulle, ainsi qu'à la bibliothèque André Malraux, le Mémorial des

Invalides, la Maison et le Musée de la Légion d'honneur, les Archives de la Présidence, l'Immaculée Conception de Notre-Dame de Lourdes, la Fondation de la France libre, l'Amicale des Cadets de la France libre, le Centre National des Armées, les bibliothèques Ferney, Jean-Pierre Melleville, Italie, Georges Brassens, Charlotte Delbo, et l'INA.

Je remercie tout spécialement mon éditeur Vincent Roy, l'équipe des éditions Grasset, et celles et ceux qui ont contribué à la réalisation de cet ouvrage.

Un grand merci affectueux à Jean Claude Pineau, Vincent Pineau, Audrey Blanger, Oscar Pineau, Annie Sauvard, pour leurs documentations, leur enthousiasme et leurs encouragements.

DU MÊME AUTEUR

Simone Veil, la force de la conviction, L'Archipel, 2012, 2017, Archipoche, 2018.

Simone Veil, la force de la conviction, 1927-2017

Lou est aux anges, Des femmes, *2017.*

Jacques et Bernadette, une histoire d'amour, L'Archipel, 2016.

Écrire, voler jusqu'à l'impossible. In Renaissance de Saint-Exupéry Coll. Alain Vircondelet, Écriture *2016*

Anne Sinclair, une femme libre, L'Archipel, 2015.

Du côté des jeunes filles en fleurs in Livres secrets, Castor astral, 2014.

Les Trois vies de Danielle Mitterrand, Préface de Jean Lacouture, L'Archipel, 2012.

Simone Veil, la force de la conviction, L'Archipel, 2012.

Vie d'artiste, entretiens avec Daniel Mesguich, Écriture, 2012.

Léo Ferré, un artiste vit toujours demain, Préface de Didier Daeninckx, Mélis, 2010.

Les Anges du noir, Mélis 2009.

Ouragans, nouvelles, Seuil 2007.

De Juliette Drouet à Victor Hugo, L'Avant-scène Théâtre, 2004.

Le péché, c'est prendre Proust pour un imbécile, Arcade, 2003.

Les Hautes lumières, JC Lattès, 2002.

Quoi de neuf sur Raskolnikov ? JC Lattès-Le Masque 2001.

Good morning webnam, Hachette 2001.

Les grands barrages, La Passe du vent, 2000.

D'Alex à Lise, Baleine Seuil, 2000.

Vagues à Biarritz, Albin Michel, 1999.

La Nuit du rappeur, Baleine 1998.

Brûlures, postface de Christian Bobin Desclée de Brouwer, 1997.

Quinze ans, la mort au bout du couloir, Amnesty Syros 1993, 1999, 2001, 2004.

Théâtre

Léo la nuit, La Petite Phrase, 2011.

Mousson blues, suivi de *Matèré*, Les Impressions nouvelles, 2007.

Pièces juste noires, Lethal romance, La Grande nuit, Procès verbal, Le Bruit des autres, 2006.

Chambre noire, Dumerchez, 1995.

Cet ouvrage a été imprimé par
CPI BRODARD ET TAUPIN
pour le compte des Éditions Grasset
en septembre 2018